이것이 당신에게 꼭 필요한
Notion

콘텐츠 제작이 즐거워지는 생산성 도구의 끝판왕

이것이 당신에게 꼭 필요한
Notion

강슬기 지음

콘텐츠 제작이
즐거워지는
생산성 도구의
끝판왕

BJPUBLIC

추천사

한국에서 Notion에 대해 점점 큰 관심을 가져주시는 것을 보니 매우 기쁩니다. 우리는 한국의 반응에 크게 놀랐습니다. Notion을 사람들에게 추천해주고, 사용법을 설명하는 콘텐츠를 만들고, 이벤트와 모임을 진행하여 서로 공유하는 모든 사용자들에게 감사를 드립니다. 우리는 이런 사용자들을 통해 매일 많은 것들을 배우고, 그분들에게 필요한 최적의 소프트웨어를 만들기 위해 필요한 동기 부여가 됩니다.

우리의 목표는 Notion을 통해 사람들이 자신의 삶을 디자인하는 도구를 만들 수 있도록 돕는 것입니다. 현재 현존하고 있는 생산성을 위한 소프트웨어를 살펴보면 하나의 트렌드를 확인할 수 있습니다. 사람들은 컴퓨터에서 사용할 수 있는 도구가 필요하지만, 거의 대부분의 도구들은 사용자들이 원하는 방식으로 사용하기에 제한적이었습니다. 오히려 누군가가 이미 정해놓은 방식대로 사용할 수밖에 없었습니다. Notion은 이런 틀을 깨트려 사용자들이 빈 캔버스에서 기본 작업 도구의 순서와 규칙에 얽매이지 않으면서 원하는 작업을 수행하거나 중요한 문제를 해결할 수 있도록 합니다. 코딩을 잘 모르는 사람들도 컴퓨터로 쉽게 수정할 수 있어야 합니다. 이것은 피할 수 없는 미래라고 생각하며, Notion에서는 이것이 곧 이루어지기를 희망합니다.

우리에겐 직시한 문제를 해결하기 위해 템플릿을 사용하기 원하는 사람, 무엇이든 생각한 것을 만들기 위해 유연한 도구를 선호하는 사람 등 다양한 사용자들이 있습니다. Notion은 이러한 사고 방식과 요구를 가지고 있는 두 종류의 사용자들을 모두 충족시킬 수 있습니다. 그리고 이 두 가지 측면을 원하는 사용자들과 함께 하고 싶습니다. 한국에 있는 많은 사용자들이 Notion의 빈 캔버스를 사용하여 자체 생산성 시스템을 개발하고, 사람들이 자기만의 작업 공간을 정의하고 새로운 설정을 실험할 때 저희들도 영감을 받습니다. 우리는 사람들이 더 새롭고 많은 것들을 시도하고 그 결과를 공유하여, 전 세계 커뮤니티에서 서로 배울 수 있게 되어 기쁩니다.

현재 우리의 주요 목표 중 하나는, 더 많은 사용자들에게 Notion의 기본 사항에 대해 교육하여 그분들이 Notion을 쉽게 이해하고 사용하도록 하는 것입니다. 그리고 이 책은 그것을 가능하게 해줍니다. Notion으로 특정한 솔루션을 만들어줄 수 있는 템플릿 작성법을 공유할 뿐만 아니라 Notion의 근본적인 기본 원칙을 설명함으로써 수천 명, 어쩌면 수만 명 이상이 중요한 문제를 Notion으로 해결할 수 있도록 도와준 이 책의 저자에게 감사드립니다.

Notion 공동 창업자 **아이반 자오(Ivan Zhao)**

서문

"We Shape our tools, and then our tools shape us"(우리는 도구를 만들었고, 도구는 다시 우리를 만든다)

- 마샬 맥루한(Martial McLuhan)

2005년 겨울. 필자가 영국에서 인터랙티브 디지털 미디어와 관련된 디자인을 공부하던 중에 문예 비평가이자 커뮤니케이션 이론가인 마샬 맥루한의 '미디어의 이해'라는 책을 처음 접했다. 사회 변화의 중심 원인이 기술적 진보라고 믿는 '기술 결정론'이라던가 '미디어는 메시지다'라는 주제가 조금은 미디어에 대한 깊은 성찰을 요구하는 것 같아 쉽게 읽히지 않았던 책으로 기억하고 있다.

하지만 책에서 언급하고 있는 "바퀴는 발의 확장이고, 책은 눈의 확장이며, 옷은 피부의 확장이고, 전자 회로는 중추 신경계의 확장이다"라고 말한 그의 통찰과 인간과 도구의 관계에 있어서 도구가 '인간의 확장'이라는 접근에 깊은 공감을 했다. 개인적으로 사용자를 이해하고 문제를 해결하는 데 필요한 기술이자 도구라는 관점에서 디자인에 대해 더 큰 매력과 떨림을 더해준 개념이기도 하다.

그런데 최근 또다시 마샬 맥루한의 책에서 느꼈던 매력과 떨림을 느끼게 해준 것이 바로 생산성 도구 중 하나인 Notion이다. Notion을 접하기 전까지 필자는 잘 사용하고 있던 도구에 일상생활이나 업무에서 효율적으로 사용할 수 있는 기능이 있다면 계속 확장하면서 완벽한 조합을 만들어보려고 참 부단히 노력했었다. 예를 들면 사진 및 파일은 구글 드라이브, 업무 스케줄은 칸반 보드인 트렐로(Trello)와 구글 캘린더, 백업 데이터는 NAS로 관리 및 활용하는 조합을 선호했다. 이러한 조합들은 환경이 바뀔 때마다 매번 많은 시간을 들여 다양한 시도로 진행되었다. 지금 생각해보면 평소에 사용하고 있던 도구에서 부족한 기능이 특화된 새로운 도구가 있다고 하면 더 큰 호기심을 가졌던 것 같다. 여기에 '남들이 모두 사용하니까 알아둘 필요가 있지 않을까?', '당장에 이 기능은 필요 없더라도 이건 언젠가 필요하니까 사용해보자'라는 식의 접근도 잦아졌다.

그러던 중 우연히 Notion의 탄생에 대한 비하인드 스토리(580페이지 Notion 마케팅 담당자와의 인터뷰 내용 참조)를 듣게 되면서, 업무를 생산적으로 바꾸고 일상에 도움을 얻기 위해서 사용하기 시작한 도구들이 실제로는 누군가 만들어놓은 규칙에 자기 자신을 억지로 밀어넣도록 하는 것이 아닐까 하는 의구심이 생겼다.

그렇게 기대 없이 시작한 Notion은 이전까지 무분별한 기능의 확장으로 인해 생산성은 둘째치고 정리하는 데 급급했던 필자가, 점점 마샬 맥루한이 그렇게 강조하던 다양한 한계를 극복하도록 해주는 진정한 확장의 도구로써 사용하고 있음을 깨닫게 되었다.

이 책을 집필하면서도 필자는 '혹시 이건 나만 느끼는 Notion의 장점이 아닐까?'라고 여러 번 되물어봤다. 물론 필자가 느끼는 Notion의 장점이 다른 사용자들에게는 전혀 해당되지 않을 수도 있고, 특출나거나 특화된 기능이 없어 어떤 부분에서는 세세한 작업을 하기에 불편함을 느낄 수 있을지도 모르겠다. 그래도 개인적으로 생각하는 Notion의 가장 큰 장점은 기존 도구와 다르게 모든 사용자를 획일화된 기능적 프레임과 규칙에 가두지 않는다는 것이다.

사용자들은 Notion이라는 같은 도구를 사용하지만, 각자가 처해 있는 상황이나 환경에 맞게 콘텐츠를 구성하고 나만의 도구를 생산할 수 있다는 것만으로도 독자에게 큰 매력으로 다가올 것이라 확신한다. 실제로 몇몇 Notion 관련 강의 또는 컨설팅을 진행할 때 사용자들의 태도에서도 기능에 대한 단순한 질문보다는 자신들의 상황이나 다양한 문제점, 이슈들을 설명하면서 그것들을 Notion으로 어떻게 구성할 수 있는지 궁금해하는 것을 자주 경험하였기 때문이다.

이러한 이유로 책을 집필할 때 필자가 가장 신경 쓴 부분이 바로 특정 사용자를 중심으로 하지 않은, 다양한 상황이나 목적을 중심으로 한 예제 템플릿 제작 과정이다. 예제를 통해 Notion이 제공하는 대부분의 기능을 경험하면서 최종적으로 예제보다 더 나은 템플릿을 제작하길 바란다. 누군가는 더 나아가 자신에게 맞는 훌륭한 학습 노트를 만들고, 누군가는 개인의 일상을 기록하면서 좋은 습관을 만드는 데 도움을 받을 수 있을 것이다.

1인 기업(프리랜서, 원격 업무자), 소규모 기업, 스타트업은 모아둔 데이터를 이용해 마케팅에 활용할 수 있고, 팀원들과 협업을 할 수 있으며, 낭비되는 리소스 없이 기업 소개 페이지를 구성하고 포트폴리오를 제작할 수 있을 것이다. 작은 가게에서는 큰 비용을 들이지 않고도 재고 관리를 할 수 있을 것이고, 책에 대한 아이디어는 많은데 출판 과정이 복잡하고 어렵다고 생각해서 시작하지 못하는 개인이라면 당장 책을 만들어 볼 수 있을 것이다. 이렇듯 필자는 이 책을 통해 독자들이 Notion으로 상황에 맞게 필요한 도구를 스스로 직접 디자인해서 사용하고 다른 사용자들과 공유할 수 있기를 기대하고 있다.

마지막으로 이 책이 나올 수 있도록 바쁜 시간에도 적극적으로 도움을 주신 Notion 관계자인 Ben(Notion 커뮤니케이션 담당자)과 Camille(Notion 마케팅 책임자)에게 감사의 말을 전하고 싶다. 또한, 이 책의 집필을 결심하게 만든 다양한 질문들과 경험을 함께 나누었던 모든 수강생, 단체 및 컨설팅을 의뢰해주신 분들에게도 감사 인사를 드리고 싶다. 마지막으로 직접적인 회사 업무와 상관이 없음에도 단순 개인 관심사로 시작한 집필로 쉬는 날 많은 시간을 함께 보내지 못했음에도 불구하고 이해해준 내 사랑스러운 아내와 두 딸에게 사랑하고 고맙다는 말을 전하고 싶다.

저자 소개

강슬기

영국 UAL 및 Ravensbourne 대학에서 Graphic & Media Design과 Interaction Digital Media를 각각 전공하였다. 바이널 아이(Vinyl-I)에서 삼성, 현대, KT, iRiver의 국내외 인터랙티브 전시 프로젝트 매니저 및 탠저블 인터페이스 디자이너로, 넥슨 코리아에서는 브랜드 디자인 팀에서 UI 및 인터랙션 디자이너로 재직했었다.

현재는 나노(Nano)급 인터랙션 디자인 회사인 어토이팩토리에서 대표이자 실장이자 말단 직원을 맡고 있으며, 명지전문대학, 건국대학교 및 중국 산동이공대학에 출강하고 있다. 새로운 형태의 경험과 놀이에 관심이 많고, 효율적으로 일할 수 있는 구조나 소소한 문제 해결을 위한 다양한 프로세스, 방법론 또는 도구에도 흥미가 있다. Notion Pro로 활동하며 Notion 관련 컨설턴트 및 온라인/오프라인 강의를 진행하고 있다.

CONTENT_목차

PART 01
일이 즐거워지는 Notion 시작하기

1.1 생산성 도구의 끝판왕, Notion

1.2 Notion 계정 생성하고, 로그인하기

1.3 Desktop(데스크톱) 및 Web Clipper(웹 클리퍼) 설치하기

1.4 Notion Plan(요금 정책) 알아보기

PART 02
Notion 인터페이스 알아보기

2.1 Sidebar(사이드바) 인터페이스 알아보기

2.2 나의 첫 페이지 생성하기

2.3 Web Clipper(웹 클리퍼) 사용하기

PART 03
Notion의 기본! Block(블록) 마스터하기

3.1 Block(블록)이란?

3.2 Basic(기본) 블록 사용하기

3.3 Inline(인라인) 블록 사용하기

PART 04
Notion 100% 활용하기

4.1 블록 메뉴 알아보기

4.2 Tooltip(툴팁) 메뉴 알아보기

PART 05
데이터베이스로
Notion 200% 활용하기

5.1 기본 데이터베이스 개념 이해하기

PART 06

실전! 템플릿 제작 프로세스 체험하기

6.1 개인 편

6.2 업무 편

PART 07

부록

PART **1**

일이 즐거워지는
Notion 시작하기

1.1
생산성 도구의 끝판왕, Notion

1.1.1. Daily/Habit Tracker로 최고의 선택, Notion!

아무리 좋은 도구라도 생산성 도구로 삶이 바뀐다는 생각은 하기 어렵다. 하지만 사람들은 무언가를 목표로 살아가고 있다. 시험에 합격하기 위해 꾸준히 공부하는 습관을 만들기도 하고, 건강이 안 좋아져서 식습관 및 운동하는 습관을 만들려는 사람도 주변에 상당히 많다. 이런 현상은 일상에서의 패턴을 찾아내 좀 더 객관적으로 그들의 삶을 더 나은 환경에 두려고 하는 노력으로, 지금 이 시각에도 일어나고 있다.

Notion은 데이터베이스와 캘린더를 이용하여 일관된 방식으로 습관을 추적할 수 있으며, 동시에 자기 감정을 메모로 정리할 수도 있다. 노트나 해야 할 일, 저널 작성에 필요한 기능들을 모두 지원해 강력한 Daily/habit Tracker를 만들고, 데이터의 결괏값이나 목적에 따른 데이터 보기를 다양하게 활용할 수 있다.

1.1.2. 문제 해결을 위한 도구를 사용자가 직접 만든다?

우리가 사용하는 구글 문서는 문서 작성에, 슬랙은 커뮤니케이션 기능에, 유튜브는 영상 미디어 기능에, 트렐로는 워크플로우 기능에 집중되어 있다. 당연하다. 그리고 그 특화된 기능들은 나무랄 데 없이 훌륭하다. 하지만 여러분이 흩어져 있는 이 모든 것을 필요에 따라 하나로 통합하려고 한다면 고민이 될 것이다. 서로 링크로 연결시킬 수는 있지만 결국 여기저기 웹을 돌아다녀야 한다. 다시 말해 한 장의 종이에 이 모든 것을 담아낼 수 있냐고 묻는다면, "어렵다"고 할 것이다. 업무나 생활에서 주변 문제를 해결하려고 시작한 생산성 도구들이 여러분들의 일을 더욱더 복잡하게 만드는 것이 아닌지 생각해 볼 필요가 있다.

Notion은 자신만의 새로운 도구를 직접 만들어 사용할 수 있는데, 이 점은 다른 도구들이 가지고 있지 않은 것 중 하나다. 특별한 개발 언어를 알 필요도 없다. Notion은 평범한 텍스트와 위키 트리 구조 외에 특별한 구조가 없는 개념을 사용하여 자유도나 유연성이 강하다. 그렇기 때문에 필요한 것을 상상하고 구현하는 데 주저하지 않게 된다.

또한, 효율적인 업무나 문제 또는 과제를 해결하기 위해 쌓여 있는 페이지와 데이터베이스 간의 조합과 공유로 자신만을 위한 도구를 Notion으로 제작해 볼 수 있다. 지속적인 변화를 주면서 페이지를 만들수록, 자신의 것이라는 생각이 들게 만드는 매력이 있다. 당연히 자신의 시간과 노력을 들여 만든 Notion 문서는 활용도가 자연스럽게 높아지고, 기능을 습관처럼 사용하게 만드는 다른 도구들과 다르게 자신의 현 위치에서 필요한 것을 구현할 수 있다는 장점이 있다.

1.1.3. 콘텐츠 제작에 새로운 경험을 주는 도구

Notion은 다양한 미디어를 지원한다. 텍스트, 이미지, 영상, 디자인, 개발, 리서치 도구 등 필자는 많은 생산성 도구를 사용해 봤지만, 이렇게 다양한 방법(파일 업로드, 링크, 임베드, 웹 북마크)으로 여러 도구와 함께 복합적으로 사용할 수 있는 것은 이전에 보지 못했다. 이전에 사용하던 도구들은 대부분 텍스트와 이미지 정도를 지원하는 수준이거나, 영상은 링크로만 지원하는 것을 자주 봐 왔다. 이러한 장점 때문에 최근 많은 스타트업 회사들에서 Notion을 자주 그들의 비즈니스 도구로 사용하고 있다. 한 가지 예로, 구인, 구직 및 외부 홍보 자료는 예전과 같이 디자이너나 개발자가 투입되어서 제작하는 것이 아니라, 개발 인력이 아니더라도 손쉽게 흩어져 있는 미디어를 하나의 Notion 페이지로 꾸미고. 바로 웹 페이지처럼 공유하는 방식으로 시간 대비 효과를 톡톡히 보고 있다.

그리고 태그 등을 이용하여 문서나 데이터의 구조를 명기하는 언어인 마크다운 언어를 사용하는 Notion은 특수 기호 몇 가지로 상당히 빠르게 Notion의 기능을 사용할 수 있다. 또 다른 도구로 이관시킬 때 마크다운을 지원할 경우 같은 양식으로 그대로 가져올 수 있어, 별도의 작업이 필요 없다.

1.1.4. 협업과 업무를 위한 멀티 툴

세상에는 다양한 업무 규모와 형태들이 존재한다. 1인 기업부터 글로벌 대기업 등 셀 수 없을 정도이다. 대부분은 각 기업에서 사용하고 있는 프로젝트 관리 서비스를 사용하지만, 만족도는 그다지 높지 않다. 필자 역시 회사에 재직 중일 때 이 부분이 불만이 많았던 적이 있었다. 내부적으로도 편의성이 떨어지고 보안의 사유로 외부와의 커뮤니케이션 역시 부드럽지 못하다.

반면 Notion은 현존하는 협업 도구들과의 호환성과 확장성에 장점이 있어 워크플로우를 통합적으로 사용할 수 있다. 협업 시 좁게는 논의 또는 토의를 진행하는 것에서, 넓게는 강력한 필터와 다양한 뷰를 지원하는 데이터베이스로 좀 더 세밀하게 데이터를 관리할 수 있다. 또한 권한 관리가 다양하고 접근할 수 있는 경로를 다양하게 열어 두어, 보안 내에서 자유롭게 팀을 구성하고 협업할 수 있다.

Notion은 특정 기능에서 완벽하지 않지만, 협업과 업무 향상을 위한 One Source-Multi Use(원소스 멀티유즈)이며 최적의 All-round Multi tool(멀티 툴)이기도 하다.

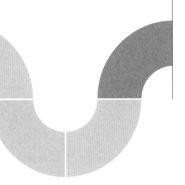

1.2
Notion 계정 생성하고, 로그인하기

Notion의 가입과 로그인의 과정은 큰 차이가 나지 않는다. 최초 가입할 때 몇 가지 추가로 작성하는 것을 제외하고는 동일하다.

1.2.1. 구글 계정으로 Notion 가입하기

브라우저에서 https://notion.so 주소를 입력 후 Notion 공식 웹사이트로 이동해서 **Get started** 버튼을 클릭하고, 가입 페이지로 들어간다.

▲ 그림 1-1 Notion 공식 홈페이지에서 Get Started 버튼의 위치

Continue with Google 버튼을 클릭해서 선택한다.

▲ 그림 1-2 구글 계정의 로그인 화면

구글에 로그인 후 사용할 Notion 계정을 선택하거나 또는 하단의 **다른 계정 사용** 메뉴를 선택하여 Notion 계정을 위한 새로운 계정을 생성한다.

▲ 그림 1-3 사용할 계정 선택 화면

가입이 완료되면, 아래와 같은 첫 페이지를 확인할 수 있다.

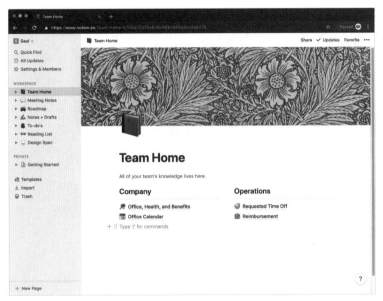

▲ 그림 1-4 Notion의 첫 페이지 화면

브라우저에서 https://notion.so 주소를 입력 후 Notion 공식 사이트로 들어가서 그림과 같이 입력 창에 가입하고자 하는 메일 주소를 입력한 뒤, **Get started** 버튼을 클릭하고 가입 페이지로 들어간다.

▲ 그림 1-5 사용할 메일 주소를 입력한 후, Get Started 버튼 사용하기

가입할 때 입력한 메일 계정으로 가서, Notion으로부터 받은 login code 메일을 열어 코드를 복사한다.

참고로, 메일로 가입할 경우 매번 로그인할 때마다 보안 문제로 이 코드를 확인하고 입력해야 해서 귀찮을 수 있다. 하지만 학생 또는 교육 종사자라면 ".ac", ".edu"가 포함된 인가받은 4년제와 전문대학교의 이메일 주소를 사용하는 것을 강력히 추천한다. 이유는 바로 무료로 개인(유료)플랜을 사용할 수 있기 때문이다. 이외의 경우에는 구글 계정으로 사용하길 권장한다.

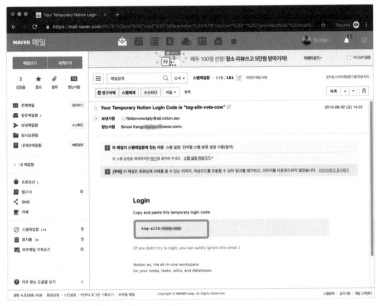

▲ 그림 1-6 가입할 때 입력한 메일 계정으로 받은 login code

다시 Notion 사이트로 돌아와서 복사한 코드를 입력 창에 붙여넣기 하고, Continue with Login Code 버튼을 클릭한다.

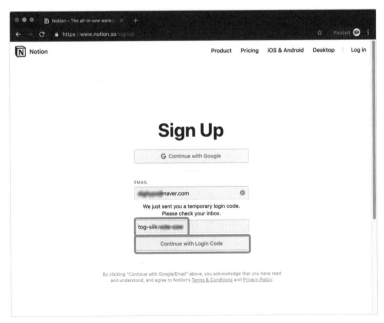

▲ 그림 1-7 복사한 login code를 입력한 화면

로그인이 완료되면, 부가적인 정보를 입력하는 페이지를 확인할 수 있다. 아래 항목들을 입력하고, Next 버튼을 클릭한다.

▲ 그림 1-8 계정 정보를 입력한 화면

- Given name: 자신의 이름을 입력한다.
- Family name: 자신의 성을 입력한다.
- Which best describes you?: 자신을 설명하기에 적합한 직업을 아래 항목에서 선택한다.
- How will you use Notion?: Notion을 어떻게 사용할 것인지 항목 중 하나를 선택한다.

사용자 아이콘을 클릭하고, 계정에 사용할 프로필 사진을 등록한다. 추후에 변경 또는 등록할 수도 있다. 프로필 사진으로 사용할 이미지가 있는 위치를 찾아서 선택한다.

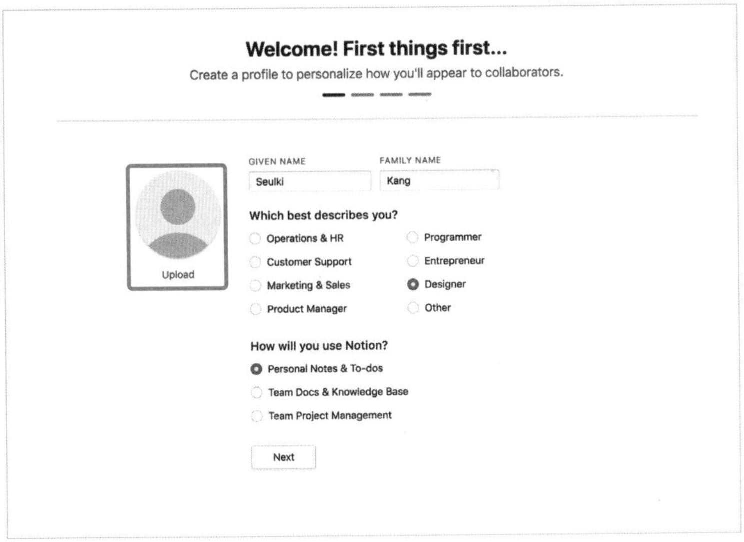

▲ 그림 1-9 계정에 사용할 이미지의 변경이 가능한 메뉴

모든 것이 마무리되었다면, Next 버튼을 클릭한다.

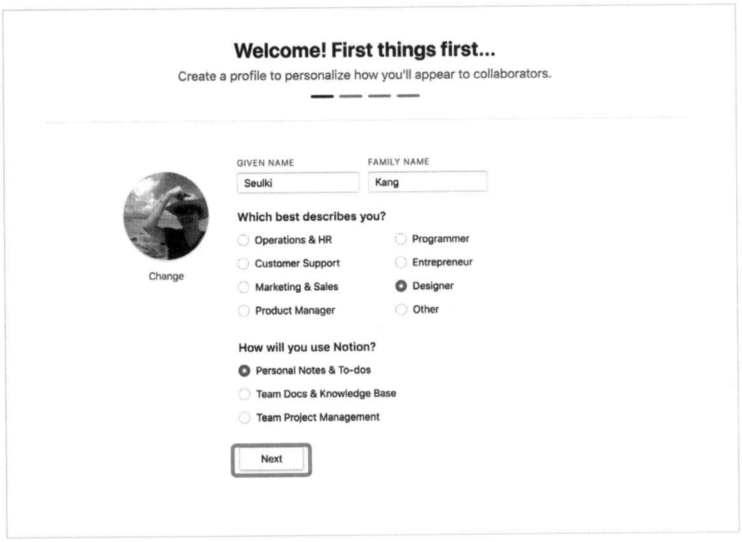

▲ 그림 1-10 모든 계정 정보가 입력된 화면

이제 Notion의 기본 설정을 입력하고, **Create Workspace** 버튼을 클릭한다.

Let's set up a home for all your work

You can always create another workspace later.

WORKSPACE NAME

Seulki

The name of your workspace. Keep it simple.

WORKSPACE URL (OPTIONAL)

www.notion.so/ URL

Share the link to add anyone with an allowed email domain to your workspace.

ALLOWED EMAIL DOMAINS (OPTIONAL)

Type an email domain...

Anyone with email addresses at these domains can automatically join your workspace.

Create Workspace

▲ 그림 1-11 워크스페이스 정보 입력 화면

- Workspace Name: 사용하게 될 Notion의 작업 공간의 이름을 의미한다.
- Workspace URL: Notion 공간으로 접근할 수 있는 URL 주소를 생성할 수 있지만 반드시 작성하지 않아도 된다. 다만 추후에 협업이나 공유할 때 혼선이 있을 수 있으니, 가급적이면 작성하는 것을 추천한다. (부가적인 사항으로 입력하지 않아도 진행은 가능하다.)
- Allowed Email Domains: 여기에 기입되는 메일 도메인을 가진 사용자들은 자동으로 이 워크스페이스에 참여할 수 있다. 메일 도메인은 하나가 아닌 복수 메일 도메인을 등록할 수 있다. (부가적인 사항으로 입력하지 않아도 진행은 가능하다.)

다른 생산성 도구를 사용하고 있다면, 일부 데이터를 불러올 수 있다. 이 작업은 추후에도 가능하고 "외부 데이터 불러오기" 챕터에서 자세히 알아볼 예정이다. 따라서 상단에 있는 **Skip** 버튼을 클릭한다.

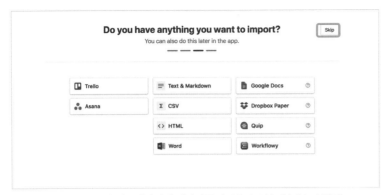

▲ 그림 1-12 사용 중인 애플리케이션 데이터를 가져올 수 있는 불러오기 화면

Notion에서 제공하는 앱을 다운로드 받을 수 있는 페이지를 확인할 수 있다. 이 부분 역시 추후에 알아볼 예정이다. 상단의 Done 버튼을 클릭한다.

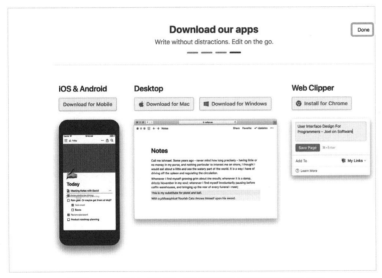

▲ 그림 1-13 각종 Notion에서 제공하는 애플리케이션 다운로드 링크 화면

이 모든 과정을 마치면 가입이 완료되고, 아래 그림과 같이 시작 페이지를 볼 수 있다.

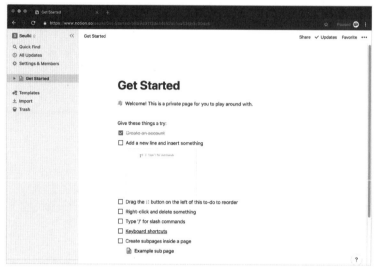

▲ 그림 1-14 Notion 첫 페이지 화면

만약 교육기관의 이메일로 가입했다면 첫 페이지 하단에 무료 개인 플랜을 사용할 수 있다는 메시지를 확인할 수 있지만 아직 적용되지 않은 상태이다. **Get Free Personal Plan** 링크를 클릭하고 플랜 설정으로 이동한다.

▲ 그림 1-15 무료 개인 플랜을 사용할 수 있다는 메시지 확인 창

설정 페이지에서 "Personal" 플랜 설명 하단에 있는 Get free education plan 을 클릭하면 무료로 개인 플랜을 사용할 수 있다.

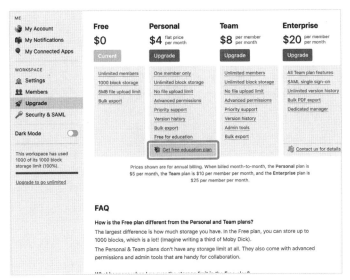

▲ 그림 1-16 Get free education plan을 통해 무료인 개인 플랜으로 업그레이드 가능

▲ 그림 1-17 개인 플랜으로 변경된 모습

> **TIP!**
>
> 이미 가입해서 사용하고 있을 때도 교육기관 이메일로 변경해서 사용할 수 있다. 이렇게 하는 경우는 굳이 두 개의 계정을 가지고 있을 필요가 없고, 기존의 데이터들을 그대로 보존한 상태에서 관리가 가능하기 때문이다.

사이드바에서 Settings & Members 를 클릭한다.

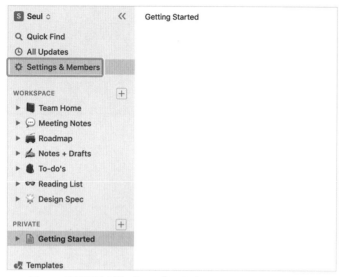

▲ 그림 1-18 Settings & Members 메뉴 클릭

My Account 설정 메뉴를 클릭하고 이메일 주소를 변경할 수 있는 Change Email 를 클릭한다.

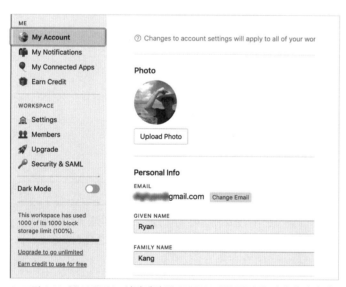

▲ 그림 1-19 My Account 설정에서 Change Email을 클릭 후 이메일 변경 가능

'.ac' 또는 '.edu'를 포함한 교육기관의 이메일 주소를 입력하고 Send Verification Code 버튼을 클릭한다.

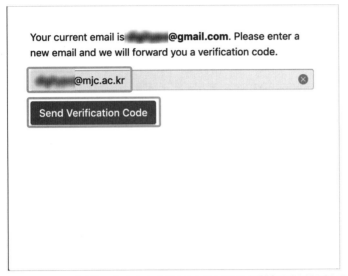

▲ 그림 1-20 변경할 교육기관의 이메일 주소를 입력 후 Send Verification Code 버튼 클릭

입력한 교육기관용 이메일 주소로 발송된 확인 메일을 열어 확인 인증 코드를 복제한 후 되돌아와 붙여넣기를 하고 Change Email 버튼을 클릭한다.

▲ 그림 1-21 교육기관의 이메일 주소로 받은 확인 메일

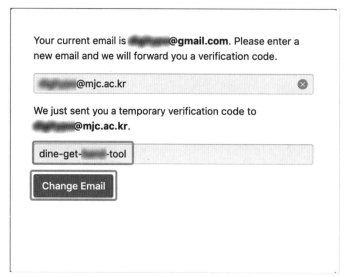

▲ 그림 1-22 붙여넣기 완료된 인증 코드

교육기관용 이메일 주소로 변경된 것을 확인할 수 있다.

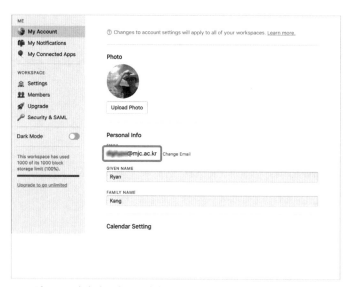

▲ 그림 1-23 변경 완료된 교육기관용 이메일

큰 문제 없이 변경되었다면 앞에서도 언급했듯이 실제로 사용할 수 있도록 Upgrade 설정 메뉴에서 "Personal" 하단에 있는 Get free education plan 링크를 클릭한 후 무료로 개인 플랜을 사용할 수 있게 된다.

1.2.3. Notion 로그인하기

브라우저에서 https://notion.so 주소를 입력 후 Notion 공식 사이트로 들어가서 Log in 버튼을 클릭한다.

▲ 그림 1-24 Notion 공식 홈페이지의 Log in 버튼 위치

계정을 만들 때 사용한 구글 계정 또는 메일 주소를 선택해서 가입 과정과 동일하게 로그인을 진행할 수 있다.

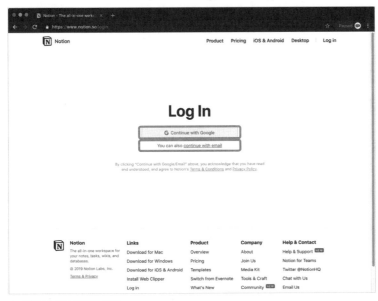

▲ 그림 1-25 로그인 화면

1.3
Desktop(데스크톱) 및
Web Clipper(웹 클리퍼) 설치하기

Notion은 웹브라우저로 사용도 가능하나 데스크톱용 애플리케이션은 Offline으로도 사용할 수 있으며, 온라인으로 다시 연결될 때 자동 업데이트를 진행한다. 또한 브라우저에서 구동되는 것이 아니라, 하나의 독립적인 작업 환경을 만들어 주는 장점이 있어 설치하는 것을 권고한다.

1.3.1. 맥용 데스크톱 애플리케이션 설치하기

Notion 공식 웹사이트의 상단 메뉴 중 Desktop 메뉴를 클릭한다.

▲ 그림 1-26 Notion 공식 홈페이지의 데스크톱 애플리케이션 다운로드 버튼 위치

Download for Mac 버튼을 클릭해서 다운로드를 받는다.

▲ 그림 1-27 맥용 데스크톱 다운로드 버튼

다운로드받은 .dmg 파일을 클릭해서 실행시키고, Notion 아이콘을 드래그 앤드 드롭으로 "Applications" 또는 "응용 프로그램" 폴더로 이동시켜 복사를 진행한다.

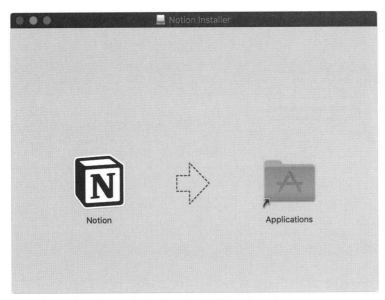

▲ 그림 1-28 "Applications" 또는 "응용프로그램" 폴더로 이동

"Applications" 또는 "응용 프로그램" 폴더로 이동해서 복사되었는지 확인한 후, 애플리케이션을 실행시킨다.

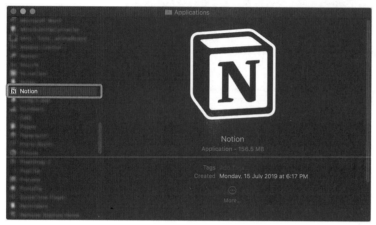

▲ 그림 1-29 Applications 폴더에 설치된 Notion의 모습

다음과 같이 애플리케이션이 실행되면, 로그인을 진행한다.

▲ 그림 1-30 Notion 로그인 화면

1.3.2. 윈도우용 데스크톱 애플리케이션 설치하기

Notion 공식 웹사이트의 상단 메뉴 중 Desktop 메뉴를 클릭한다.

▲ 그림 1-31 Notion 공식 홈페이지의 데스크톱 애플리케이션 다운로드 버튼 위치

Download for Windows 버튼을 클릭해서 다운로드를 받는다.

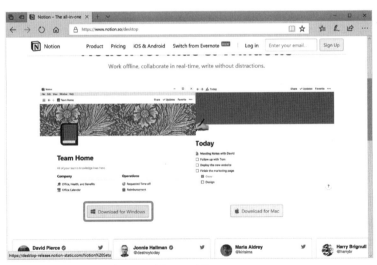

▲ 그림 1-32 윈도우용 데스크톱 다운로드 버튼

원하는 곳에 파일을 저장한 후, 직접 설치를 진행할 수 있다.

▲ 그림 1-33 설치 파일을 저장하는 모습

또는 브라우저 하단의 바로 **실행** 버튼을 클릭한 후 설치하고, Notion을 실행시킬 수 있다.

▲ 그림 1-34 설치 파일을 바로 실행하는 모습

다음과 같이 애플리케이션이 실행되면, 로그인을 진행한다.

▲ 그림 1-35 로그인 화면

1.3.3. Chrome(크롬) 및 Firefox(파이어폭스)용 웹 클리퍼 설치하기

크롬 및 파이어폭스 사용자의 경우, 웹 페이지를 손쉽게 저장할 수 있는 Notion 웹 클리퍼를 사용할 수 있다. 직접 크롬 웹 스토어나 파이어폭스 애드온 페이지에서 extension(확장 프로그램)을 다운로드 받을 수 있다. 여기에서는 Notion 웹사이트에서 크롬용 웹 클리퍼를 다운로드 받는 방법에 대해서 알아보겠다.

크롬 브라우저에서 https://notion.so 주소를 입력한 후, Notion 공식 사이트 첫 페이지 하단 메뉴 중 Install Web Clipper 메뉴를 클릭한다.

▲ 그림 1-36 Notion 공식 홈페이지 하단에 위치한 Install Web Clipper 버튼

Install Web Clipper for Chrome 버튼을 클릭한다.

▲ 그림 1-37 Notion 웹 클리퍼 다운로드 화면

Chrome 웹 스토어 페이지에서 Chrome에 추가 버튼을 클릭한다.

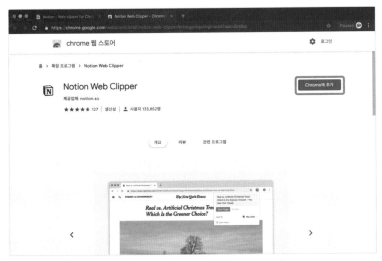

▲ 그림 1-38 Notion 웹 클리퍼를 다운로드 받을 수 있는 크롬 웹 스토어

Notion용 확장 프로그램을 추가하기 위한 창이 뜨면, Add extension 버튼을 클릭한다.

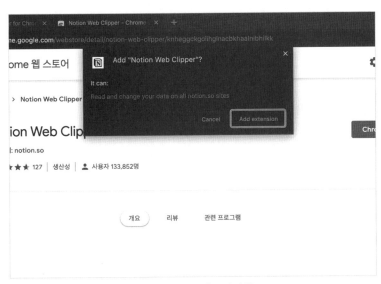

▲ 그림 1-39 Notion 웹 클리퍼를 설치할 수 있는 팝업 창

URL창 오른쪽에 Notion 확장 프로그램이 설치되었음을 확인할 수 있다.

▲ 그림 1-40 웹 클리퍼가 설치 완료된 모습

모바일 애플리케이션 설치하기

Notion 공식 사이트에서도 다운로드 받을 수 있지만, 각 모바일 앱 스토어에서 "notion"을 검색해서 직접 다운로드 받을 수도 있다. 여기에서는 Notion 웹사이트에서 다운로드 받는 방법에 대해서 알아보자.

Notion 공식 웹사이트의 상단 메뉴 중 iOS & Android를 클릭한다.

▲ 그림 1-41 Notion 공식 홈페이지의 모바일 애플리케이션 다운로드 버튼 위치

입력 창에 모바일 전화번호를 입력한 후, Send App Link 버튼을 클릭한다.

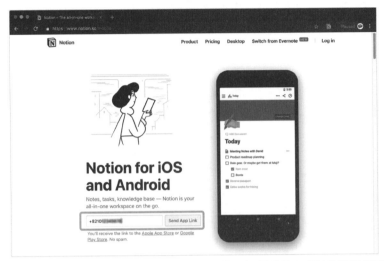

▲ 그림 1-42 애플리케이션을 다운로드 받을 수 있는 링크를 받을 모바일 전화번호 입력

모바일 전화로 다운로드 받을 수 있는 링크가 보내졌다는 메시지 창이 보이면, Okay 버튼을 클릭한다.

▲ 그림 1-43 전송 완료된 링크

"국외발신" 문자가 울리면 내용을 확인한 후, 아래와 같이 "https://…"로 시작하는 링크 주소를 클릭하면, 앱 스토어에 바로 Notion을 다운로드 받을 수 있도록 연결된다.

▲ 그림 1-44 모바일 애플리케이션을 다운로드 받을 수 있는 링크

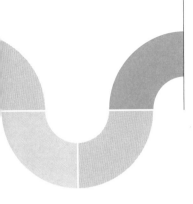

1.4
Notion Plan(요금 정책) 알아보기

Notion의 유료 서비스는 다른 도구에 비해서 저렴한 편은 아니라는 의견들을 종종 듣는다. 따라서 무료 플랜으로 개인적으로 충분히 사용하고 테스트한 후, 유료로 결제하는 것을 추천한다. 생산성 도구는 사용자에 따라 효율성이 높아질 수도 낮아질 수도 있기 때문이다.

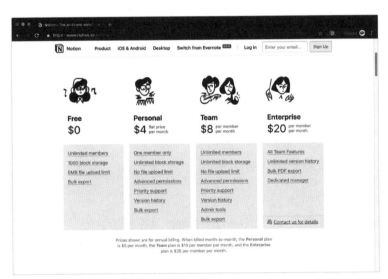

▲ 그림 1-45 요금을 확인할 수 있는 페이지

Free(무료)

• 무제한으로 게스트를 초대할 수 있다. (단, 특정 페이지만 접근이 가능하고 공유만 가능하다.)

• 총 1,000개의 블록을 사용할 수 있다.

• 5MB의 파일 업로드만 가능하다.

• Markdown, PDF 또는 HTML로 내보내기가 가능하다.

Personal Plan(개인 유료)

월 결제 시 5달러, 연 결제 시 48달러(약 매달 4달러를 지불하는 것과 동일하다.)

- 오직 한 멤버만 사용할 수 있다. (무료처럼 제한된 기능으로 무제한으로 게스트를 초대할 수 있다.)
- 무제한으로 블록을 생성할 수 있다.
- 무제한으로 파일 업로드가 가능하다.
- 고급 기능을 준다.
- 우선적 고객 지원을 한다.
- 30일간의 문서 기록을 열람할 수 있다. (일종의 타임머신 기능)
- Markdown, PDF 또는 HTML로 내보내기가 가능하다.

Team Plan(팀 유료)

월 결제 시 10달러, 연 결제 시 96달러(약 매달 8달러를 지불하는 것과 동일하다.)

- 무제한으로 팀원을 생성할 수 있다. (주의할 점은 생성된 팀원들만큼 개인 비용이 지불된다.)
- 무제한으로 블록을 생성할 수 있다.
- 무제한으로 파일 업로드가 가능하다.
- 고급 기능을 준다.
- 우선적 고객 지원을 한다.
- 30일간의 문서 기록을 열람할 수 있다. (일종의 타임머신 기능)
- 관리자 도구를 사용할 수 있다.
- Markdown, PDF 또는 HTML로 내보내기가 가능하다.

Enterprise Plan(엔터프라이즈 플랜)

월 결제 시 25달러, 연 결제 시 240달러(약 매달 20달러를 지불하는 것과 동일하다.)

- 모든 팀 기능들을 관리자뿐만 아니라 초대된 사용자도 사용할 수 있다.
- 무제한 문서 기록을 열람할 수 있다.
- 백업할 때 하위 페이지를 포함하여 한 번에 PDF로 내보내기가 가능하다.
- 20명 이상인 회사에서 팀 관리를 위한 매니저를 별도로 설정할 수 있다.
- Notion 측과 직접적으로 연락할 수 있다.

PART 2

Notion 인터페이스 알아보기

2.1
Sidebar(사이드바) 인터페이스
알아보기

화면 왼쪽에 보이는 영역을 "사이드바"라고 부르며, 대표되는 페이지 관리, 워크스페이스 및 설정 관리를 할 수 있다. 가장 상위의 페이지들을 관리하고자 한다면 사이드바에서 바로 페이지를 생성한다.

2.1.1. Workspace(워크스페이스) 생성 및 관리하기

왼쪽 제일 위 상단의 자신의 계정 아이디를 클릭하면, 계정을 생성하면서 자동으로 만들어진 무료 워크스페이스를 기본적으로 확인할 수 있다. 다른 사용자에게 워크스페이스를 초대받거나 목적이 다른 워크스페이스를 별도로 생성 및 관리, 운영하고자 할 때 이곳에서 워크스페이스를 추가로 생성할 수 있다.

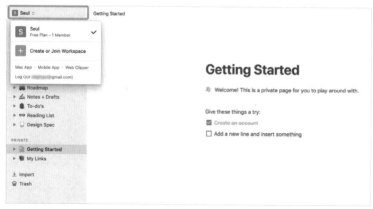

▲ 그림 2-1 가입할 때 자신의 이름의 워크스페이스

Create or Join Workspace를 클릭한다.

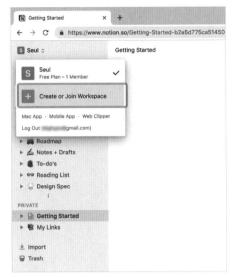
▲ 그림 2-2 새로운 워크스페이스 생성하기

새로운 워크스페이스의 이름을 입력하고, Create Workspace 버튼을 클릭한다. 이후 나오는 과정은 이전 계정을 생성하는 과정과 동일하다.

▲ 그림 2-3 새로운 워크스페이스의 정보 입력 화면

두 개의 워크스페이스가 생성된 것을 확인할 수 있으며, 언제든 워크스페이스를 선택하며 변경할 수 있다.

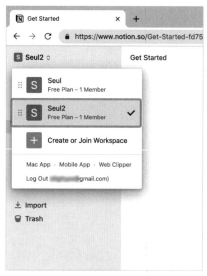

▲ 그림 2-4 생성된 또 다른 워크스페이스

앞에서 언급했던 애플리케이션들을 다운로드 받을 수 있는 링크가 있어, 언제든지 데스크톱, 모바일 애플리케이션 및 웹 클리퍼를 다운로드 받을 수 있다.

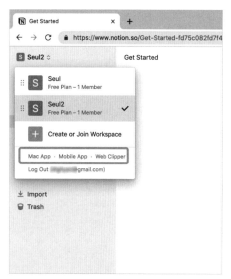

▲ 그림 2-5 애플리케이션 다운로드 링크

로그아웃은 다음 그림과 같이 "Log Out" 메뉴로 사용할 수 있다. 외부 또는 자신의 컴퓨터가 아닌 곳에서 사용했다면, 개인정보 보호를 위해 잊지 말고 로그아웃을 한다.

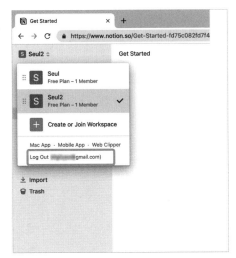

▲ 그림 2-6 로그아웃 버튼의 위치

2.1.2. ## 빠른 검색(Quick Find) 사용하기

빠른 검색 기능은 페이지뿐만 아니라 키워드로 페이지 안에 있는 텍스트까지 검색할 수 있다.

다만 아직은 이미지 안에 포함하고 있는 텍스트 검색(OCR)을 지원하지 않는다는 점을 참고하길 바란다.

cmd(맥)/ctrl(윈도우, 리눅스)+p 단축키를 사용하거나 또는 사이드바에서 Quick Find를 클릭한다.

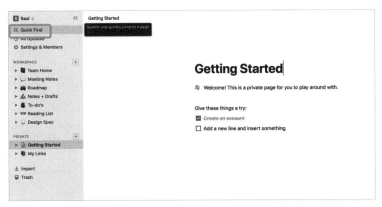

▲ 그림 2-7 Quick Find 메뉴

입력 창에 원하는 페이지 명, 키워드 또는 단어를 입력한다.

▲ 그림 2-8 퀵 파인드가 실행된 모습

텍스트로 검색할 때, 자동 완성 미리 보기로 검색 결과를 확인할 수 있으며, 페이지 명 또는 그 아래로 해당 검색된 단어들을 확인할 수 있다. 검색 결과를 선택하면 해당 페이지로 바로 이동하여, 검색된 단어를 포함한 블록을 하이라이트로 보여 준다.

▲ 그림 2-9 검색 결과 화면

참고로, 검색 결과가 보이면 위, 아래 키보드 방향키로 이동시키면서 선택할 수 있다. cmd(맥)/ctrl(윈도우, 리눅스) 로 선택하면 새로운 창으로 확인할 수 있다.

All updates(모든 업데이트) 확인하기

다른 사용자들과 협업 중 업데이트된 내용은 모두 이곳에서 확인할 수 있다. 사이드바에서 All Updates를 클릭한다.

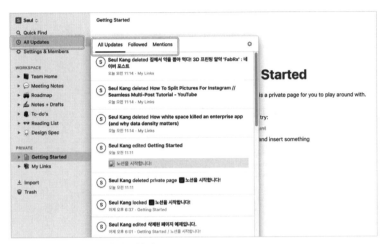

▲ 그림 2-10 모든 업데이트 확인

- All Updates: 모든 페이지의 업데이트 사항을 최신순으로 자세하게 확인할 수 있다. 또한 업데이트 내용을 클릭하면, 해당 페이지로 바로 이동할 수 있다.
- Followed: 다른 사용자를 초대해서 공동으로 페이지를 사용 중이라면 반드시 사용하길 권장한다. 여러분이 팔로우한 페이지 중 다른 사용자로 인해 업데이트된 내용이 있다면 이 탭에서 모두 확인이 가능하고, 이메일로도 업데이트된 내용을 받아 볼 수 있다. (업데이트(Updates) 챕터 참고)
- Mentions: 공유 중인 페이지에서 다른 사용자가 @(Mention, 언급하기)으로 독자를 언급하였을 때, 이 탭에서 내용, 일정 알림 및 특정 페이지만을 선별해서 내용을 확인할 수 있다.

Notion 계정 및 워크스페이스를 설정할 수 있으며, 멤버 관리에 필요한 권한 부여 및 멤버 그룹 기능도 사용할 수 있다.

사이드바에서 Setting & Members 를 클릭한다.

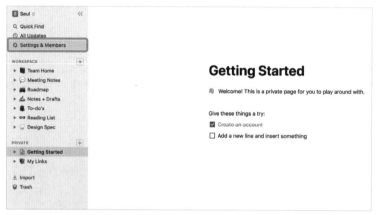

▲ 그림 2-11 Settings & Members 메뉴

2.1.4.1. My Account(계정 설정하기)

사이드바의 My Account 에서 내 계정의 정보를 수정할 수 있다.

Photo(계정 이미지)는 계정을 대표하는 이미지를 업로드할 수 있다. 이 사진은 페이지를 공유할 때 상대방에게 보이는 대표 이미지다.

Upload Photo 버튼을 클릭하고, 대표로 사용할 이미지 경로로 들어가 업데이트해 준다.

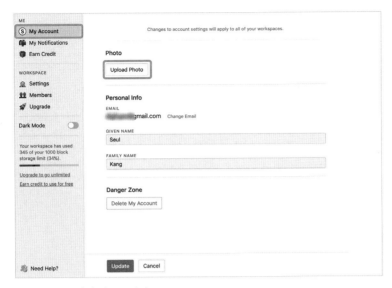

▲ 그림 2-12 사진 업로드 과정

불필요한 로딩 속도의 저하를 방지하기 위해, 너무 큰 사이즈의 이미지는 가급적 피하는 것을 권장한다.

▲ 그림 2-13 사용할 이미지가 있는 경로

▲ 그림 2-14 업로드된 이미지

Personal Info(개인 정보)에서는 이메일 주소와 이름을 언제든 변경할 수 있다.

Change Email 버튼을 클릭한다.

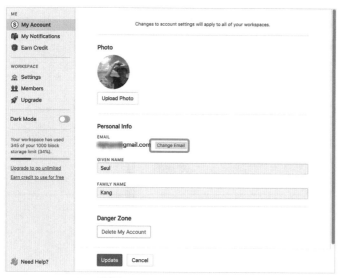

▲ 그림 2-15 Change Email 버튼

변경할 이메일 주소를 입력하고, Send Verification Code 버튼을 클릭한다.

▲ 그림 2-16 이메일 주소 변경 입력 창

변경할 메일 주소의 메일함을 확인하면, "Your Change Email Verification Code is…" 제목으로 온 메일을 열어 코드를 복사한다.

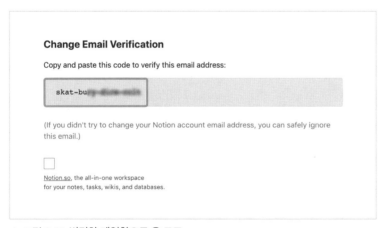

▲ 그림 2-17 변경한 메일함으로 온 코드

복사한 코드를 "Enter verification code" 입력 창에 붙여넣기를 하고, **Change Email** 버튼을 누른다.

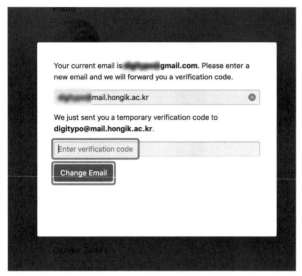

▲ 그림 2-18 복제한 코드를 입력 창에 붙여넣기

이름을 변경하고자 한다면 "Given Name"에 이름을, "Family Name"에 성을 입력할 수 있다. 이름은 팀 플랜이나 공유된 페이지로 Notion을 사용할 때 다른 사용자들에게 보이는 이름이다. 따라서 예명보다는 본명으로 구성하는 것이 팀 작업할 때 혼선을 막는 방법 중 하나다.

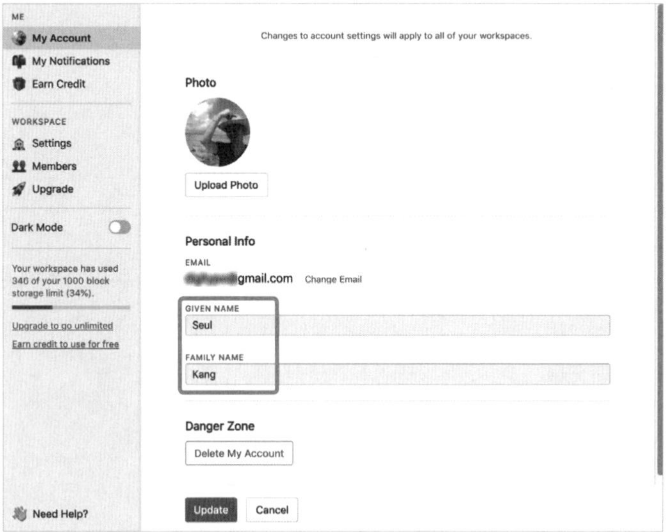

▲ 그림 2-19 이름 입력 창

"Danger Zone"은 워크스페이스, 페이지 및 계정 정보 등 모든 데이터를 삭제하고 탈퇴할 수 있다. 만약 계정을 삭제할 결정을 내렸다면, Delete My Account 버튼을 클릭한다.

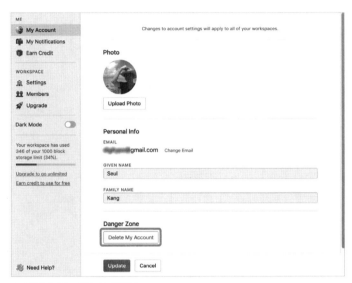

▲ 그림 2-20 계정 삭제 버튼

혹시 실수로 삭제될 수 있는 상황을 방지하고자 가입할 때 등록한 이메일 계정을 입력한 후, Permanently Delete Account 버튼을 클릭하면 모든 계정과 데이터 정보가 완전히 삭제된다.

▲ 그림 2-21 계정 삭제가 확실한지 재확인하는 메시지

마지막으로 수정된 사항이 있다면, 반드시 Update 버튼을 클릭한다.

▲ 그림 2-22 변경된 내용을 Update 버튼으로 일괄 적용

2.1.4.2. My Notifications(알림 설정하기)

Notion에 업데이트된 내용이 있으면 알림으로 소식을 받을 수 있다. 활성화 또는 비활성화로 설정이 가능하며 중요한 내용을 놓치지 않기 위해 알림을 설정해 두는 것을 추천한다.

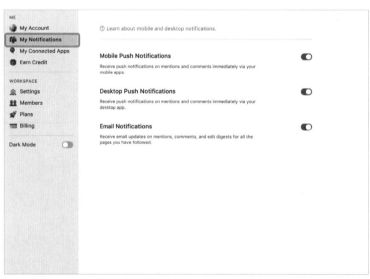

▲ 그림 2-23 알림 설정 화면

- Mobile Push Notification(모바일폰 알림): 사용자가 작성한 블록에 댓글 또는 @(언급하기)한 경우, 모바일 애플리케이션으로 알려 준다.
- Desktop Push Notifications(데스크톱 알림): 사용자가 작성한 블록에 댓글 또는 @(언급하기)한 경우, 데스크톱 애플리케이션으로 알려 준다.
- Email Notification(이메일 알림): 팔로우한 모든 페이지의 편집, 댓글 및 @(언급하기)이 업데이트되었다면 메일로 알려 준다.

2.1.4.3. My Connected Apps(내 연결된 애플리케이션 설정하기)

여러 애플리케이션의 데이터를 Notion으로 이관시키기 위해 "가져오기" 기능으로 연결하게 되는데, 이때 이곳에서 모든 연결된 애플리케이션을 끊거나 다른 계정으로 변경할 수 있다.

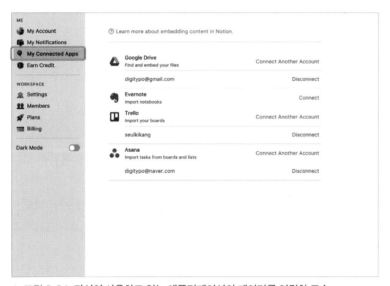

▲ 그림 2-24 자신이 사용하고 있는 애플리케이션의 데이터를 연결한 모습

2.1.4.4. Earn Credit(크레딧 얻기)

다양한 방법을 통해 크레딧을 모아 결제하지 않고도 유료처럼 사용할 수 있다. 최대 $200를 얻을 수 있으며, 이는 개인 플랜은 40개월, 팀 플랜은 20개월을 사용할 수 있는 것과 동일하다.

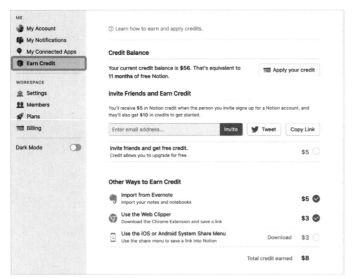

▲ 그림 2-25 크레딧 확인 및 설정 페이지

- Credit Balance: 현재의 크레딧을 확인할 수 있으며, 다양한 방법으로 받은 크레딧이 있다면 Apply your credit 버튼을 누르고 유료 서비스를 신청할 수 있다.
- Invite Friends and Earn Credit: 메일 공유, 트위터 공유, 링크 주소 공유 등 총 세 가지 방법으로 친구를 초대하고 크레딧을 받을 수 있다. 초대받은 사람이 가입하게 되면 $10의 크레딧을 받고, 초대한 사람은 $5를 받을 수 있다. 여러 명 초대도 가능하다.
- Other Ways to Earn Credit: 에버노트와 연결해서 일부 데이터라도 이관하면 $5, 웹 클리퍼를 다운로드 받고 한 번이라도 사용하면 $3, 모바일 앱을 통해 공유 메뉴를 사용하여 링크를 Notion에 저장하면 $3를 받을 수 있다.

2.1.4.5. Settings(워크스페이스 설정)

계정과 워크스페이스를 혼동하는 경우가 많다. 계정은 하나지만, 워크스페이스는 방과 같이 여러 개를 만들어서 관리가 가능하다. 또한 Notion의 과금은 계정에 과금을 적용하는 것이 아니라 워크스페이스에 과금한다. 따라서 워크스페이스의 설정 시 주의를 기울여야 한다.

사이드바에서 Settings를 클릭한 후, 워크스페이스의 기본 설정을 변경할 수 있다.

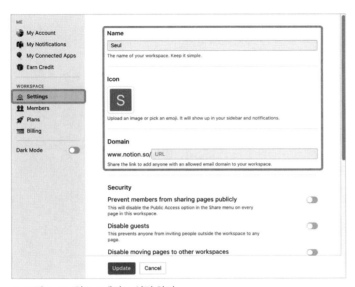

▲ 그림 2-26 워크스페이스 설정 화면

- Name: 현재 사용하고 있는 워크스페이스의 이름을 변경할 수 있다. 다른 워크스페이스와 혼선을 막기 위해 가급적이면 단순하고 명료한 이름을 권장한다.
- Icon: 워크스페이스의 대표적인 아이콘 또는 이미지를 업데이트할 수 있고, 사이드바에 표시되거나 또는 알림을 할 때 대표 이미지를 확인할 수 있다. 이니셜을 클릭한 후, Emoji(이모지)를 선택하거나 Upload an Image로 이미지를 업로드할 수 있다.
- Domain: 워크스페이스에 쉽게 접근하기 위해서 도메인을 생성하고 공유할 수 있다. 자신이 원하는 워크스페이스의 도메인을 입력한다. 만약 중복되는 도메인이라면 다른 도메인 주소를 찾아 입력한다.

또한 워크스페이스 보안을 설정할 수 있다.

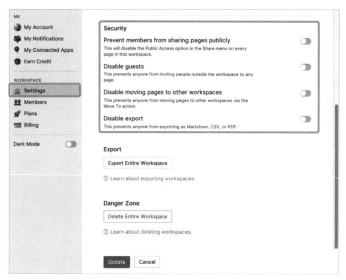

▲ 그림 2-27 워크스페이스 보안 설정

- Prevent members from sharing pages publicly: 멤버들이 워크스페이스에 있는 모든 페이지를 외부로 공유 허용 여부를 설정할 수 있다.
- Disable guests: 워크스페이스 외부로부터 초대받은 사람의 접근 허용 여부를 설정할 수 있다.
- Disable moving pages to other workspaces: 워크스페이스에서 생성한 페이지를 다른 워크스페이스로 이동 허용할지의 여부를 설정할 수 있다.
- Disable export: Markdown, PDF 또는 CSV 등 내보내기 허용 여부를 설정할 수 있다.

워크스페이스에 있는 모든 페이지를 별도로 모두 내보내기란 귀찮고 어려운 작업이다. 워크스페이스 설정에서는 모든 페이지를 일괄적으로 내보낼 수 있는 Export Entire Workspace를 사용할 수 있다. 참고로, PDF는 아직 개발 단계라 문서가 깨지는 경향이 있으니 주의해서 사용하길 추천한다.

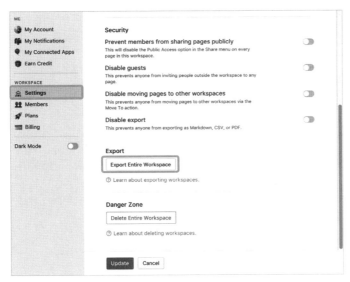

▲ 그림 2-28 워크스페이스의 모든 데이터 내보내기 버튼

현재 사용하고 있는 워크스페이스 안의 모든 데이터를 삭제하길 원한다면, Delete Entire Workspace를 사용할 수 있다. 주의해서 사용하길 권장한다. 지워지는 과정은 앞에서 언급했던 계정 삭제와 동일하다.

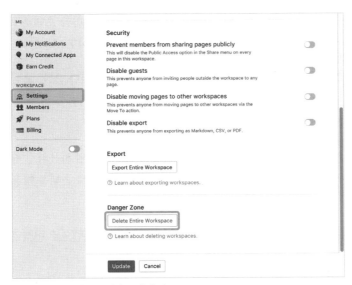

▲ 그림 2-29 워크스페이스 삭제 버튼

마지막으로, 변경된 사항이 있다면 반드시 Update 버튼을 클릭해서 저장해야 한다.

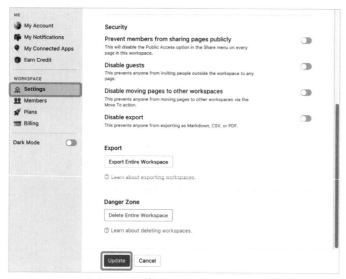

▲ 그림 2-30 변경된 내용을 Update 버튼으로 일괄 적용

2.1.4.6. Members(멤버 관리하기)

사이드바에서 Members를 클릭한 후 해당 워크스페이스에서 팀 협업을 위한 멤버를 초대하고 권한을 관리할 수 있으며, 멤버들과 공유할 때 그룹으로 일괄적인 페이지 권한 부여도 가능하다.

멤버 추가는 팀 플랜 사용자들만 제공되며, 멤버 추가와 게스트 초대는 차이가 있다. 모든 요금제에서 게스트는 무제한으로 무료로 초대가 가능하지만, 멤버 추가의 경우에는 개인 또는 팀 플랜에서 멤버를 추가할 경우 바로 추가로 과금된다.

따라서 기업에서 인사 관리, 페이퍼리스 시스템 구축 및 인트라넷(기업 내부망)처럼 사용하길 원한다면 인력 운영 관리 차원에서 추천하지만, 개인 용도라면 멤버 추가보다 게스트 초대를 활용하는 것을 추천한다.

한 가지 주의할 점은, 개인 플랜으로 사용하다가 멤버를 초대할 경우 자동으로 팀 플랜으로 변경되고, 익월에 팀 플랜 비용+추가한 멤버 비용까지 과금되니 조심할 필요가 있다.

Add a Member 버튼을 클릭한다.

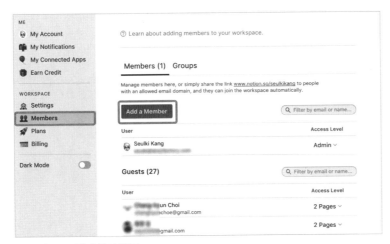

▲ 그림 2-31 멤버 추가 버튼

입력 창에 멤버로 추가할 사용자의 이메일 주소를 입력할 때 게스트로 초대된 기록이 있다면 계정에 사용하고 있는 이름과 사진이 보이고, Notion을 사용하지 않는 사용자라면 메일 주소로 보인다. Member 또는 Admin 권한을 설정한 후, Invite 버튼을 클릭해 추가한다.

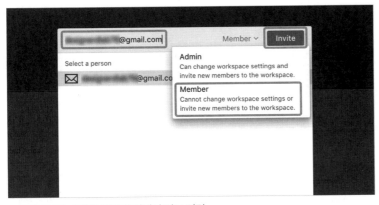

▲ 그림 2-32 추가할 멤버의 이메일 정보 입력

멤버 추가 이후에 Access Level 권한 변경 및 삭제도 가능하다.

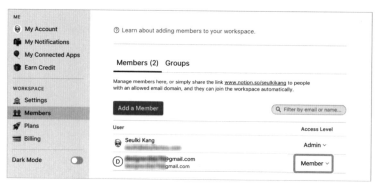

▲ 그림 2-33 멤버 권한 설정 변경

앞에서 언급했듯이, 멤버를 초대한 후 사이드바에서 Plan을 클릭하면 팀 플랜+추가한 멤버 과금
을 포함해서 경고 없이 익월에 나가는 것을 알 수 있다.

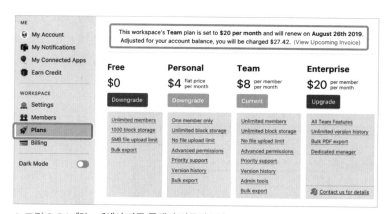

▲ 그림 2-34 "Plans"에서 과금 플랜이 변동된 모습

멤버뿐만 아니라 게스트로 초대된 모든 사람의 목록을 확인할 수 있으며, Access Level에서 해당
게스트와 몇 개의 페이지를 그리고 어떤 페이지를 공유하고 있는지 확인할 수 있다. 또한 언제든
게스트에서 멤버로 전환이 가능하고, 게스트 목록에서 삭제도 가능하다.

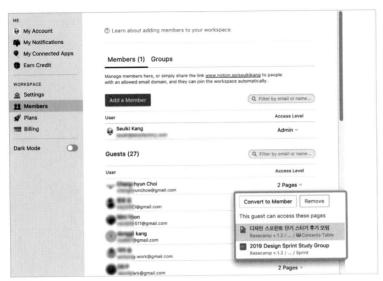

▲ 그림 2-35 어떤 게스트가 어떤 페이지에 초대받았는지 확인 가능

멤버들이 많아지고 관리가 필요할 때, "Groups" 탭을 이용하면 관리하기 쉬워진다.
그룹 탭을 선택한 후, Create a Group 버튼을 클릭한다.

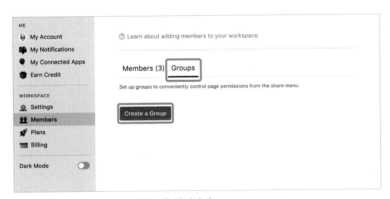

▲ 그림 2-36 게스트 또는 멤버 그룹 생성하기

그룹명을 생성하고 그룹에 포함할 멤버들을 목록에서 선택 또는 추가로 초대한 후, **Add** 버튼을
클릭한다.

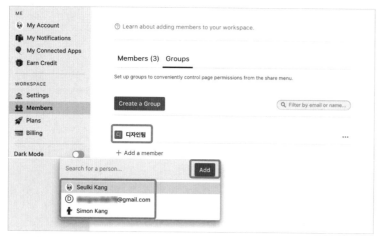

▲ 그림 2-37 그룹에 멤버 또는 게스트 추가

언제든 멤버를 그룹에서 삭제할 수 있고, ⋯ 그룹 메뉴를 클릭한 후 그룹 이름을 변경하거나 삭
제할 수 있다.

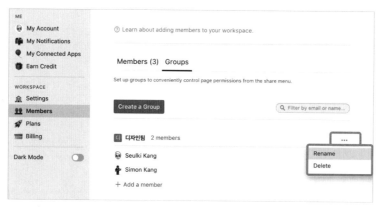

▲ 그림 2-38 그룹 이름 변경

2.1.4.7. Plan(플랜)

개인 또는 팀 플랜으로 전환하고자 한다면, 이곳에서 업그레이드가 가능하다. 또한 현재 사용하고 있는 플랜과 과금 일정도 확인할 수 있다.

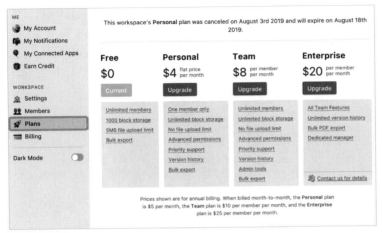

▲ 그림 2-39 요금에 대한 정보 확인이 가능한 페이지

2.1.4.8. Billing(결제 이력 조회)

유료 플랜 사용자들이라면 이곳에서 결제 이력 조회가 가능하며, 카드 정보를 변경 및 수정할 수 있다.

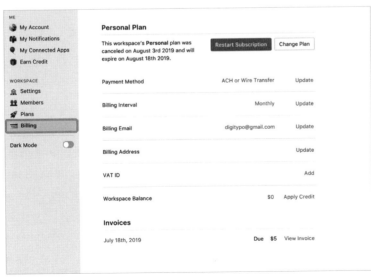

▲ 그림 2-40 결제 이력 조회 페이지

2.1.4.9. Dark Mode(다크 모드 설정)

Notion은 콘텐츠 집중을 높이고, 장시간 사용으로 인한 눈의 피로를 덜어 주기 위해 다크 모드를 지원한다.

하지만 매번 설정으로 들어와 전환하는 것은 효율적이지 못하다. 단축키 cmd(맥)/ctrl(윈도우, 리눅스)+shift+l 로 언제든지 빠르게 다크/라이트 모드를 전환하면서 사용할 수 있다.

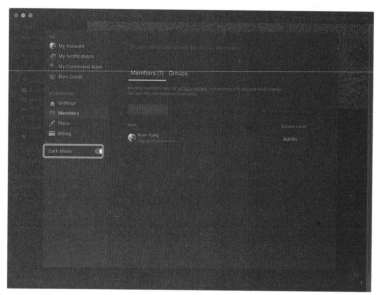

▲ 그림 2-41 다크 모드가 적용된 Notion

2.1.5. Templates(템플릿 페이지 사용하기)

처음 사용하는 사용자를 위해서 Notion에서 미리 제작해서 제공하는 기본 페이지 템플릿을 의미한다. 노트, 프로젝트, 데이터베이스 등 다양한 목적에 맞게 구성되어 있어, 빠르게 바로 적용해서 사용할 수 있는 장점이 있다. 초보자라면 하나씩 열어서 학습하고 사용해 보는 것을 추천한다. Notion은 개인화된 구성을 통해 자신에게 최적화된 도구로 사용하는 것을 주목적으로 하기에, Notion이 익숙해지면서 자연스럽게 이 템플릿을 더는 사용하지 않게 된다.

사이드바에서 Templates를 클릭한다.

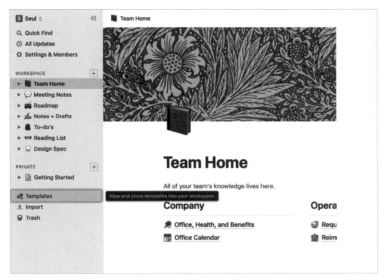

▲ 그림 2-42 Notion에서 제공하는 템플릿 보기

팝업 창으로 다양한 템플릿을 미리 볼 수 있다. 오른쪽 목록에서 하나씩 열어 보면서, 관련 주제에 필요한 페이지 구성 요소를 어떻게 꾸몄는지 확인할 수 있다. 만약 내 페이지로 가져와서 이것저것 바꾸는 연습을 해 보고 싶다면, Use This Template 버튼을 클릭하여 사이드바에 템플릿 페이지를 생성하고 다양하게 편집할 수 있다.

최근 Notion은 템플릿 갤러리를 운영하고 있다. 이 목록 외에 더 많은 템플릿을 확인하고 가져올 수 있으니, 하단의 Full Template Gallery를 클릭한 후 방문해 보는 것을 추천한다.

▲ 그림 2-43 템플릿 목록 팝업 페이지

2.1.6. Import(외부 데이터 불러오기)

여러 생산성 도구들은 특화된 기능을 강조한 것들이 많지만, Notion은 여러 생산성 도구의 장점들을 모아 만든 통합 솔루션의 이미지를 만들어 가고 있다. 여기에 그치지 않고 기존에 이용하고 있는 여러 형태의 데이터를 가져와 계속 사용할 수 있도록 기능을 지원함으로써, 기존 데이터를 버리지 않고도 Notion으로 자연스럽게 이관시킬 수 있다는 장점이 있다.

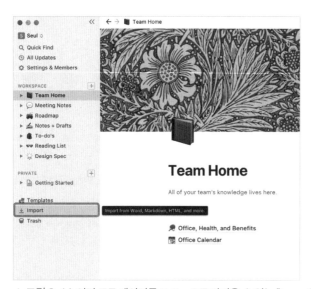

▲ 그림 2-44 여러 도구 데이터를 Notion으로 가져올 수 있는 "Import" 메뉴

Evernote(에버노트) / Trello(트렐로) / Asana(아사나)

다음 세 개의 도구는 동일한 방법으로 데이터를 가져올 수 있다. 계정에 로그인하고 권한을 받은 뒤에 데이터를 손쉽게 가져오는 방법으로, 모든 데이터를 일괄적으로 가져올 수 있다는 장점이 있다. 이 중에 한국인이 가장 많이 사용하고 있는 에버노트의 데이터를 예제로 이관시켜 보자.

▲ 그림 2-45 권한 방식으로 연결한 후, 직접 Notion으로 가져올 수 있는 서비스들

Evernote 버튼을 클릭한다.

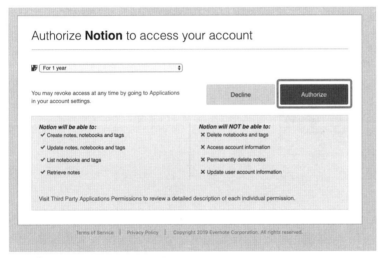

▲ 그림 2-46 에버노트 데이터 가져오기 버튼

에버노트로 로그인한 후, **Authorize** 버튼을 클릭한다.

▲ 그림 2-47 에버노트 권한 승인 버튼

권한을 승인하면 에버노트 계정에 있는 모든 Notebook(노트북)의 목록이 보이는데, 가져올 노트북만 선택해서 일괄적으로 가져올 수 있다. 또한 검색을 통해서 노트북을 가져올 수도 있다.

▲ 그림 2-48 Notion에서 가져올 에버노트 노트북 목록 확인 가능

노트북의 노트들은 다음과 같이 가져올 수 있다. 하지만 아직은 완벽하게 불러오지 못하므로, 반드시 확인한 후 일부는 수정해야 한다.

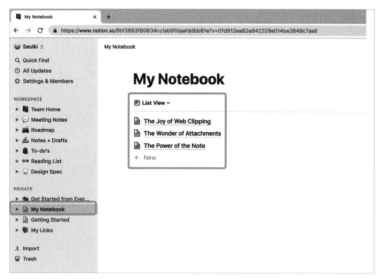

▲ 그림 2-49 데이터베이스 형태로 가져온 에버노트 데이터

▲ 그림 2-50 가져온 에버노트 데이터 확인

한 번 에버노트에 로그인한 기록이 있다면 같은 … 가져오기 메뉴를 클릭한 후, 에버노트 계정으로 다시 가져오기를 할 수 있거나 추가로 다른 계정에 연결할 수 있다.

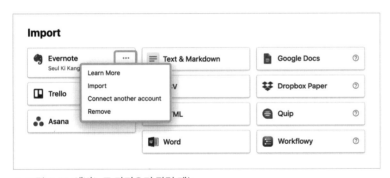

▲ 그림 2-51 에버노트 가져오기 관련 메뉴

Text & Markdown(텍스트와 마크다운) / CSV / HTML / Word(워드)

이 네 개의 가져오기 방식은 로컬 컴퓨터에서 특정 포맷의 파일을 가져올 때, 텍스트뿐만 아니라 Form(양식)을 그대로 가져올 수 있는 방법이다. 양식도 함께 가져올 수 있어 재작업 시간을 줄일 수 있다는 장점이 있다.

▲ 그림 2-52 파일을 직접 가져올 수 있는 파일 및 문서들

- Markdown: 일반 텍스트 문서의 양식을 편집하는 문법이다. README 파일이나 온라인 문서 혹은 일반 텍스트 편집기로 문서 양식을 편집할 때 쓰인다. 마크다운(확장자 .md)을 이용해 작성된 문서는 쉽게 HTML 등 보이는 양식(제목, 코딩, 링크 등)을 그대로 가져올 수 있어 수고를 덜 수 있다. Notion 역시 마트다운으로 손쉽게 페이지를 구성할 수 있기 때문이다.
- CSV(comma-separated values): 스프레드시트 또는 데이터베이스 소프트웨어에서 많이 사용되는 파일 형태이다. 엑셀 데이터를 CSV 파일로 저장하여 Notion으로 동일한 테이블 모양으로 가져올 수 있다.
- HTML(HyperText Markup Language): 웹 페이지를 구성하는 데 주로 사용하는 언어이다. 태그(tag)를 사용하여 제목, 단락, 목록, 영역, 링크 등을 이용해 구조적인 문서를 제작할 수 있다.
- Word: 마이크로소프트사의 문서 편집기이다. 워드로 작업한 파일 역시 양식을 지켜서 가져올 수 있다.

이 중에 CSV 파일을 예제로 이관시켜 보자.

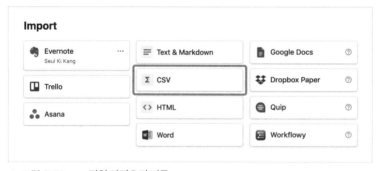

▲ 그림 2-53 .csv 파일 가져오기 버튼

불러올 .csv 파일을 찾아 연다.

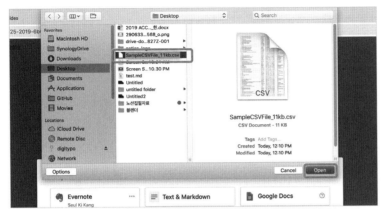

▲ 그림 2-54 가져올 .csv 파일 선택

불러온 데이터들은 자동으로 데이터베이스로 정리되어 보인다.

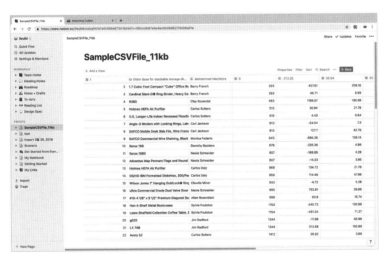

▲ 그림 2-55 데이터베이스로 정리된 모습

Google Docs(구글 독스) / Dropbox Paper(드롭박스 페이퍼) / Quip(퀍) / Workflowy(워크플로위)
이 네 가지의 방식은 클라우드 서비스이지만, 에버노트와 트렐로처럼 Notion과 직접적으로 데이
터에 접근할 수 있는 권한 기능이 없다. 따라서 해당 서비스에서 .docx, .html, .md 등 Notion으
로 가져올 수 있는 파일의 형태로 저장한 후, 앞에서 언급했던 방식으로 파일로 가져올 수 있다.
이 중 가장 일반적으로 사용 빈도가 높은 구글 문서의 데이터를 예제로 이관시켜 보자.

Import
Evernote
Get $5 in credit on import!
Trello
Asana
Text & Markdown
CSV
HTML
Word
Google Docs
Dropbox Paper
Quip
Workflowy

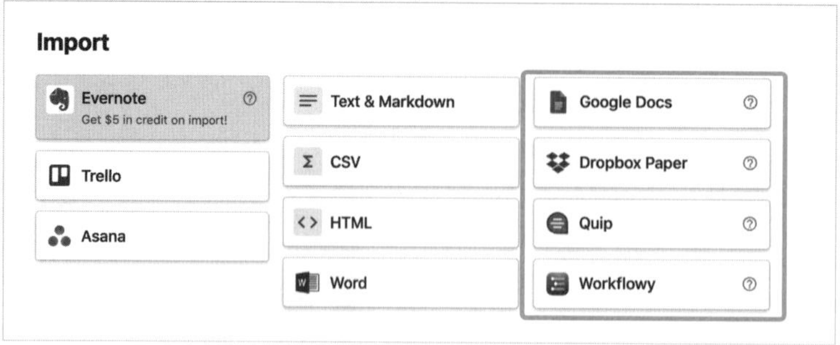

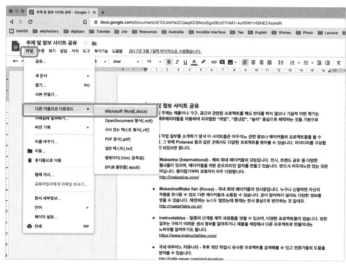

▲ 그림 2-56 도구에서 먼저 내보내기를 진행한 후, 파일 형태로 가져오는 방법의 도구들

Notion으로 가져올 구글 문서를 열고, 상단 메뉴에서 **파일 〉 다른 이름으로 다운로드 〉 Microsoft Word(.docx)**로 저장한다.

주제 및 정보 사이트 공유
다른 이름으로 다운로드
Microsoft Word(.docx)
OpenDocument 형식(.odt)
서식 있는 텍스트 형식(.rtf)
PDF 문서(.pdf)
일반 텍스트(.txt)
웹페이지(.html, 압축됨)
EPUB 출판물(.epub)

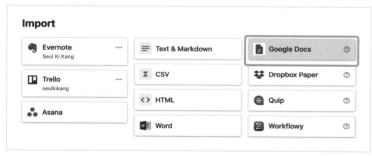

▲ 그림 2-57 구글 문서 내보내기 과정

사이드바에서 Import를 클릭한 후, Google Docs 버튼을 클릭한다.

Import
Evernote
Seul Ki Kang
Trello
seulkikang
Asana
Text & Markdown
CSV
HTML
Word
Google Docs
Dropbox Paper
Quip
Workflowy

▲ 그림 2-58 구글 문서 파일 가져오기 버튼

구글 문서에서 저장한 .docx 파일을 찾아서 연다.

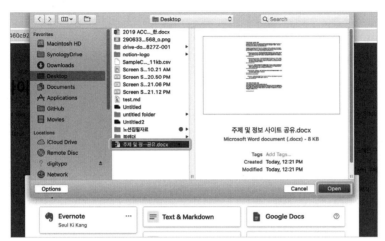

▲ 그림 2-59 구글 문서에서 내보내기 한 .docx 파일 열기

불러온 데이터들은 자동으로 페이지에 양식이 일부 적용된 텍스트로 보인다.

▲ 그림 2-60 가져온 파일 내용 확인

2.1.7. Trash(휴지통)

모든 지워진 페이지들은 바로 삭제되는 것이 아니라 휴지통에 보관된다. 이곳에서 실수로 지워진 페이지를 제자리로 돌리거나 영구 삭제할 수 있다.

사이드바에서 휴지통을 클릭한 후 **All Pages** 탭을 선택하면 지워진 모든 페이지를 확인할 수 있다. 영구 삭제를 원할 때, 휴지통 아이콘을 클릭하면 바로 완전히 삭제된다. 아직은 한꺼번에 비우는 기능은 지원되지 않아 하나씩 지워야 하는 번거로움이 있다.

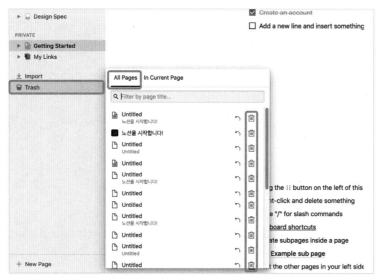

▲ 그림 2-61 휴지통에서 영구 삭제하기

휴지통에서도 검색이 가능해서 지워진 페이지를 빠르게 찾을 수 있고, **Restore** 아이콘을 클릭하면 복구시킬 수 있다.

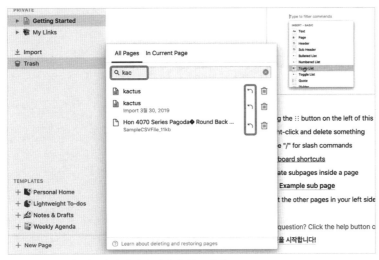

▲ 그림 2-62 휴지통에서 페이지 검색 후 복구하기

또한 **In Current Page** 탭을 선택 후 현재 위치하고 있는 페이지에서 삭제된 페이지들을 확인할 수 있어, 빠르게 페이지 복구 및 삭제가 가능하다.

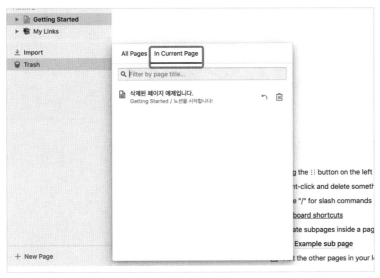

▲ 그림 2-63 현재 페이지에서 지워진 페이지 목록들

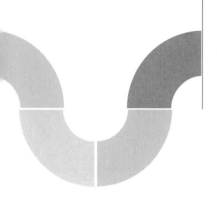

2.2
나의 첫 페이지 생성하기

Page(페이지) 생성하기

사이드바에서 새로운 페이지를 생성할 수 있다. "Private" 메뉴 이름에 마우스를 가져다 대고, +
버튼이 보이면 클릭한다.

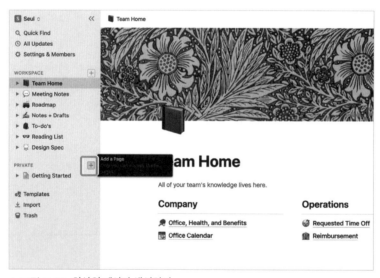

▲ 그림 2-64 최상위 페이지 생성하기

사이드바에서 "Untiled"라는 이름의 새로운 페이지를 확인할 수 있다. 사이드바에 있는 페이지들
의 경우 최상위의 페이지를 의미한다.

▲ 그림 2-65 생성된 최상위 페이지

만약 최상위 페이지가 아닌 특정 페이지 안에 새로운 페이지를 생성하고자 한다면, 사이드바 하단에 보이는 **+New Page** 버튼을 클릭한다.

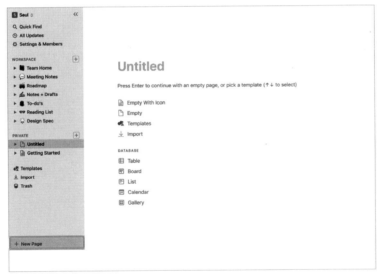

▲ 그림 2-66 **+New Page**로 원하는 경로에 새로운 페이지 생성하기

참고로 데스크톱 애플리케이션 사용자라면, 단축키 cmd(맥)/ctrl(윈도우, 리눅스)+n으로 새 페이지를 생성할 수 있다.

팝업 창으로 새 페이지를 확인할 수 있으며, 이때 상단의 **Add to (워크스페이스 이름)**를 클릭한 후 원하는 페이지를 검색 또는 직접 목록에서 선택하면, 해당 페이지 안에 새로운 페이지를 생성할 수 있다.

▲ 그림 2-67 원하는 위치에 페이지 생성

2.2.2. Add Icon(아이콘 생성하기)

이제 페이지가 만들어졌으니 간단하게 페이지를 구성해 보자.

먼저 아이콘은 페이지를 대표한다. 다른 페이지와 손쉽게 구분하기 위해 이모지, 이미지, 이미지 링크 방법으로 아이콘을 추가 및 변경할 수 있다.

가장 기본적인 아이콘 삽입 방법은 이모지를 활용하는 것이다. 마우스를 제목에 가져다 대면, 그림과 같이 **Add Icon** 메뉴가 보이고 클릭할 수 있다.

▲ 그림 2-68 페이지 아이콘 생성하기

기본적으로 무작위로 이모지가 선택되며, 이렇게 생성된 이모지는 사이드바에서 보이는 것처럼
페이지를 대표하는 아이콘의 역할을 한다.

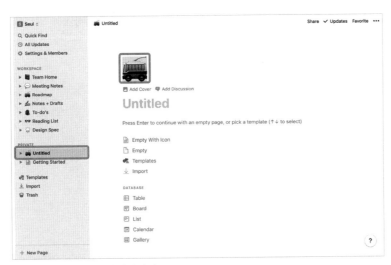

▲ 그림 2-69 생성된 페이지 아이콘

생성된 이모지를 다시 클릭하면 이모지를 선택할 수 있는 창이 뜨고, 최근에 사용한 이모지, 키워드를 검색할 수 있고 또는 직접 선택하거나 Random으로 변경할 수 있다.

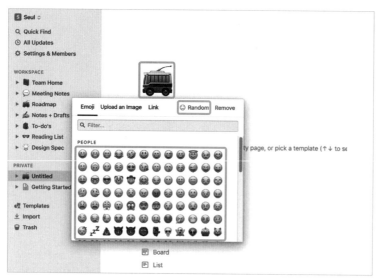

▲ 그림 2-70 직접 또는 무작위로 이모지 변경

기본으로 제공되는 이모지가 아닌 개인화된 로고 등 특정 이미지를 아이콘처럼 사용하는 방법도 있다. Upload an Image 탭을 선택하고, Choose a File 버튼을 클릭한다.

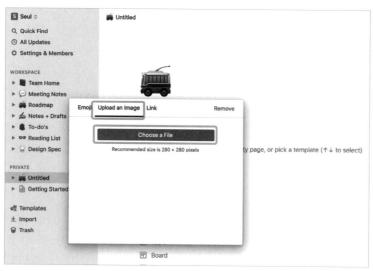

▲ 그림 2-71 이미지를 페이지 아이콘으로 사용

아이콘으로 사용하고자 하는 이미지를 찾아 교체할 수 있다. 참고로, 아이콘으로 사용할 이미지는 280x280 사이즈를 추천한다.

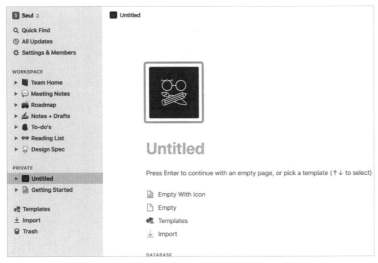

▲ 그림 2-72 변경 완료된 이미지 아이콘

마지막으로, 웹에 있는 이미지 주소를 이용하여 아이콘을 변경할 수 있다. 앱 아이콘으로 사용할 이미지의 URL 주소를 복사한다.

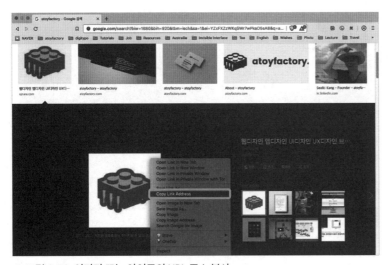

▲ 그림 2-73 이미지 또는 아이콘의 URL 주소 복사

앱 아이콘에서 Link 탭을 선택한 후, 입력 창에 복사해 둔 이미지 경로를 입력하고 Submit 버튼을 클릭한다.

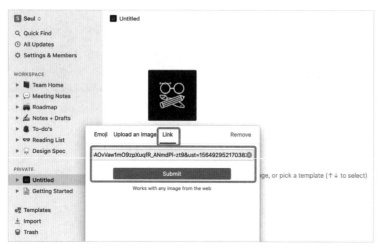

▲ 그림 2-74 이미지 또는 아이콘 URL 주소로 가져온 페이지 아이콘

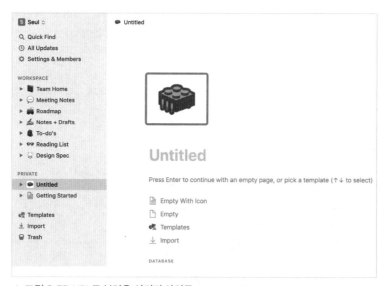

▲ 그림 2-75 URL로 불러온 이미지 아이콘

언제든 아이콘은 아이콘 설정에서 Remove를 선택해서 삭제할 수 있다.

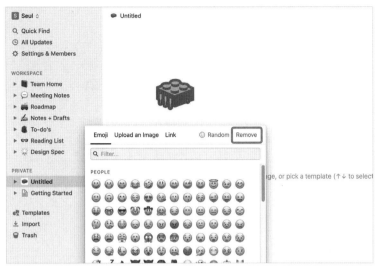

▲ 그림 2-76 페이지 아이콘 삭제

2.2.3. Add Cover(커버 이미지 생성하기)

커버 이미지는 페이지의 성격을 나타내는 데 도움을 준다. 독립적인 웹 페이지와 같이 완성도 높게 운영하고자 할 때 활용하면 유용하다. 또한 이후 학습할 칸반 보드나 갤러리 형태의 데이터베이스에서 미리 보기 할 때 빠른 선택에 도움을 준다. 기본으로 제공되는 컬러 및 이미지, 이미지 업로드, 이미지 링크 및 Unsplash(무료 이미지 제공 사이트: https://unsplash.com/)로 추가 및 변경할 수 있다.

먼저, 아이콘과 마찬가지로 제목 입력 창 위에 Add Cover 를 클릭한다.

▲ 그림 2-77 커버 이미지 생성 버튼

기본으로 무작위로 제공되는 이미지 또는 컬러로 생성된다.

▲ 그림 2-78 생성된 커버 이미지

커버 이미지에 마우스를 올려놓으면 메뉴가 나타나고, Change Cover를 클릭한다.

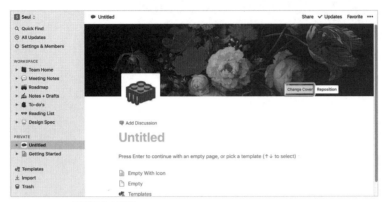

▲ 그림 2-79 Change Cover로 커버 이미지 변경

원하는 컬러(그라디언트)와 다양한 카테고리의 이미지를 갤러리에서 선택해서 변경할 수 있다.

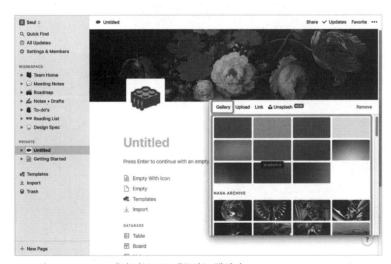

▲ 그림 2-80 Notion에서 기본으로 제공하는 갤러리

사용하고자 하는 이미지가 로컬 컴퓨터에 있다면, 업로드 방식으로도 표지를 변경할 수 있다.
Upload 탭을 선택하고, Choose a File 버튼을 클릭한다.

▲ 그림 2-81 원하는 이미지를 직접 업로드

이미지의 경로를 찾아 업로드한다.

▲ 그림 2-82 업로드 완료된 직접 올린 이미지

만약 웹에서 원하는 이미지를 찾았다면, 이미지의 URL 주소를 복사한다.

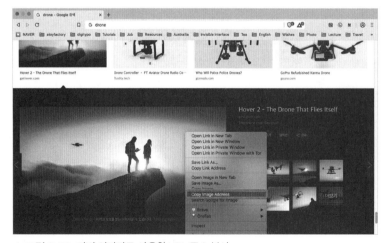

▲ 그림 2-83 커버 이미지로 사용할 URL 주소 복사

Link 탭을 선택하고, 복사한 URL 주소를 입력 창에 붙여넣기 하고, Submit 버튼을 클릭한다.

▲ 그림 2-84 복사한 주소를 붙여 넣은 모습

▲ 그림 2-85 이미지 URL 주소로 가져온 커버 이미지

마지막으로, 무료 고퀄리티 이미지 서비스 중 하나인 Unsplash 이미지를 사용할 수 있는 검색 기능을 제공한다. 표지의 이미지는 페이지의 개성을 나타낸다. 개인이 직접 사진을 찍어서 표지를 교체하기도 하지만, 대부분은 온라인에서 찾아서 사용한다. 하지만 검색 엔진에서 원하는 고해상도 및 고퀄리티의 이미지를 찾기란 쉽지 않고, 유료 이미지 서비스를 이용할 수도 없는 노릇이다. 이런 사용자들을 위해서 가장 앞서 언급했던 방법들보다 손쉽게 최상의 이미지를 제공받을 수 있다.

Unsplash 탭을 선택하고, 검색 창에 단어를 입력해서 이미지 중 하나를 선택한다.

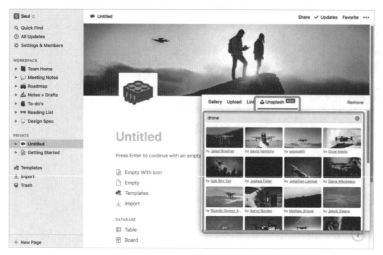

▲ 그림 2-86 Unsplash 이미지 검색 서비스

▲ 그림 2-87 Unsplash에서 선택한 이미지

이미지의 위치도 변경할 수 있다. 커버 이미지에 마우스 포인터를 올려놓으면 메뉴가 나타나고, Reposition을 클릭한다. 이미지를 드래그해서 이미지의 위치를 조정할 수 있다.

▲ 그림 2-88 Reposition으로 이미지의 보이는 부분의 위치를 조정

원하는 곳에 이미지의 위치 변경을 완료했다면, Save Position 버튼을 클릭한다.

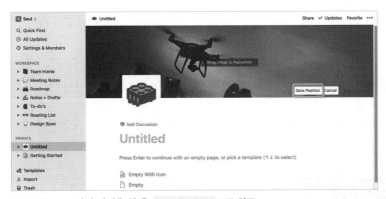

▲ 그림 2-89 위치 변경을 한 후, Save Position으로 완료

2.2.4. 제목 생성하기

"Untitled"라고 보이는 곳을 클릭해서 페이지의 제목을 생성할 수 있다.

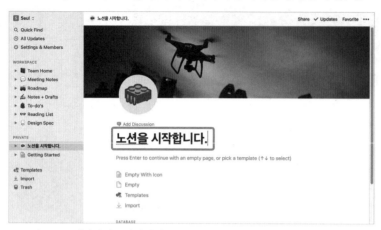

▲ 그림 2-90 페이지 제목 작성하기

2.2.5. 내용 작성하기

본문 작성하는 곳의 페이지를 빠르게 꾸미기 위해서, 몇 가지 선택해서 사용할 수 있는 템플릿을 제공한다.

▲ 그림 2-91 템플릿을 사용할 수 있는 옵션들

- Empty With Icon: 무작위로 선택된 아이콘을 포함한 빈 페이지를 생성해 준다.
- Empty: 빈 페이지를 생성한다.
- Templates: 사이드바에서 언급했던 템플릿과 동일하다.
- Import: 사이드바에서 언급했던 외부 데이터 불러오기와 동일하다.
- Database(Table, Board, List, Calendar, Gallery): 데이터베이스인 테이블, 보드, 리스트, 캘린더, 갤러리로 총 다섯 개에서 선택할 수 있다. 자세한 내용은 데이터베이스에서 소개하겠다.

제목을 작성한 후, enter 를 눌러 바로 텍스트를 작성할 수 있다.

▲ 그림 2-92 내용이 작성된 모습

2.2.6. Add Discussion(논의/토의 생성하기)

논의/토의 기능은 해당 페이지에 다양한 의견을 댓글처럼 게재할 수 있다. 해당 페이지에서 발생한 여러 다양한 이슈의 의견들을 초대된 게스트 또는 멤버들과 함께 자유롭게 달 수 있다. 특정 게스트나 멤버 또는 페이지를 언급해서 링크처럼 삽입할 수도 있다.

제목 위의 Add Discussion을 클릭한다.

▲ 그림 2-93 Add Discussion으로 논의/토의 생성

"Add a comment"에 자유롭게 의견을 작성한다. 이때 "@"을 입력하면, 특정 게스트, 멤버 또는 페이지를 바로 검색해서 의견 안에 링크를 생성할 수 있다. 모든 의견을 작성 완료했다면, Send 버튼을 클릭한다.

▲ 그림 2-94 "@"으로 게스트나 멤버, 페이지 등 함께 내용과 입력 가능

작성된 내용에서 ⋯ 논의/토의 메뉴를 클릭한 후, 편집할 수 있다.

▲ 그림 2-95 논의/토의 내용 편집

- Resolve Discussion: 완료된 댓글을 정리한다.
- Edit Comment: 다시 댓글을 편집한다.
- Delete Comment: 작성된 댓글을 삭제한다.

참고로, 완료 처리를 한 후 정리된 댓글들은 언제든 다시 확인 가능하도록 Resolved Discussion을 클릭해 내용을 다시 확인할 수 있으며, Re-open을 클릭하면 토의/논의에 다시 노출시킬 수 있다.

▲ 그림 2-96 완료되었던 논의/토의 내용 다시 보기

2.3
Web Clipper(웹 클리퍼) 사용하기

앞서 설치했던 Web Clipper에 대해서 알아보자. Web Clipper는 웹 브라우저에서 사용 가능한 확장 기능이다. 우리가 웹에서 마주하는 뉴스, 이미지, 텍스트 등 웹 페이지 그대로를 캡처할 수 있는 도구다. 필자의 경우는 좋은 글을 모으는 데 사용하거나 사업과 관련한 새로운 기술에 대해 시간을 두고 읽고 싶은 기사나 글을 모을 때, 프로젝트 벤치마킹 또는 논문 자료를 정리할 때도 다양하게 사용하고 있다.

먼저, 설치된 크롬 또는 파이어폭스 브라우저를 열고, 기사나 글이 있는 페이지를 열어 보자.

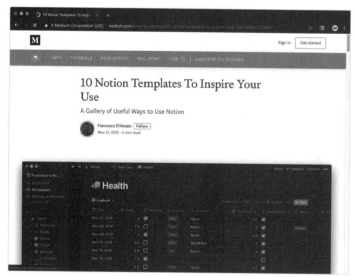

▲ 그림 2-97 노션 관련 글의 Medium 페이지

설치되어 있는 Notion 확장 프로그램을 클릭한다. 이때 로그인이 안 되어 있다면, 로그인을 한다. 가져올 글의 제목이 보이고 바로 수정도 가능하다. "Add To"는 어느 페이지에 저장할 것인지 선택하는 것을 의미하고, "Workspace"는 어떤 워크스페이스를 사용할 것인지를 결정할 수 있다. 일단 기본 My Links를 선택하고, Save Page 버튼을 선택한다.

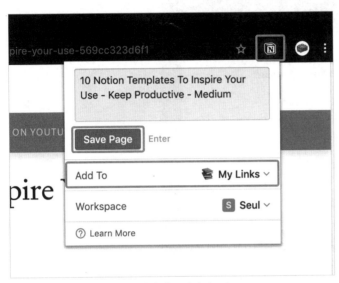

▲ 그림 2-98 "My links"가 선택된 웹 클리퍼의 모습

Notion으로 돌아와서 왼쪽 사이드바에 있는 My Links 페이지를 클릭하고 들어가면, 페이지 하나가 아닌 리스트 형태로 묶여서 관리되는 것을 알 수 있다.

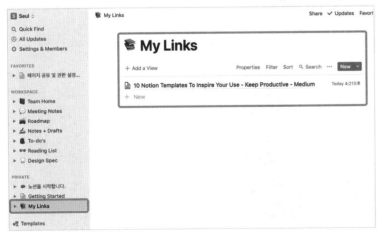

▲ 그림 2-99 "My Links" 페이지에 담긴 웹 페이지

캡처된 글을 클릭해서 열면 글, 이미지 등 모든 페이지의 데이터를 가져오는 것을 알 수 있다. 참고로 일부 페이지의 보안으로 인해 데이터를 직접 가져올 수 없을 때는 링크를 생성하고, 언제든 해당 웹 페이지로 이동할 수 있도록 해 준다.

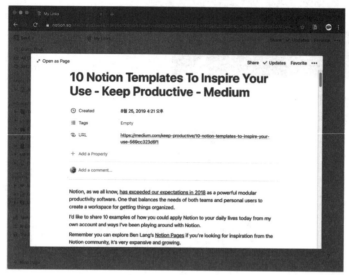

▲ 그림 2-100 웹 페이지의 모든 글이 캡처된 모습

다른 웹 페이지를 열고 이번에는 현재 작업하고 있는 페이지로 글을 클리핑해 보자. "Add to"에 있는 My Links를 클릭한다.

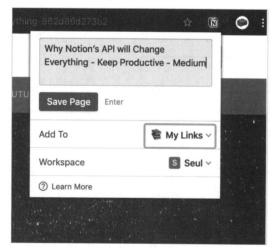

▲ 그림 2-101 "Add To"에서 캡처 위치 변경

캡처한 파일을 보관하고 싶은 페이지를 선택한다. 만약 페이지가 보이지 않는다면, 검색해서 페이지를 찾을 수도 있다.

▲ 그림 2-102 캡처를 원하는 페이지 검색 및 선택

제대로 선택됐는지 확인하고, Save Page 버튼을 누른다.

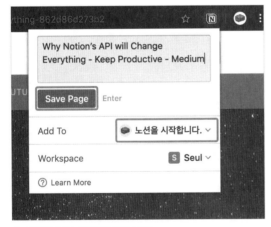

▲ 그림 2-103 변경된 캡처 위치

다시 Notion으로 돌아와서 해당 페이지를 열면, 하나의 페이지가 생성된 것을 확인할 수 있다.

▲ 그림 2-104 변경된 위치로 캡처된 웹 페이지

참고로, Notion에서 기본적으로 제공하고 있는 "My Links" 페이지의 경우, 다음에 알아볼 데이터베이스의 형태이다. 특정 데이터베이스를 사용하고 있다면, 페이지가 아닌 데이터베이스를 선택할 수 있다. 실제로 필자도 페이지보다는 정리된 데이터베이스를 더 자주 사용하고 있다.

Notion의 기본!
Block(블록)
마스터하기

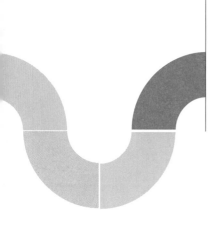

3.1
Block(블록)이란?

블록이란 Notion 페이지를 구성하는 데 필요한 모든 콘텐츠의 가장 작은 단위를 말한다. Basic (기본), Inline(인라인), Media(미디어), Database(데이터베이스), Embed(임베드), Advanced(고급) 등 현재까지 총 49가지 유형의 블록이 있으며, 다양한 조합을 통해 개인이나 특정 그룹의 목적에 맞게 디자인하는 데 큰 역할을 한다.

블록 생성하기

먼저 각 행의 좌측에 보이는 +를 이용하는 블록 생성 방법부터 알아보자. 텍스트를 작성하다가 enter를 누르거나 그 아래 줄을 클릭할 경우, 새로운 블록을 생성할 수 있다. 기본적으로 생성된 블록은 텍스트로 바로 글쓰기를 진행할 수 있다.

기본 블록이 생성된 후에 블록의 왼쪽에 +를 클릭하면, 다양한 블록 목록을 확인하고 선택할 수 있다.

▲ 그림 3-1 +로 새로운 블록 생성

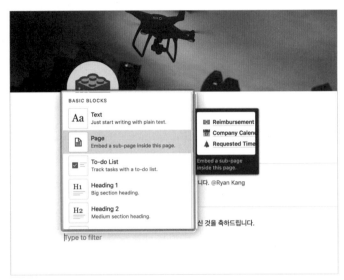

▲ 그림 3-2 생성된 블록의 유형 결정

두 번째 블록 생성 방법으로, 텍스트 블록에 "/"(Slash - 슬래시 명령어)를 입력하면 글을 작성하는 중에도 바로 모든 블록 타입 목록을 확인하고 선택할 수 있다. 필자는 +보다는 슬래시 명령어를 더 자주 사용하는 경향이 있다. 정답은 없다. 자신에게 가장 자연스럽고 익숙한 방법을 사용하면 그것이 정답이다.

▲ 그림 3-3 "/" 슬래시 명령어를 사용하는 모습

▲ 그림 3-4 블록의 이름 중 일부를 바로 작성하는 모습

텍스트를 작성하던 중에 바로 슬래시 명령어를 사용하여 새로운 블록을 생성하면, 다음 행에 블록을 빠르게 생성할 수 있다.

▲ 그림 3-5 내용 작성 중 슬래시 명령어를 사용하는 모습

▲ 그림 3-6 생성한 블록은 아래 행에서 확인 가능

마지막으로, Markdown Language(마크다운 언어)와 단축키를 사용해서 블록을 생성할 수 있다.

모든 블록을 마크다운 언어로 생성할 수는 없다. 하지만 자주 사용하는 블록 중 일부 마크다운 언어를 지원하고 있어, 적절히 사용하면 굉장히 빠르게 생성할 수 있다는 장점이 있다.
몇몇 블록은 마크다운 언어로 간편하게 생성할 수 있다. 해당 마크다운 키를 입력한 후 사이 띄기를 하면, 바로 일부 기본 블록들을 생성할 수 있다.

- Bulleted List: "*", "-" 또는 "+" 입력 후 사이 띄우기
- Numbered List: "[]" 입력
- To-Do List: "1." 입력 후 사이 띄우기
- Header 1: "#" 입력 후 사이 띄우기
- Header 2: "##" 입력 후 사이 띄우기
- Header 3: "###" 입력 후 사이 띄우기
- Toggle List: "〉" 입력 후 사이 띄우기
- Quote: " "(따옴표) 입력 후 사이 띄우기

단축키는 각 블록을 소개할 때 자세히 설명할 예정이며, 단축키를 모아 둔 챕터를 참고할 수 있다.

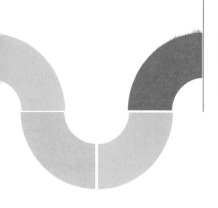

3.2
Basic(기본) 블록 사용하기

3.2.1. Text(텍스트)

블록을 생성하면 기본 값으로 텍스트 블록을 생성할 수 있으며, 장식(스타일)이 없는 텍스트를 작성할 수 있다.

단축키로는 cmd+option+0(맥)/ctrl+shift+0(윈도우, 리눅스)을 사용할 수 있다.

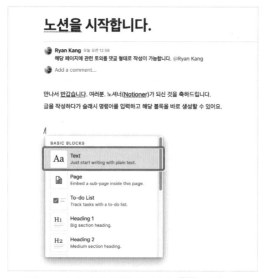

▲ 그림 3-7 슬래시 명령어를 작성한 후, Text 선택

▲ 그림 3-8 텍스트 블록 사용 예

Page(페이지)

Notion은 위키(Wiki)의 장점을 활용한 방법으로, 이러한 페이지 블록을 구성하면서 폴더 또는 그룹을 만드는 것과 개념이 유사하다고 생각하면 된다. 페이지 블록 안에 새로운 하위 페이지 블록을 생성할 수 있고, 이를 통해 다층적 또는 위계적 문서 구조를 디자인할 수 있다.

단축키로는 cmd+option+9(맥)/ctrl+shift+9(윈도우, 리눅스)를 사용할 수 있다.

▲ 그림 3-9 슬래시 명령어를 작성한 후, Page 선택

서브 페이지 블록을 생성하고 바로 페이지로 들어간다. 왼쪽 상단에서 페이지 경로를 통해 상위 페이지로 이동할 수 있다.

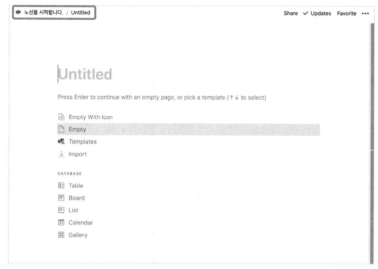

▲ 그림 3-10 페이지 블록이 생성된 모습

3.2.3. To-Do List(체크박스 리스트)

체크박스 리스트 블록은 해야 할 일 등을 작성한 후에 실행된 여부를 체크박스를 활성화 또는 비활성화하여 설정할 수 있다.

단축키로는 cmd+option+4(맥)/ctrl+shift+4(윈도우, 리눅스)를 사용할 수 있다. 마크다운 언어인 "[ ]"를 입력한 후, 사이 띄우기로 생성할 수 있다.

체크박스 리스트 블록을 생성하고, enter 를 입력하면 새로운 할 일 목록을 연속적으로 생성할 수 있다. 비어 있는 체크박스 리스트 블록에서 한 번 더 enter 를 입력하면, 기본 블록인 텍스트 블록으로 변경된다.

▲ 그림 3-11 슬래시 명령어를 작성한 후, To-do List 선택

▲ 그림 3-12 체크박스 리스트 블록 사용 예

Heading 1(대제목)

가장 큰 제목인 대제목 블록은 단락을 나눌 때 유용하다.

단축키로는 cmd+option+1(맥)/ctrl+shift+1(윈도우, 리눅스)을 사용할 수 있다. 마크다운 언어인 "#"을 입력한 후, 사이 띄우기로 생성할 수 있다.

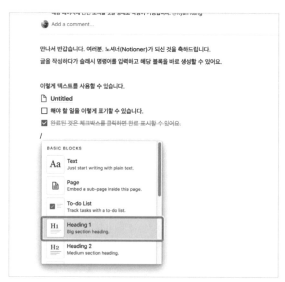

▲ 그림 3-13 슬래시 명령어를 작성한 후, Heading 1을 선택

▲ 그림 3-14 대제목 블록 사용 예

3.2.5. Heading 2(중제목)

중제목 블록은 텍스트들의 그룹 제목으로 사용하면 유용하다.

단축키로는 cmd+option+2(맥)/ctrl+shift+2(윈도우, 리눅스)를 사용할 수 있다. 마크다운 언어인 "##"을 입력한 후, 사이 띄우기로 생성할 수 있다.

▲ 그림 3-15 슬래시 명령어를 작성한 후, Heading 2를 선택

▲ 그림 3-16 중제목 블록 사용 예

3.2.6. Heading 3(소제목)

소제목 블록은 특정 텍스트 블록을 강조할 때 사용하면 유용하다.

단축키로는 cmd+option+3(맥)/ctrl+shift+3(윈도우, 리눅스)을 사용할 수 있다. 마크다운 언어인 "###"을 입력한 후, 사이 띄우기로 생성할 수 있다.

▲ 그림 3-17 슬래시 명령어를 작성한 후, Heading 3을 선택

▲ 그림 3-18 소제목 블록 사용 예

3.2.7. Bulleted List(불렛 리스트)

불렛 리스트 블록은 텍스트 앞에 주의를 끌기 위해 붙이는 기호로 주로 사용되고, 통상적으로 목록이나 단락을 나누면서 정리할 때 주로 사용된다.

단축키로는 cmd+option+5(맥)/ctrl+shift+5(윈도우, 리눅스)를 사용할 수 있다. 마크다운 언어인 "*", "-" 또는 "+"를 입력한 후, 사이 띄우기로 생성할 수 있다.

▲ 그림 3-19 슬래시 명령어를 작성한 후, Bulleted List 선택

불렛 리스트 블록을 작성하고, enter를 입력하면 불렛 리스트 블록을 연속적으로 생성할 수 있다. 비어 있는 불렛 리스트 블록에서 한 번 더 enter를 입력하면, 기본 블록인 텍스트 블록으로 변경된다.

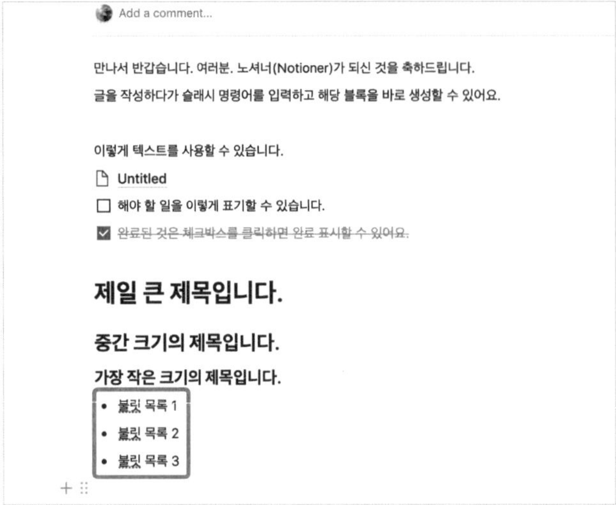

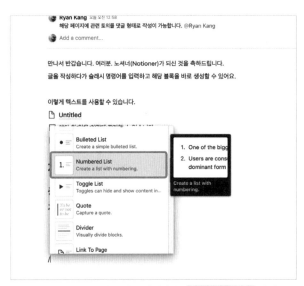

Add a comment...
만나서 반갑습니다. 여러분. 노셔너(Notioner)가 되신 것을 축하드립니다.
글을 작성하다가 슬래시 명령어를 입력하고 해당 블록을 바로 생성할 수 있어요.
이렇게 텍스트를 사용할 수 있습니다.
Untitled
해야 할 일을 이렇게 표기할 수 있습니다.
완료된 것은 체크박스를 클릭하면 완료 표시할 수 있어요.
제일 큰 제목입니다.
중간 크기의 제목입니다.
가장 작은 크기의 제목입니다.
불릿 목록 1
불릿 목록 2
불릿 목록 3

▲ 그림 3-20 불렛 리스트 블록 사용 예

3.2.8. Numbered List(숫자 리스트)

숫자 리스트 블록은 숫자를 이용하여 우선순위로 정리하기 위해 주로 사용하는 방법이다. 단축키로는 cmd+option+6(맥)/ctrl+shift+6(윈도우, 리눅스)을 사용할 수 있다. 마크다운 언어인 "1."을 입력한 후, 사이 띄우기로 생성할 수 있다.

Ryan Kang
해당 페이지에 관련 토의를 댓글 형태로 작성이 가능합니다. @Ryan Kang
Add a comment...
만나서 반갑습니다. 여러분. 노셔너(Notioner)가 되신 것을 축하드립니다.
글을 작성하다가 슬래시 명령어를 입력하고 해당 블록을 바로 생성할 수 있어요.
이렇게 텍스트를 사용할 수 있습니다.
Untitled
Bulleted List
Create a simple bulleted list.
Numbered List
Create a list with numbering.
Toggle List
Toggles can hide and show content in...
Quote
Capture a quote.
Divider
Visually divide blocks.
Link To Page
Create a list with numbering.

▲ 그림 3-21 슬래시 명령어를 작성한 후, Numbered List 선택

숫자 리스트 블록을 작성하고, enter 를 입력하면 숫자 리스트 블록을 연속적으로 생성할 수 있다. 비어 있는 숫자 리스트 블록에서 한 번 더 enter 를 입력하면, 기본 블록인 텍스트 블록으로 변경된다.

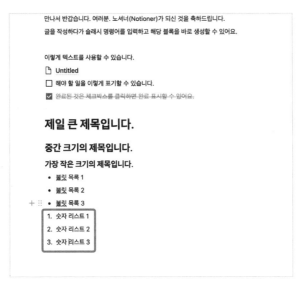

▲ 그림 3-22 숫자 리스트 블록 사용 예

3.2.9. Toggle List(토글 리스트)

토글 리스트 블록은 왼쪽에 생성되는 삼각형 토글 버튼을 열고 닫으면서 리스트 안에 내용을 숨김 처리할 수 있다. 이를 통해 페이지의 공간을 효과적으로 절약할 수 있다.

단축키로는 cmd+option+7(맥)/ctrl+shift+7(윈도우, 리눅스)을 사용할 수 있다. 마크다운 언어인 ")"를 입력한 후, 사이 띄우기로 생성할 수 있다.

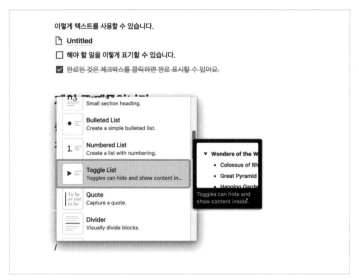

▲ 그림 3-23 슬래시 명령어를 작성한 후, Toggle List를 선택

토글 리스트 블록을 작성하고, enter를 입력하면 토글 리스트 블록을 연속적으로 생성할 수 있다. 비어 있는 토글 리스트 블록에서 한 번 더 enter를 입력하면, 기본 블록인 텍스트 블록으로 변경된다.

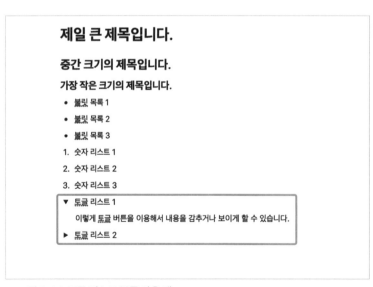

▲ 그림 3-24 토글 리스트 블록 사용 예

리스트의 부수적인 내용을 기본적으로 가려 두었다가 필요할 때 열어서 열람할 수 있다. 토글 리스트 블록을 사용할 때, 자칫 정보를 놓치는 경우가 발생할 수 있으니 필요할 때 사용하는 것을 추천한다.

3.2.10. Quote(인용)

인용구나 발췌한 내용을 있는 그대로 사용할 때 적합한 블록이다. 왼쪽에 두꺼운 라인이 생성되고 그 안쪽으로 내용을 담는 방식으로, 사용자가 아닌 타인이 쓴 내용임을 강조할 때 사용한다. 몇몇 사용자들의 경우, 제목 블록을 사용하지 않고 강조를 위해 인용 블록을 사용하기도 한다.

마크다운 언어인 ""(따옴표)"를 입력한 후, 사이 띄우기로 생성할 수 있다.

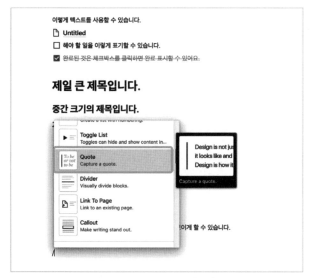

▲ 그림 3-25 슬래시 명령어를 작성한 후, Quote 블록을 선택

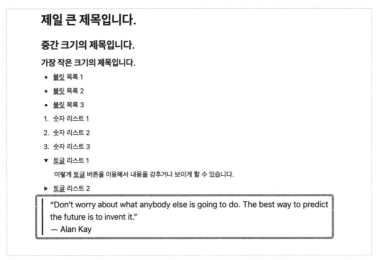

▲ 그림 3-26 인용 블록 사용 예

Divider(분할선)

분할선 블록은 Notion에서 디자인적 요소 중 하나로 사용된다. 선으로 단락을 구분하거나 제목 아래 블록에 사용하기도 한다. 다만 하나의 스타일(디자인)만 사용할 수 있고, 변경할 수 없다. 마크다운 언어인 "---"(3개의 연속 대시)를 입력한 후, 사이 띄우기로 생성할 수 있다.

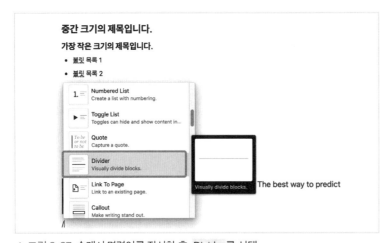

▲ 그림 3-27 슬래시 명령어를 작성한 후, Divider를 선택

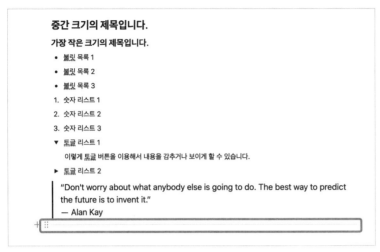

▲ 그림 3-28 분할선 블록 사용 예

3.2.12. Link to Page(페이지 링크)

페이지 링크 블록을 통해 사전에 제작된 콘텐츠를 재생산하지 않고, 현재 작업 중인 페이지에 링크로만 연결하고 링크된 페이지로 이동하여 내용을 열람할 수 있다. 이 블록을 잘 활용하면 동일한 데이터를 반복 제작하는 것을 방지할 수 있다. 이를 위해 명확한 사용자가 알아볼 수 있는 페이지 이름의 규칙이나 가이드를 사용하는 것을 추천한다.

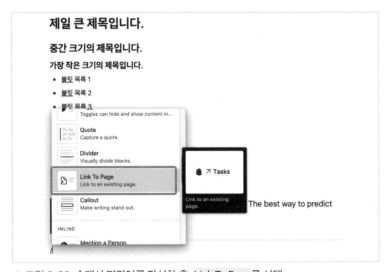

▲ 그림 3-29 슬래시 명령어를 작성한 후, Link To Page를 선택

페이지 목록에서 선택해서 가져올 수도 있고, 페이지의 주소를 복사/붙여넣기 하면 페이지 링크 블록을 생성한다.

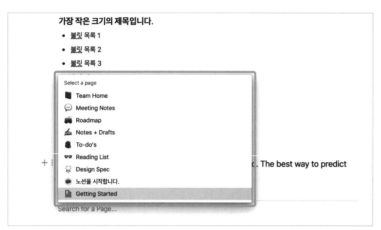

▲ 그림 3-30 페이지 검색 창

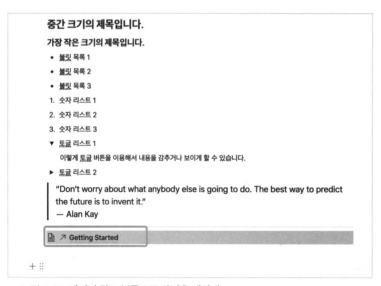

▲ 그림 3-31 페이지 링크 블록으로 가져온 페이지

3.2.13. Callout(설명문)

특정 내용이나 단락에 대해 짧은 텍스트로 추가 설명하는 데 사용되며, 주의를 끌기 위해 종종 설명문 블록으로도 사용된다.

▲ 그림 3-32 슬래시 명령어를 작성한 후, Callout을 선택

▲ 그림 3-33 설명문 블록 사용 예

콜아웃 블록 말머리에 있는 이모지를 클릭해서, 설명 유형에 맞게 다른 이모지 또는 이미지를 변경해서 사용할 수 있다.

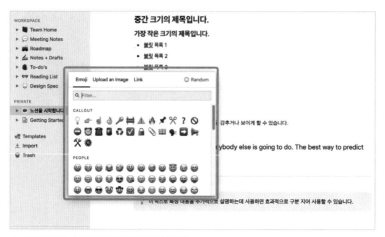

▲ 그림 3-34 설명문 블록 내 이모지 변경

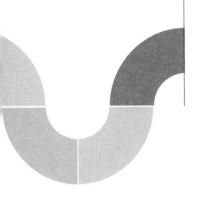

3.3
Inline(인라인) 블록 사용하기

인라인은 기존에 하나의 블록으로 기능을 주는 것이 일반적이나 인라인의 경우 작성하는 글 안에 유용한 기능을 일부 사용할 수 있다는 장점이 있다.

> **TIP!**
> 항상 슬래시 명령어로 입력하지 않고도, "@"을 입력하면 인라인 기능들을 바로 사용할 수 있

3.3.1. Mention a People(게스트/멤버 언급하기)

글 작업을 진행하다가 특정 게스트나 멤버에게 알리고 싶은 내용이 있다면, 알리고자 하는 블록에서 편집 중에 슬래시 명령어를 입력하여 Mention a Person을 선택한다.

▲ 그림 3-35 슬래시 명령어를 작성한 후, Mention a Person 블록을 선택

사전에 해당 페이지에 초대된 게스트나 멤버만 확인 및 선택이 가능하다. 언급된 게스트 또는 멤버는 알림을 통해 자신의 사이드바에서 All Updates 〉 Mentions으로 확인할 수 있다.

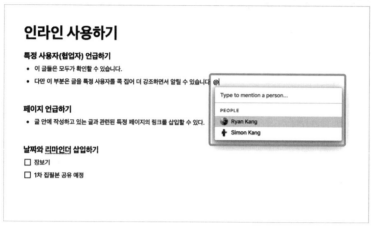

▲ 그림 3-36 특정 게스트 또는 멤버를 목록에서 선택

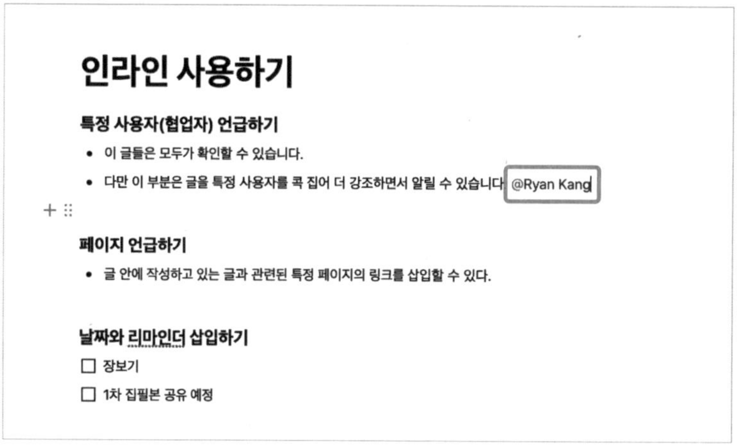

▲ 그림 3-37 선택 완료된 게스트 또는 멤버

3.3.2. Mention a Page(페이지 언급하기)

앞서 언급했던 페이지 링크는 하나의 블록 전체를 페이지 링크로 사용하지만, 페이지 언급은 글 안에 현재 작성하고 있는 글과 관련된 특정 페이지 제목과 함께 링크를 삽입할 수 있다.

블록 편집 중에 슬래시 명령어를 입력한 후 Mention a Page 블록을 선택한다.

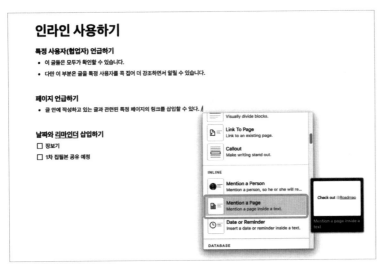

▲ 그림 3-38 슬래시 명령어를 작성한 후, Mention a Page 블록을 선택

페이지 목록에서 보이는 페이지들은 제일 상위의 페이지만 보이게 되어, 원하는 페이지를 바로 삽입하기 어렵다.

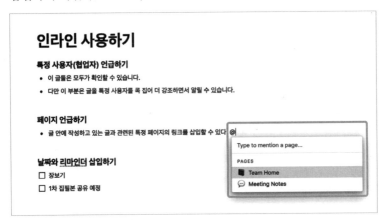

▲ 그림 3-39 페이지 검색 창

하지만 직접 원하는 페이지 이름을 입력하자마자 해당 페이지가 목록에서 보이는 것을 확인할 수 있고, 선택한 뒤 바로 다음 그림과 같이 삽입시킬 수 있다.

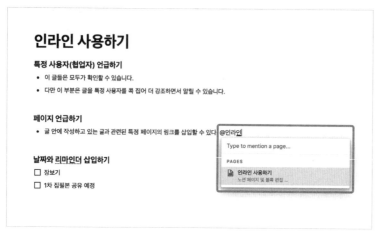

▲ 그림 3-40 내용에 보여 줄 페이지를 검색한 후, 목록에서 선택

▲ 그림 3-41 선택 및 삽입 완료된 페이지

3.3.3. Date or Reminder(날짜와 알림)

블록 편집 중에 특정 날짜를 표기하고, 알림 기능을 설정할 수 있다. 슬래시 명령어를 입력한 다음 Date or Reminder를 선택한다.

▲ 그림 3-42 슬래시 명령어를 작성한 후, Date or Reminder 블록을 선택

보통은 일부 날짜만 목록에서 보이게 된다. 따라서 원하는 날짜를 입력하길 원한다면 직접 입력해야 한다.

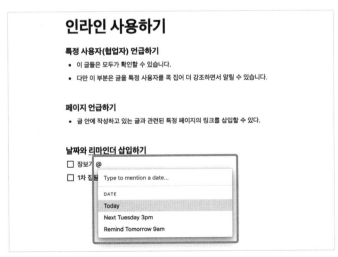

▲ 그림 3-43 날짜 및 알림 검색 창

현재까지는 두 가지 양식으로만 직접 입력할 수 있다. 만약 2019년 9월 29일을 입력하고자 한다면, @YYYY-MM-DD(예: 2019-09-29) 또는 @DD/MM/YYYY(예: 29/09/2019)를 사용할 수 있다.

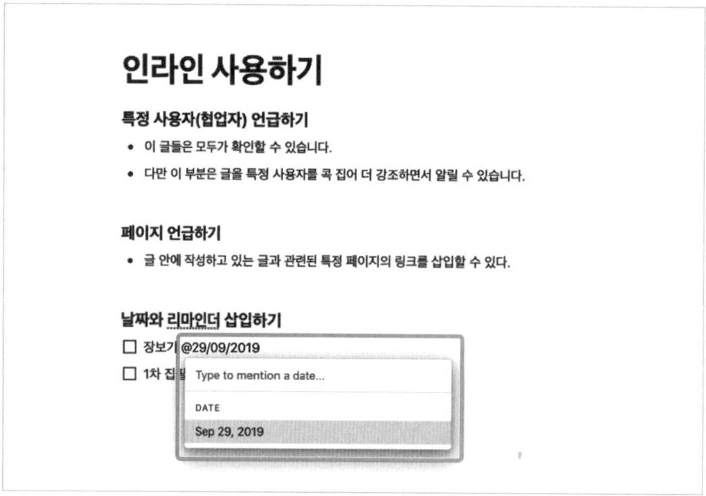

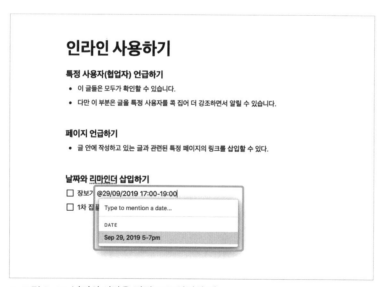

▲ 그림 3-44 날짜를 직접 입력하거나 목록에서 선택

추가로 시간까지 입력할 수 있다. 날짜를 입력한 후 한 칸 띄우고, 바로 17:00-19:00로 입력하면 시간까지도 바로 입력할 수 있다.

▲ 그림 3-45 날짜와 시간을 직접 모두 입력한 예

▲ 그림 3-46 작성 완료된 날짜와 시간

만약 캘린더를 사용한다면, 시각적으로 인지하기가 편하고 다양한 옵션들을 사용할 수 있다는 장점도 있다.

슬래시 명령어를 입력 후 Date or Reminder 블록을 선택한다.

▲ 그림 3-47 슬래시 명령어를 작성한 후, Date or Reminder 블록을 선택

세 가지 양식(날짜, 날짜와 시간, 날짜와 시간 알림) 중에 무작위로 하나를 선택한다. 필자는 이번엔 알림 기능이 있는 양식을 선택하였다.

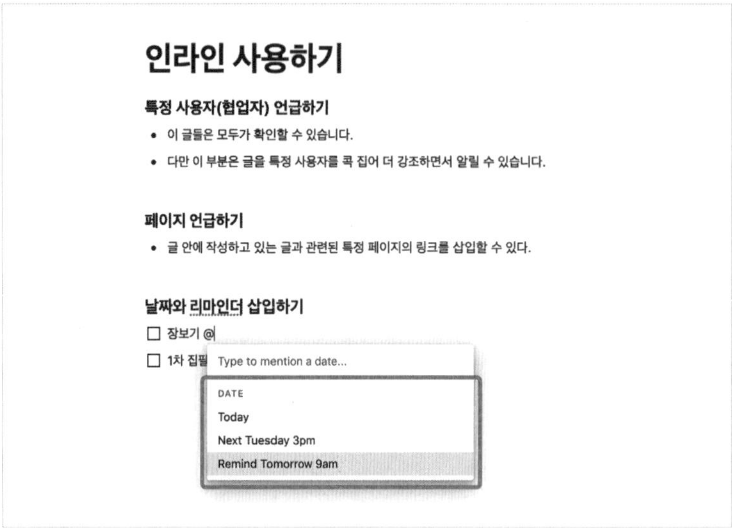

▲ 그림 3-48 목록에서 Remind…로 시작하는 것 선택

파란색으로 보이는 날짜는 알림 기능이 작동 중이라는 것을 의미한다. (적색의 경우는 이미 지난 알림을 의미한다.) 날짜를 클릭해서 캘린더를 연다.

▲ 그림 3-49 알림 기능을 적용한 날은 파란색으로 표시

원하는 날짜를 입력하거나 찾아서 선택한다.

▲ 그림 3-50 날짜를 클릭한 후, 캘린더 설정

"Remind"에서 알림을 언제 작동시킬 것인지를 선택할 수 있다.

▲ 그림 3-51 "Remind" 설정 화면

- None: 알림 기능 끄기
- At time of event: 정확한 해당 날과 시간에 알리기

- 5 minutes before: 5분 전에 알리기
- 15 minutes before: 15분 전에 알리기
- 30 minutes before: 30분 전에 알리기
- 1 hour before: 1시간 전에 알리기
- 2 hours before: 2시간 전에 알리기
- 1 day before(9 am): 하루 전에 알리기(오전 9시)
- 2 day before(9 am): 이틀 전에 알리기(오전 9시)

"End Date" 기능을 활성화시키면 끝나는 일정을 입력할 수 있고, "Include Time" 기능을 활성화시키면 시간을 입력할 수 있다.

▲ 그림 3-52 "End Date", "Include Time"을 활성화한 후, 종료일, 시간 작성

Date Format & Timezone 〉 Date Format은 날짜를 표기하는 방법을 설정할 수 있다. Month (달), Day(일), Year(연)의 위치가 다른 양식의 표기를 선택할 수 있으며, Relative는 우리가 일상에서 이야기하듯 내일, 모레 등으로 표기하는 것을 의미한다.

▲ 그림 3-53 "Date Format & Timezone"에서 날짜 표기 설정

Date Format & Timezone > Time Format은 12시간 또는 24시간 표기를 선택할 수 있다. 12시간 양식을 선택할 때 오전(AM), 오후(PM)가 표시된다.

▲ 그림 3-54 "Date Format & Timezone"에서 시간 표기 설정

Date Format & Timezone > Timezone은 시간대 기준을 선택할 수 있다. 한국의 경우, 그리니치(Greenwich) 천문대와의 시차가 9시간이 빠르기 때문에 GMT+09:00 - Asia/Seoul을 선택하면 된다.

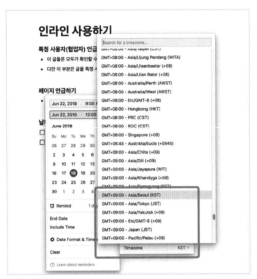

▲ 그림 3-55 "Date Format & Timezone"에서 시간대 설정

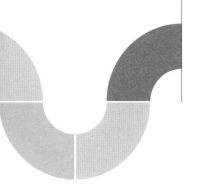

3.4
Media(미디어) 블록 사용하기

Notion은 다양한 미디어 유형을 확장할 수 있는 것이 장점 중 하나이다. 적지 않은 기존의 생산성 도구들이 파일의 무게로 인해 느려지는 현상을 이유로, 외부 링크로만 연결해서 보여 주는 형태를 가지고 있기 때문이다. 그에 반해, Notion은 웬만한 파일 형태를 페이지 안에 다양한 형태로 업로드할 수 있으며, 때로는 바로 작동(영상 재생 등)이 가능하도록 지원된다.

3.4.1. Image(이미지)

슬래시 명령어를 입력한 후, Image 블록을 선택한다.

▲ 그림 3-56 슬래시 명령어를 작성한 후, Image 블록을 선택

이미지를 다양하게 업로드할 수 있는 옵션이 뜨지만, 어떤 옵션도 선택하지 않고 페이지 아무 곳이나 클릭해서 옵션 창을 닫고 빈 이미지 상자만 만든다.

모든 미디어 블록들은 빈 상자(Empty Box) 또는 더미 상자(Dummy Box)가 존재하는데, 아주 중요한 역할을 한다. 아무것도 없는 박스가 중요한 이유는 이후에 언급할 블록으로 제작할 템플릿과도 연관이 있기 때문이다. 이 빈 상자는 사용할 이미지 준비가 안 되어 있으나 페이지에서 어떤 위치에 둘 것인지를 미리 설계해 볼 수 있다는 장점이 있다.

▲ 그림 3-57 빈 이미지 블록 생성

빈 박스 또는 더미 박스를 다시 클릭한다.

첫 번째 방법은 컴퓨터에서 저장된 이미지를 업로드하는 것으로, Upload 탭을 누르고 Choose a File 버튼을 클릭한다.

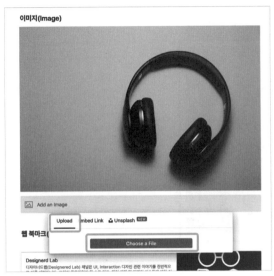

▲ 그림 3-58 Upload에서 이미지 파일을 업로드

컴퓨터에 저장된 원하는 이미지를 선택하여 업로드할 수 있다.

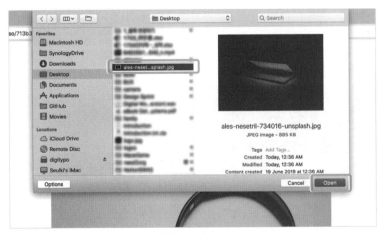

▲ 그림 3-59 사용할 이미지 파일 선택

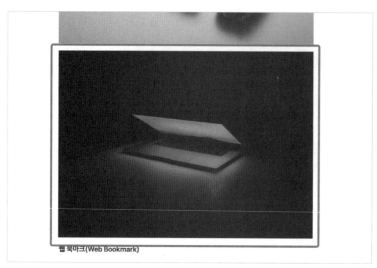

▲ 그림 3-60 업로드가 된 이미지

두 번째 방법으로, 웹상의 이미지를 가져올 수도 있다. 슬래시 명령어로"/image"를 입력한 후, 바로 이미지 미디어 박스를 불러올 수 있다. 이전 챕터에서도 언급했던 것처럼, 슬래시 명령어 이후 블록의 이름을 바로 입력하면 일종의 필터 역할처럼 선택의 폭을 줄여 주거나 바로 해당 블록을 선택할 수 있다는 장점이 있다.

▲ 그림 3-61 슬래시 명령어와 함께 블록의 이름 입력으로 빠른 선택 가능

온라인에서 사용할 이미지의 URL 주소를 복사한다.

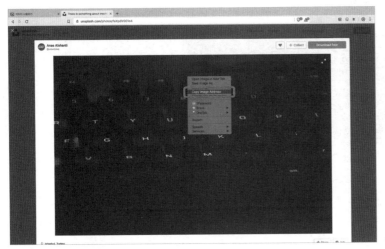

▲ 그림 3-62 웹상에 있는 이미지의 주소 복사

Embed Link 탭을 선택하고, 방금 복사한 이미지 주소를 입력 창에 넣고, Embed Image 버튼
을 클릭하여 이미지를 불러온다.

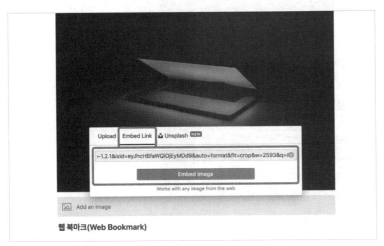

▲ 그림 3-63 Embed Link 탭에서 복사한 URL 주소의 이미지 가져오기

세 번째 방법으로, 이전과 동일하게 슬래시 명령어 "/image"로 이미지 미디어 블록을 생성한다. Unsplash 탭을 선택한다.

▲ 그림 3-64 Unsplash 선택

찾으려는 이미지를 키워드나 단어로 검색해서 바로 업로드할 수 있다.

▲ 그림 3-65 Unsplash 이미지 검색 기능

업로드가 완료된 이미지의 다양한 설정을 사용할 수 있다.

첫 번째로, 댓글을 달 수 있다. 이미지 위에 마우스 커서를 올려놓으면 이미지 오른쪽 상단의 메뉴를 확인할 수 있는데, 말풍선을 선택한다.

▲ 그림 3-66 이미지 댓글 메뉴

이미지에 댓글을 달고, Send 버튼을 클릭해서 완료한다.

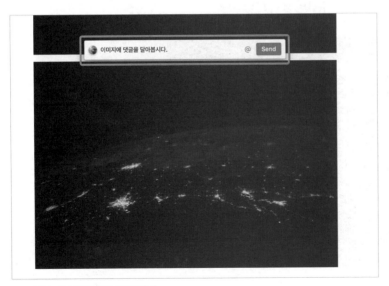

▲ 그림 3-67 이미지에 댓글 달기

댓글을 확인하려고 한다면, 이미지 오른쪽 상단의 댓글 아이콘을 클릭해 확인할 수 있다.

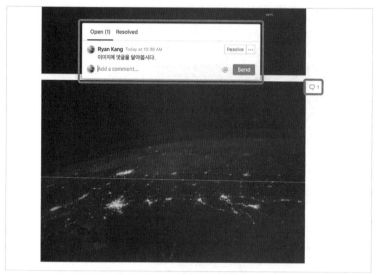

▲ 그림 3-68 이미지 댓글 확인

댓글 관련 기능들은 이전 챕터에서 언급했던 "Add Discussion(토의/논의 생성하기)"을 참고할 수 있다.

두 번째로는, 이미지의 출처 또는 설명을 위해 캡션을 달 수 있다. Caption 을 선택하면, 이미지 왼쪽 하단의 캡션을 작성할 수 있게 입력 창이 나타난다.

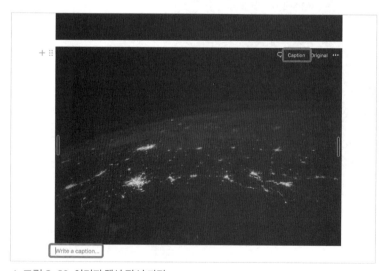

▲ 그림 3-69 이미지 캡션 작성 과정

입력 창에 작성하려는 캡션의 내용을 입력한다.

▲ 그림 3-70 작성 완료된 캡션

세 번째로는, 원본 이미지를 보거나 전체 화면으로도 볼 수 있다. 먼저, 원본 이미지를 확인하는 방법으로 이미지 메뉴 중 Original을 클릭하면 이미지가 저장된 URL 주소로 이동하여 확인할 수 있으며, 웹상에서 링크로 가져왔다면 해당 이미지 출처의 URL 주소도 확인할 수 있다.

▲ 그림 3-71 원본 이미지 보기 메뉴

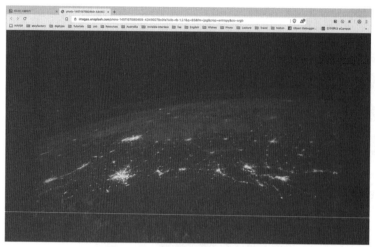

▲ 그림 3-72 원본 이미지 페이지로 이동한 모습

확인 목적으로 발표나 디테일을 전체 화면으로 보길 원한다면, ⋯ 이미지 블록 메뉴를 클릭하여
이미지를 설정할 수 있는 메뉴들을 확인할 수 있다. 이 중 이미지와 관련된 메뉴를 확인해 보자.
먼저 Full Screen을 선택하면 현 페이지에서 크게 이미지를 확인할 수 있고, 단축키로 이미지를
선택한 후에 Space bar를 누르면 전체 화면으로 확인할 수 있다.

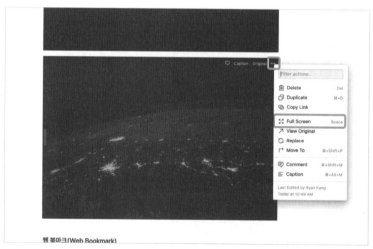

▲ 그림 3-73 전체 화면으로 보기 메뉴

네 번째로는 이미지의 위치나 크기를 바꾸지 않고 이미지 콘텐츠만 바꿀 수 있다. Replace를 선택하면, 이미지를 업데이트할 수 있는 창을 확인할 수 있다.

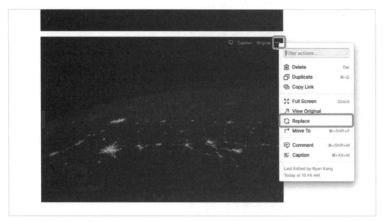

▲ 그림 3-74 Replace 메뉴로 이미지 교체

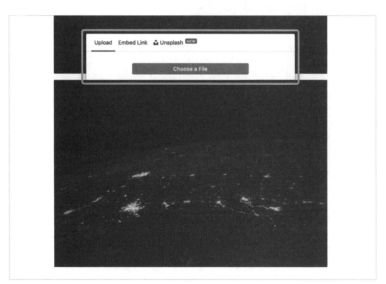

▲ 그림 3-75 이미지 교체 가능한 메뉴 화면

마지막으로, 이미지 위에 마우스 포인터를 올려놓으면, 이미지 왼쪽/오른쪽의 크기를 조절할 수 있는 Guide(가이드)를 확인할 수 있다. 가이드를 클릭한 상태로 드래그하면 이미지의 크기 변경이 가능하다. 단, 사진의 비율로만 크기를 변경할 수 있다.

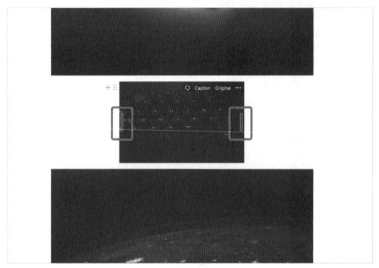

▲ 그림 3-76 이미지의 크기를 변경할 수 있는 가이드

3.4.2. Web Bookmark(웹 북마크)

대부분의 생산성 도구들은 외부 데이터들의 URL 주소를 링크로 만들어 주거나 전체 페이지를 삽입하는 임베드 방식을 택하고 있다. 하지만 이전에 입력했던 링크의 경우에는 링크 주소만 가지고는 어떤 내용인지 기억하지 못하기 때문에 일일이 다시 방문해서 확인해야 하는 단점이 존재하고, 전체 페이지를 삽입할 수 있는 임베드의 경우에는 페이지를 전부 해칠 만큼 복잡해 보일 수가 있다. Notion은 이러한 고민을 보완할 웹 북마크를 제공한다. 웹 북마크란 가져올 웹 페이지의 제목, 내용 미리 보기, 이미지 미리 보기(일부 없는 경우도 있음)를 깔끔한 미리 보기 형태로 보여 준다.

먼저, 슬래시 명령어를 입력하고, 블록 목록 중 Web Bookmark를 선택한다. 또는 "/web"을 입력하면, 바로 선택할 수 있다.

▲ 그림 3-77 슬래시 명령어를 작성한 후, Web Bookmark 블록을 선택

웹 북마크로 생성하려는 웹 페이지의 주소를 복사한 후 붙여넣기 하고, Create Bookmark 버튼
을 클릭한다.

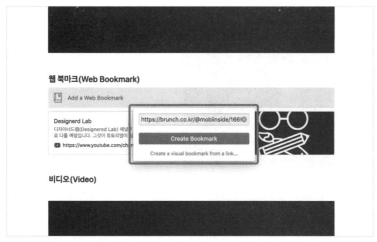

▲ 그림 3-78 복사한 URL을 붙여 넣고, 웹 북마크를 생성

▲ 그림 3-79 생성된 웹 북마크

3.4.3. Video(비디오)

슬래시 명령어를 입력하고, Video를 선택하거나 "/video"를 입력하여 바로 선택한다.

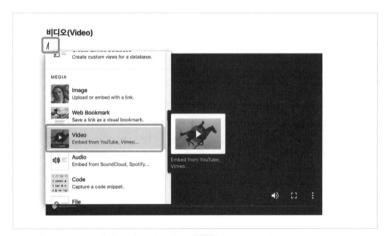

▲ 그림 3-80 슬래시 명령어를 작성한 후, Video 블록을 선택

Embed Link 탭을 선택하고, 유튜브나 비메오와 같은 동영상 플랫폼에서의 영상 URL을 복사한 후 붙여넣기 하고, Embed Video 버튼을 클릭한다.

▲ 그림 3-81 Embed Link에서 동영상 URL 주소를 복사한 후, 붙여넣기

▲ 그림 3-82 가져오기 완료된 유튜브 동영상

동영상 파일을 직접 컴퓨터에서 올리기 원한다면, 비디오 블록을 생성하고 Upload 탭을 선택하고, Choose a File 버튼을 클릭한다.

▲ 그림 3-83 Upload 탭에서 직접 동영상 파일 올리기 메뉴

컴퓨터에 저장된 원하는 동영상 파일을 선택하여 업로드할 수 있다.

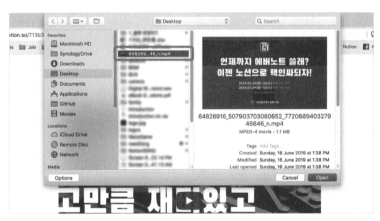

▲ 그림 3-84 직접 올릴 동영상 파일 선택

3.4.4. Audio(오디오)

슬래시 명령어를 입력하고, Audio 를 선택하거나 "/audio"를 입력하여 바로 선택한다.

▲ 그림 3-85 슬래시 명령어를 작성한 후, Audio 블록을 선택

오디오 파일을 직접 컴퓨터에서 올리기 원한다면 오디오 블록을 생성하고, Upload 탭을 선택하고, Choose a File 버튼을 클릭한다.

▲ 그림 3-86 Upload 탭에서 직접 오디오 파일 올리기 메뉴

컴퓨터에 저장된 원하는 오디오 파일을 선택하여 업로드할 수 있다.

▲ 그림 3-87 직접 올릴 오디오 파일 선택

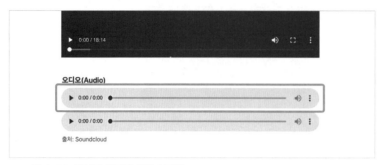

▲ 그림 3-88 업로드 완료된 오디오 파일

만약 사용자가 Spotify(스포티파이)나 Sound Cloud(사운드 클라우드)와 같은 음악 서비스를 구독하고 있다면, 재생 목록이나 특정 음악의 주소로 임베드시킬 수도 있다.

오디오 블록을 생성한 후 Embed Link 탭을 선택하고, 입력 창에 재생 목록이나 특정 음악의 주소를 복사하고, Embed Audio 버튼을 클릭한다.

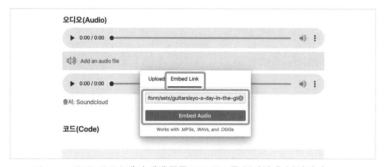

▲ 그림 3-89 Embed Link에서 재생 목록 URL 주소를 복사한 후 붙여넣기

▲ 그림 3-90 가져오기 완료된 오디오 재생 목록

3.4.5. Code(코드)

필자는 직업 관계상 디자인 및 개발을 하다 보니 개발자들과도 자주 소통하는 편이다. 이때 일반 텍스트와 구분이 안 되다 보니 가독성이 떨어지는 현상이 있는데, 이 코드 블록을 통해 보완할 수 있다. 슬래시 명령어를 입력하고, Code를 선택한다.

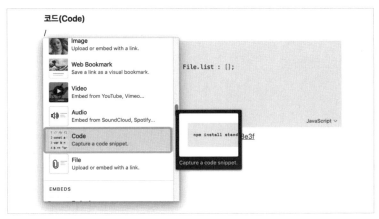

▲ 그림 3-91 슬래시 명령어를 작성한 후, Code 블록 선택

블록 오른쪽 하단의 개발 언어(Language) 목록을 클릭해서, 작성된 개발 언어를 검색 또는 선택할 수 있다. 올바르게 언어가 선택되었다면 하이라이트(Highlight) 기능, 즉 명령어 부분에 색을 입혀서 보여 주기 기능으로 코드를 인지하는 데 도움을 준다.

▲ 그림 3-92 하이라이트 기준이 될 프로그래밍 언어 목록들

또한 오른쪽 상단에 있는 Copy to Clipboard를 클릭하면, 코드 블록 안에 있는 모든 코드를 복사할 수 있다.

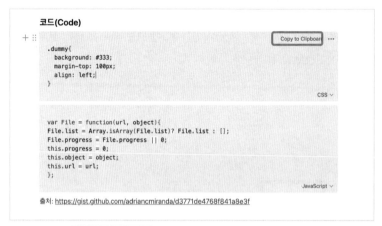

▲ 그림 3-93 Copy to Clipboard로 코드 복사

⋯ 코드 블록 메뉴를 클릭하고 "Wrap Code"를 활성화할 경우, 긴 길이의 코드를 코드 블록 사이즈에 맞게 자동 줄 바꿈할 수 있다.

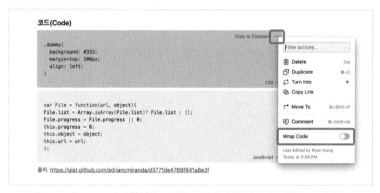

▲ 그림 3-94 "Wrap Code" 활성화로 블록 크기에 맞춰 자동 줄 바꿈으로 변경

3.4.6. File(파일)

페이지를 구성하다 보면 첨부 파일을 공유하는 일들이 많다. 이럴 때 파일을 페이지에 파일 블록으로 직접 올리는 것도 가능하다. 슬래시 명령어를 입력하고, **File**을 선택한다.

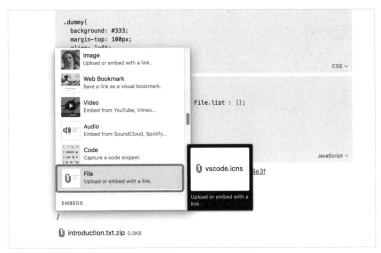

▲ 그림 3-95 슬래시 명령어를 작성한 후, File 블록을 선택

Upload 탭을 선택하고, **Choose a File** 버튼을 클릭한다.

▲ 그림 3-96 Upload에서 직접 파일 올리기 메뉴

업로드를 진행할 파일을 내 컴퓨터에서 찾아서 선택한다.

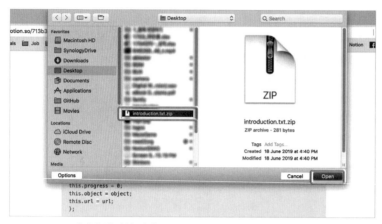

▲ 그림 3-97 직접 올릴 파일 선택

또는 구글 드라이브와 같이 이미 사용하고 있는 웹 드라이브에 있는 파일 역시 다운로드 받도록 할 수 있다.

먼저 파일 블록을 생성한다. Embed Link 탭을 선택하고, 업로드할 파일의 URL 주소를 복사해 붙여넣기를 한 후, Embed File 버튼을 클릭한다.

▲ 그림 3-98 Embed Link를 선택한 후, 파일 URL 주소를 붙여넣기

임베드 방식의 파일 블록을 사용한다면 파일명이 아닌 주소의 일부로 보이기 때문에, 추후 본인 또는 다른 사용자가 인지하기 어렵다. 이를 위해 파일명을 누구든 이해할 수 있는 이름으로 변경하길 권장한다.

⠿ 블록 메뉴를 선택한 후, Rename을 클릭한다. 변경하길 원하는 파일명을 작성한다.

▲ 그림 3-99 Rename을 선택한 후, 파일명 이름 변경하기

▲ 그림 3-100 이름이 변경 완료된 파일

TIP!

모든 미디 파일은 드래그 앤드 드롭 방식으로 더 빠르게 업로드할 수 있다. 업로드할 파일을
Notion 페이지에 가져오면 파란 선이 파일이 놓일 위치를 알려 주고, 원하는 곳에 놓으면 바로
업로드가 진행된다. 또한 미디어 유형에 따라 알아서 영상이나 음악이면 재생이 가능하도록 보
이고, 그 밖의 파일들은 파일 블록으로 다운로드가 가능하도록 구성할 수 있다. 필자의 경우 후
자의 경우를 선호한다.

▲ 그림 3-101 드래그 앤드 드롭으로 바로 이미지 블록 생성하기

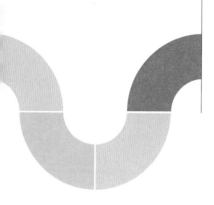

3.5
Embed(임베드) 블록 사용하기

임베드 기능은 이전의 다른 생산성 도구에서 찾아보기 힘든 기능이다. 이 기능 때문에 Notion의 확장성이 높아진 것도 사실이다. 일반적으로 단순 링크 연결 또는 데이터를 다운로드 받아 다시 업로드하는 식이 일반적이다. 따라서 목적에 따라 상당히 번거로운 작업 과정을 반복해야 한다.

하지만 임베드 기능의 경우 공유 링크 한 줄로 Notion 페이지의 콘텐츠를 바로 확인할 수 있으며, 실시간으로 바로 반영할 수 있다. 각각의 서비스 사이트에 접속하거나 애플리케이션 도구를 반드시 사용하지 않고도 임베드된 콘텐츠를 Notion 페이지 내에서 바로 편집 또는 제어할 수 있다는 장점이 있다.

현재 Notion에서 공식적으로 지원되는 임베드 블록은 총 11개로 가장 보편적으로 잘 알려진 구글 드라이브, 구글 지도, 트위터, PDF가 있으며, 설문 서비스인 Typeform(타입폼)이나 영상 캡처 도구인 Loom(룸)이 있다. 또한 개발자들을 위한 Github Gist(깃허브 지스트), Codepen(코드펜)이 있으며, 디자이너들을 위한 Framer(프레이머), Invision(인비전), Figma(피그마)도 임베드로 지원된다.

3.5.1. Embed(임베드)

사실 임베드는 이 블록 하나로도 아래에서 소개될 모든 서비스를 불러올 수 있다. 이유는 기본적으로 URL 주소를 통해 임베드가 되기 때문이다. 따라서 이 기본 임베드 블록으로도 대부분 임베드시킬 수 있다. 간혹 공식적으로 Notion에서 블록으로 지원하지 않으나 임베드 블록을 생성하고, 공유 URL 주소를 넣어 보면 임베드되는 서비스도 적지 않다.

슬래시 명령어를 입력하고, Embed를 선택한다.

▲ 그림 3-102 슬래시 명령어를 작성한 후, Embed 블록을 선택

선택하자마자 바로 URL을 입력할 수 있는 창을 확인할 수 있고, 임베드할 콘텐츠의 주소를 입력하고, Embed Link 버튼을 클릭한다.

▲ 그림 3-103 Embed Link에서 임베드할 URL 주소를 붙여넣기

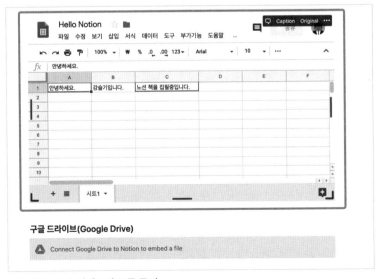

▲ 그림 3-104 임베드된 구글 문서

컴퓨터에서 업로드할 때 단순 첨부 파일처럼 올리는 방식이 아니라, 콘텐츠 내용이 보이도록 임베드 방식으로도 가능하다.

Upload 탭을 선택하고, Choose a File 버튼을 클릭한다.

▲ 그림 3-105 Upload 탭에서 파일 내용을 볼 수 있게 임베드 방식으로 업로드

업로드를 진행할 파일을 내 컴퓨터에서 찾아서 선택한다.

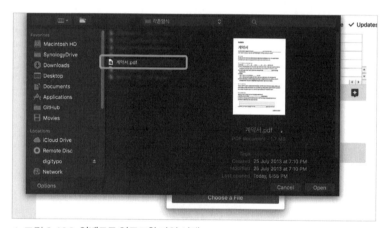

▲ 그림 3-106 임베드로 업로드할 파일 선택

예를 들면, PDF 파일을 그냥 올리면 첨부 파일이 되지만 임베드로 올릴 경우 파일 안 내용을 확인할 수 있다.

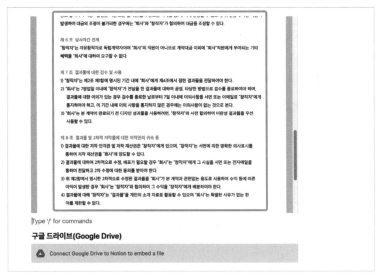

▲ 그림 3-107 PDF의 내용 확인이 가능한 임베드 블록

URL 주소를 바로 입력해서 임베드 블록을 사용하는 방법도 있다. 이 방식으로 서비스별 임베드 블록을 생성하지 않고도 URL 주소를 입력하게 되면 해당 서비스 임베드 블록을 인지하고 바로 사용할 수 있다.

Notion 페이지의 원하는 곳에 복사한 Tweet(트윗)의 주소를 붙여넣기 한다. 이때 세 가지 옵션을 확인할 수 있다.

▲ 그림 3-108 바로 URL 주소를 입력한 후, Embed Tweet으로 임베드 블록 생성

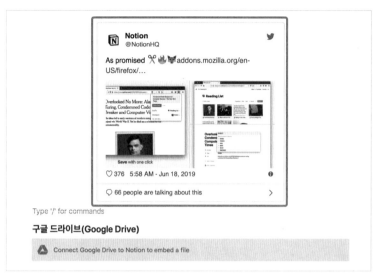

▲ 그림 3-109 임베드된 트윗 블록

- Dismiss: 붙여넣기한 URL 주소 그대로 링크를 만든다.
- Embed…: 지원되는 서비스라면 Embed…로 보이게 된다. 가져온 글이 트위터 주소라 Embed Tweet으로 인식된 상태이다.
- Create Bookmark: 웹 북마크를 만든다.

미디어 블록과 마찬가지로 일부 임베드 블록의 크기 역시 좌, 우, 하단에 있는 가이드를 이용해서 조절할 수 있다.

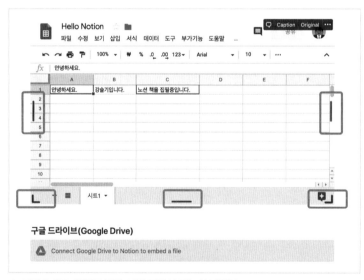

▲ 그림 3-110 임베드 블록 크기 조절이 가능한 가이드

3.5.2. Google Drive(구글 드라이브)

구글 드라이브는 많은 설명이 필요 없는 도구지만, Notion 페이지에 초대된 게스트 및 멤버들과 임베드 블록 안에서 구글 문서를 직접 편집하거나 읽으려면 사전에 구글 드라이브에서 권한 설정을 해야 한다.

공유할 구글 문서를 열고, 오른쪽 상단의 **공유** 버튼을 클릭한다.

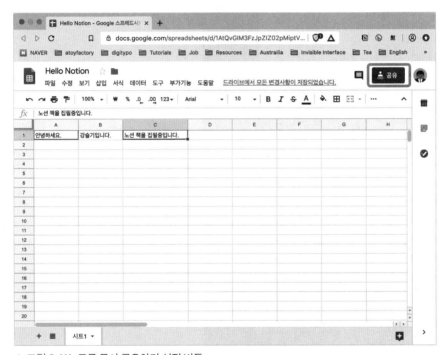

▲ 그림 3-111 구글 문서 공유하기 설정 버튼

공유 가능한 링크 가져오기를 클릭한다.

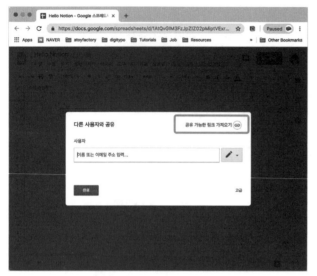

▲ 그림 3-112 임베드를 위한 공유 가능한 링크 가져오기 활성화

먼저 이 문서에 다른 사용자들의 권한을 설정하고, **링크 복사** 버튼을 클릭하고, **완료** 버튼을 클릭한다.

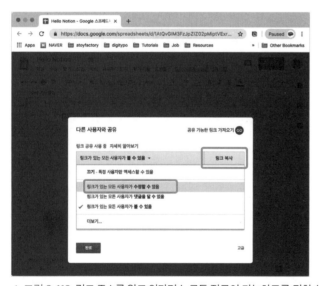

▲ 그림 3-113 링크 주소를 알고 있다면 누구든 접근이 가능하도록 권한 설정

슬래시 명령어를 입력하고, Google Drive를 선택하거나 "/drive"를 입력한 후, 바로 Google Drive 임베드 블록을 선택한다.

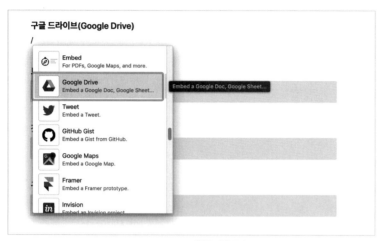

▲ 그림 3-114 슬래시 명령어를 입력한 후, Google Drive 블록을 선택

구글 드라이브의 일반적인 Embed Link와 Browse Google Drive 탭을 선택해서 사용할 수 있다.

Embed Link 탭의 경우에는 복사한 주소를 붙여넣기 한 후, Embed Google Drive File 버튼을 클릭한다. 이 방법으로는 일회성으로 사용하기에 유리하다.

▲ 그림 3-115 Embed Link를 선택한 후, URL 주소 붙여넣기

Browse Google Drive 탭의 경우, Connect Google Account 를 클릭한다.

▲ 그림 3-116 Browse Google Drive에서 구글 계정에 연결

사용할 구글 드라이브 계정을 선택하고, 로그인을 진행한다.

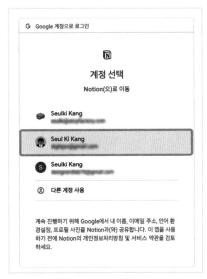

▲ 그림 3-117 계정 선택 화면

허용 버튼을 누른다.

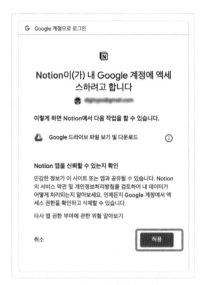

▲ 그림 3-118 접근 승인 허용하기

이렇게 해당 구글 드라이브에 있는 모든 파일을 확인할 수 있는 뷰어가 보인다. 임베드를 원하는 문서나 파일을 선택한 후, Select 버튼을 클릭한다. 참고로 한번 로그인한 후에는 언제든지 구글의 문서들을 볼 수 있는 이 뷰어에서 임베드시킬 수 있다. 일일이 링크 주소를 복사해서 붙여넣기하는 방법보다는 훨씬 효과적으로 임베드시킬 수 있다.

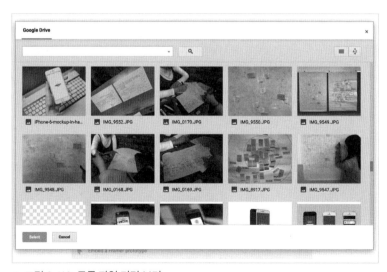

▲ 그림 3-119 구글 파일 미리 보기

또한 파일을 찾기 어렵다면, 검색 기능을 사용하여 좀 더 빠르게 원하는 문서나 파일을 찾을 수 있다.

▲ 그림 3-120 구글 파일 미리 보기 창에서 검색하기

임베드된 구글 드라이브 콘텐츠를 미리 보기처럼 확인할 수 있으며, 구글 드라이브 임베드 박스를 클릭하면 새로운 브라우저 창이 열리고 확인 및 편집을 할 수 있다.

▲ 그림 3-121 미리 보기처럼 보이는 구글 임베드 블록

만약 링크로 구글 드라이브 창을 열어 편집하는 방법이 아니라 Notion 페이지 안에서 바로 편집하길 원한다면, 앞에서 언급한 기본 임베드 블록을 사용하면 된다.

3.5.3. Google Maps(구글 지도)

지도는 고정 이미지만으로는 효과적으로 정보 탐색이 어렵다. 구글 지도를 Notion에 임베드시킬 경우, 줌인/아웃, 이동 및 주변 상가 또는 건물 확인 등을 제어하면서 정보를 확인할 수 있다. 구글 지도에서 장소를 찾은 후, **공유** 버튼을 클릭한다.

▲ 그림 3-122 구글 지도에서 공유 버튼 위치

링크 복사를 클릭해서 주소를 복사한다.

▲ 그림 3-123 특정 위치의 구글 지도 URL 링크를 복사

Notion으로 돌아와서 슬래시 명령어를 입력하고, Google Maps를 선택하거나 "/map"을 입력하고 선택한다.

▲ 그림 3-124 슬래시 명령어를 작성한 후, Google Maps 블록을 선택

복사한 지도 공유 주소를 붙여넣기 한 후, Embed Map 버튼을 클릭한다.

▲ 그림 3-125 복사한 구글 지도 URL 링크 주소를 붙여넣기

지도를 확인한 후, 필요에 따라 지도의 사이즈 조절도 가능하다.

구글 지도(Google Map)

▲ 그림 3-126 임베드 블록 크기 조절이 가능한 가이드

3.5.4. Tweet(트윗)

전 세계적으로 많은 사용자를 보유하고 있는 대표 소셜 네트워크로, 개인 간 소통부터 대표적인 기업 홍보 채널로 자주 활용된다.

먼저, 임베드할 Tweet(트윗-한 개의 콘텐츠)의 공유 URL 주소를 복사한다.

▲ 그림 3-127 트윗 설정에서 **트윗 링크 복사하기**를 선택

Notion으로 돌아와서 슬래시 명령어를 입력하고, Tweet을 선택하거나 "/Tweet"을 입력하고 선택한다.

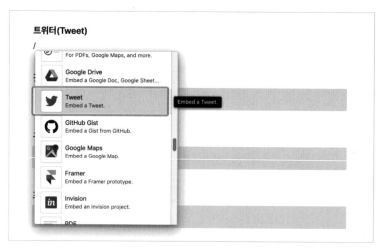

▲ 그림 3-128 슬래시 명령어를 작성한 후, Tweet 블록을 선택

복사한 트윗 공유 주소를 붙여넣기 한 후, Embed Tweet 버튼을 클릭한다.

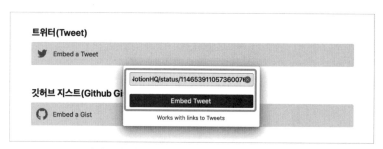

▲ 그림 3-129 복사한 트윗 링크를 붙여넣기

공유된 트윗이 제대로 들어왔는지 확인한다.

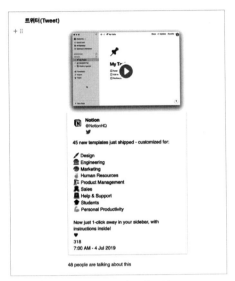

▲ 그림 3-130 가져오기 완료된 트윗

3.5.5. PDF

PDF 파일은 일반적으로 첨부 파일로 다른 사용자들에게 공유되지만, 이 경우에 PDF 안의 내용을 보기는 어렵다. 외부 서버에 저장된 PDF 파일의 URL 주소를 공유해서 가져오거나 로컬 컴퓨터에서 직접 임베드할 경우에는 PDF의 내용을 바로 확인할 수 있다.

3.5.6. Framer(프레이머)

서비스 개발을 위한 인터랙션 디자인 도구 및 프로토타이핑 도구이다. 디자이너들과 개발자들이
주 사용자이며, JavaScript(ES6)를 사용할 때 DB 개발을 제외한 실제 서비스에 가깝게 구현이 가
능하다.

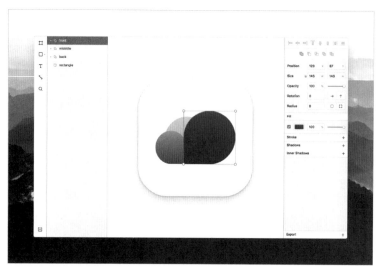

▲ 그림 3-131 Framer 인터페이스

3.5.7. Invision(인비전)

Invision은 완성도가 낮은 수준의 Lo-Fi 프로토타이핑 제작 도구로서, 웹이나 앱 UI 제작이 마무
리된 후 제작 소스를 이용하여 실제 구현했을 때 흐름은 자연스러운지, 오류는 없는지 확인하는
등 일종의 테스트 과정이라고 이해하면 된다. 탭(클릭), 더블 탭, 스와이프 등 다양한 인터랙션
기능 등을 제공하여, 실제로 앱을 사용했을 때의 느낌을 최대한 경험해 볼 수 있다.

특히 협업자와 실시간 작업 진행 또는 고객에게 원격으로 프레젠테이션을 진행할 때 큰 장점을
발휘하게 되는데, 여기에 Notion 임베드를 이용하면 문서화를 완성도 높게 할 수 있고, 작업 정리
를 아주 효율적으로 진행할 수 있다.

▲ 그림 3-132 Invision 대시보드 화면

3.5.8. Figma(피그마)

Figma는 웹이나 앱과 같은 그래픽으로 사용자 인터페이스를 제작하는 도구이다. 기존의 포토샵, 일러스트레이터와 같은 도구들은 그래픽 제작 도구로 오랫동안 사랑을 받아 왔으나 전문적인 사용자 인터페이스를 제작하는 데 적합하지 않아, 디자이너들은 최근에 다양한 인터페이스 제작 도구들을 사용하고 있다. Figma는 기본적으로 클라우드 기반의 애플리케이션이다. 이러한 장점 때문에 브라우저에서도 그래픽 작업이 가능하며, 무엇보다도 웹 친화적이라 실시간 공유 및 작업을 손쉽게 진행할 수 있다.

이 역시 Invision과 같이 Notion의 임베드 기능을 통해 협업자 및 고객과 소통하고, 문서화시키는 데 커다란 시너지를 만들어 낼 수 있다.

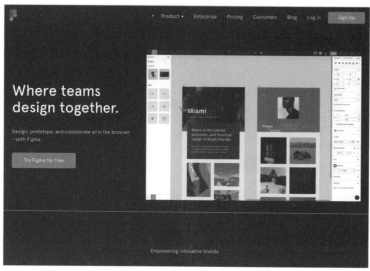

▲ 그림 3-133 Figma 홈페이지

3.5.9. Loom(룸)

Loom은 스크린과 비디오를 녹화하고 공유할 수 있는 소프트웨어이다. 강의, 팀 협업, 마케팅, 세일즈 등 다양하게 활용될 수 있다. 다른 영상 소프트웨어는 녹화한 후 렌더링해서 저장 후 유튜브와 같은 플랫폼에 올린 후 임베드가 가능하지만, Loom의 경우 크롬 익스텐션이 제공되어 언제든 빠르게 녹화하고, 바로 Notion에 임베드시킬 수 있다는 장점이 있다. 무료 버전은 유료 버전에 비해 기능과 용량의 차이가 있다.

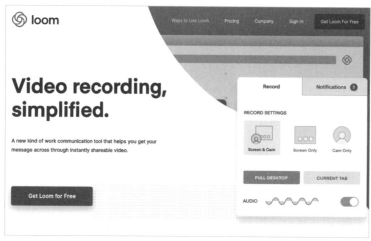

▲ 그림 3-134 Loom 홈페이지

3.5.10. Typeform(타입폼)

마케팅, 리서치, 영업 등 가장 많이 활용되는 도구 중 하나가 바로 설문이다. 온라인에서는 구글 폼이나 서베이 몽키 등 다양한 설문 도구가 존재하지만, 전문적으로 또는 디테일하게 사용하기에는 아쉬운 부분이 존재한다.

Typeform은 위지윅(WYSIWYG) 방식으로 온라인에서 편집이 쉽고 깔끔하면서 사용자 친화적인 기능들을 제공하고 있다. 또한 이미지와 영상을 활용하여 단순히 설문뿐만 아니라 Step by Step의 튜토리얼 또는 아이디어 검증 및 의견 양식을 제작할 수 있다. 여기에 모바일과 PC 등 다양한 환경에서도 쉽게 접근할 수 있다. 스트라이프를 이용해서 후원 목적으로 결제까지 가능하도록 지원된다.

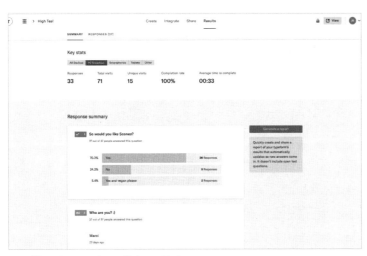

▲ 그림 3-135 Typeform 대시보드 화면

3.5.11. Github Gist(깃허브 지스트)

개발자들 사이에서 잘 알려진 Github와 다른 Github Gist라는 서비스가 있다. 게시판 또는 블로그에 올리면 잦은 수정에 의한 반복적인 업로드 및 코드와 다른 일반 글과의 혼선 문제 등이 발생할 수 있다. 그래서 개발자들이 코드를 공유할 때 보통 코드를 빠르게 인지할 수 있도록 도와주는 Syntax Highlight라는 것을 사용하였지만, 일부 코드 태그 지원 문제 등 아쉬운 점이 있는 것이 사실이었다.

Github Gist를 이용하여 수정이 필요한 코드를 embed로 사용하게 되면 Gist로 로그인이 필요하지만, 이전 방법과는 다르게 확연히 빠르게 코드를 수정할 수 있다는 장점이 있다. 또한 Github Gist의 경우, Github와 달리 비공개 제한이 없어 비공개 팀 내 개발 프로젝트가 있다면 적절하게 활용할 수 있다.

▲ 그림 3-136 Github Gist 웹사이트

3.5.12. CodePen(코드펜)

일명 "프런트 앤드 개발자/디자이너 놀이터", "코드 SNS" 등으로 불리는 CodePen은 HTML, CSS, JavaScript의 코드를 한눈에 보면서 작업이 가능하고, 작성된 코드에 대한 결과까지 바로 확인할 수 있다. 프로젝트 진행 중 또는 진행 전에 부분적으로 제작해서 간단하게 테스트하거나 다양한 코딩 노하우를 다른 사용자들과 공유할 수 있다.

▲ 그림 3-137 CodePen 인터페이스

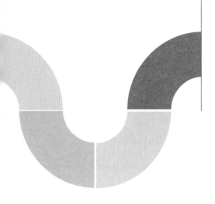

3.6
Advanced(고급) 블록 사용하기

고급 블록이라는 이름을 가지고 있지만, 고급이라기보다는 특정 분야에서 사용되거나 없으면 조금 불편할 것 같은 블록 또는 잘 활용하면 효율성을 높이는 특징을 가진 블록들을 이곳에 모아 두었다고 생각하는 편이 맞다.

3.6.1. Table of Contents(목차)

목차의 경우 논문, 집필, 스크립트(Script) 등 글을 정리하는 작가나 학생들에게 상당히 유용한 블록이다. 목차를 자동 생성해 주는 기능으로, 오로지 대제목, 중제목, 소제목 블록으로만 인식된다는 점을 유의할 필요가 있다. 제목처럼 볼드체나 바탕색이나 글자색을 일반 텍스트 블록에 사용했다고 해서 목차에 나타나지 않는다. 슬래시 명령어를 입력하고, Table of Contents를 선택한다.

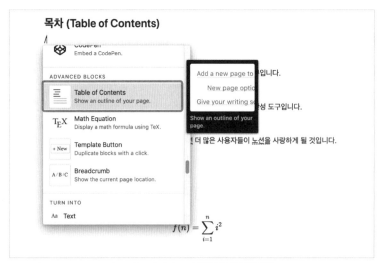

▲ 그림 3-138 슬래시 명령어를 작성한 후, Table of Contents 블록을 선택

같은 페이지 안에 제목 블록들을 자동으로 목차 형태로 구성해서 보여 준다. 이때 특정 목차를 클릭하면, 바로 Anchor(앵커, 위치 고정) 기능처럼 해당 제목으로 즉시 이동된다.

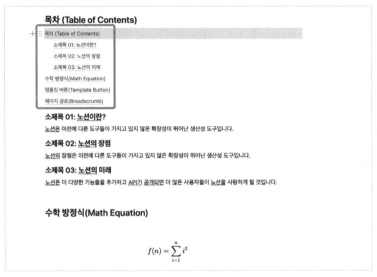
▲ 그림 3-139 완료된 목차

이동 후에 선택된 제목에 하이라이트가 된 것을 알 수 있어, 빠르게 원하는 콘텐츠를 찾는 데 도움을 준다.

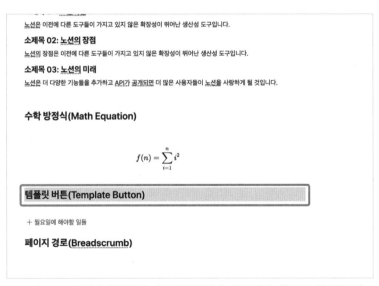
▲ 그림 3-140 목차에서 "템플릿 버튼"을 클릭한 후, 바로 해당 제목으로 이동한 모습

3.6.2. Math Equation(수학 방정식)

일반인들은 자주 사용하지 않는 블록 중 하나지만, 이공대생이나 관련 직종 종사자 및 수학 기호들을 컴퓨터에서 그리기 어려운 수학 교사나 학생들에게도 유용하다. 몇 가지 특수 기호들로 다양한 수학 방정식을 표현할 수 있다.

슬래시 명령어를 입력하고, Math Equation을 선택한다.

▲ 그림 3-141 슬래시 명령어를 작성한 후, Math Equation 블록을 선택

블록을 클릭한 후 LaTex 마크업 언어를 입력하면 수식을 즉시 확인할 수 있다.

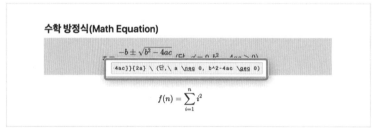

▲ 그림 3-142 LaTex 언어 형식으로 입력한 방정식

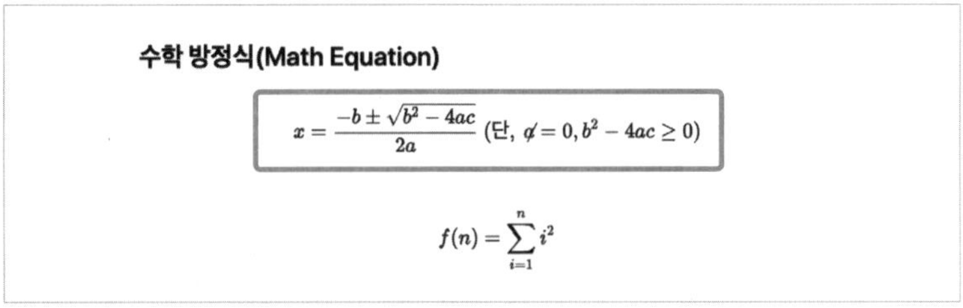

수학 방정식(Math Equation)

$$x = \frac{-b \pm \sqrt{b^2 - 4ac}}{2a} \ (\text{단}, \ \not a = 0, b^2 - 4ac \geq 0)$$

$$f(n) = \sum_{i=1}^{n} i^2$$

▲ 그림 3-143 LaTex 언어를 작성한 후, 그래픽으로 보이는 결괏값

좀 더 이 수식들을 학습하고자 한다면, 다음 링크를 참고하자.

🔗 **예제 링크** http://bit.ly/2MPFXW1

3.6.3. Template Button(템플릿 버튼)

고급 블록 중 일반 사용자들이 가장 많이 사용하는 블록 중 하나이다. Notion의 장점 중 하나로 반복적으로 동일한 콘텐츠나 양식들을 매번 만들기보다 템플릿 버튼을 이용하여 제작한 다양한 양식을 만들어 놓고 재사용한다면, 불필요한 업무나 개인 시간을 상당히 줄일 수 있다.

슬래시 명령어를 입력하고 Template Button 을 선택하면 다음 그림과 같이 템플릿 양식을 확인할 수 있다.

▲ 그림 3-144 슬래시 명령어를 작성한 후, Template button 블록을 선택

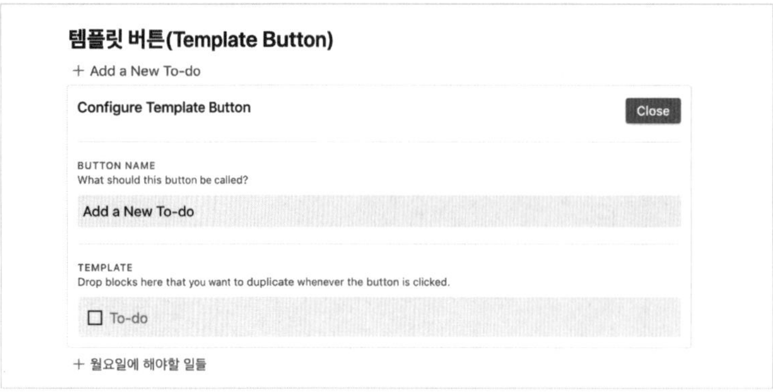

▲ 그림 3-145 템플릿 버튼 블록을 설정

박스 안에 있는 **Add a New To-do** 대신에 알기 쉬운 버튼 이름을 정한다. 버튼 이름을 변경할 때 제일 상단의 템플릿 제목이 동일하게 변경되는 것을 확인할 수 있다.

▲ 그림 3-146 버튼 이름 변경

템플릿에 있는 체크박스 리스트 블록을 지우고, 자신이 원하는 블록들을 생성한 후 편집한다. 참고로 기존에 만들어 놓은 페이지나 블록도 드래그 앤드 드롭으로 가져다 놓을 수 있다.

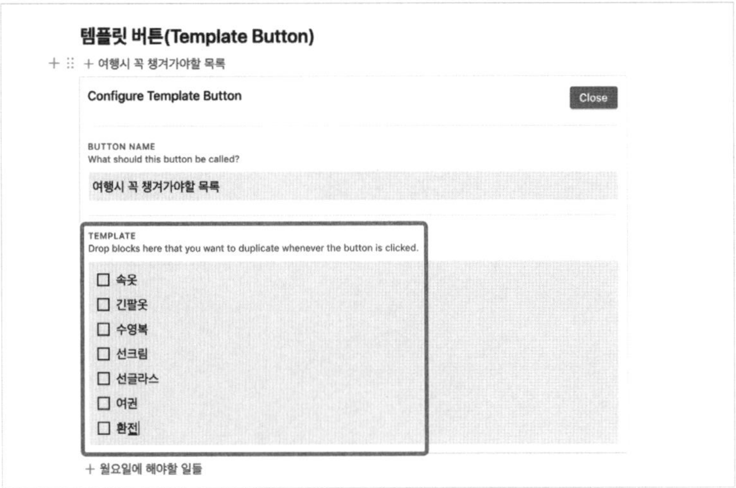

▲ 그림 3-147 템플릿 버튼 블록을 사용할 때 복제될 내용 부분

템플릿이 완성된 후 오른쪽 상단에 있는 Close 버튼을 클릭해서 닫아 주면 하나의 템플릿이 완성된다. 제작한 템플릿을 클릭하면 템플릿 내용을 확인할 수 있으며, 템플릿 버튼을 누를 때마다 콘텐츠를 계속 생성할 수 있다.

▲ 그림 3-148 완료된 템플릿 버튼 블록

▲ 그림 3-149 템플릿 버튼 블록 클릭으로 복제된 템플릿

템플릿 수정이 필요하다면, 템플릿 버튼 블록 오른쪽의 톱니바퀴 모양의 아이콘 Configure Template을 클릭해서 언제든 수정할 수 있다.

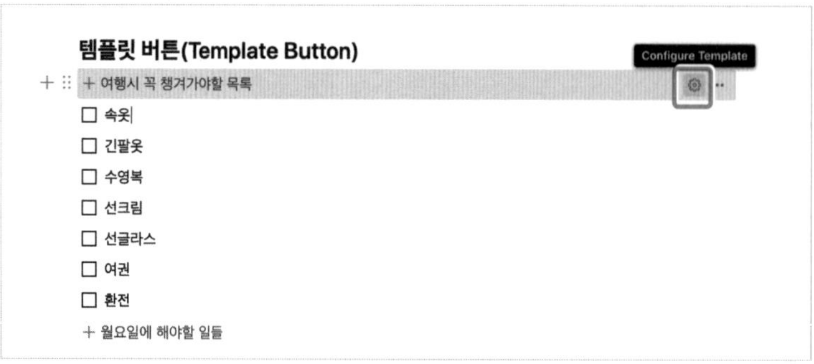

▲ 그림 3-150 템플릿 버튼 블록을 수정 및 재설정

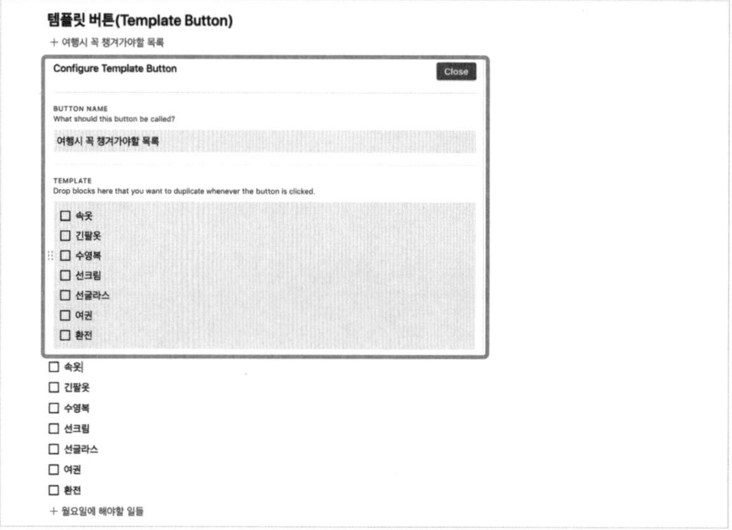

▲ 그림 3-151 템플릿 버튼 블록 설정 화면 재확인 및 재설정

3.6.4. Breadcrumb(페이지 이동 경로)

기본적으로 Notion은 Wiki 방식의 도구다 보니, 페이지 블록 안에 페이지 블록을 생성해서 그룹 관리를 한다. 그래서 전통적인 Wiki에서는 자주 길을 잃어서 자신이 어디에 있는지 알 수 없을 때가 많았다. Notion도 다양한 블록을 사용하다 보면 페이지가 길어지고 서브 페이지로 자주 이동하게 되는데, 이 과정에서 사용자가 길을 잃을 수 있다. Notion에는 이런 Wiki의 단점을 극복하기 위해서 페이지 경로를 한눈에 볼 수 있는 블록을 제공한다.

슬래시 명령어를 입력하고, Breadcrumb을 선택한다.

▲ 그림 3-152 슬래시 명령어를 입력한 후, Breadcrumb 블록을 선택

선택하자마자 바로 현재 경로를 확인할 수 있으며, 원하는 경로를 선택해서 바로 이동도 가능하다. 페이지의 상단에서도 확인할 수 있지만, 중간중간에 이동이 필요한 곳에 넣어 주면 좀 더 편리하게 페이지를 이동할 수 있다.

템플릿 버튼(Template Button)
+ 여행시 꼭 챙겨야할 목록
☐ 속옷
☐ 긴팔옷
☐ 수영복
☐ 선크림
☐ 선글라스
☐ 여권
☐ 환전
+ 월요일에 해야할 일들

페이지 경로(Breadcrumb)
노션 페이지 및 블록 편집 및 ... / 고급 블록 사용하기

▲ 그림 3-153 완료된 페이지 이동 경로 블록

왼쪽으로 갈수록 상위 페이지로, 오른쪽으로 갈수록 하위 페이지로 이동할 수 있다.

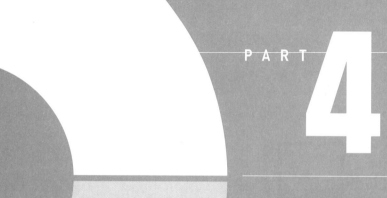

PART 4

Notion 100% 활용하기

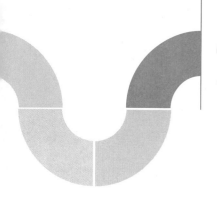

4.1
블록 메뉴 알아보기

블록이 선택된 상태에서 오른쪽 마우스를 클릭하면, 보이는 메뉴가 ⠿ 블록 메뉴와 동일하다. 여기에서는 ⠿ 메뉴 기준으로 설명을 진행한다.

4.1.1. 블록 선택, 이동 및 삭제하기

각 블록의 왼쪽에는 ⠿ 블록 메뉴를 확인할 수 있다. ⠿ 블록 메뉴는 블록의 선택, 이동, 변경 등 블록의 편집에 필요한 메뉴들을 제공한다.

글을 작성하다가 esc 로 텍스트 영역이 아닌 편집하고 있던 블록 하나 전체를 선택할 수 있다.

▲ 그림 4-1 텍스트 입력 중 esc 로 블록을 선택

또는 ⠿ 블록 메뉴를 클릭하면, 해당 블록을 선택할 수 있다.

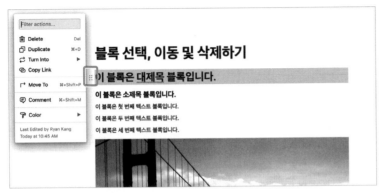

▲ 그림 4-2 ⠿ 블록 메뉴로 블록을 선택

하나의 블록을 먼저 선택한 후에 shift+방향키로 블록을 순차적으로 선택할 수 있다. 또는 하나를 선택 후 원하는 블록을 선택하면, 선택한 블록과 블록 사이에 있는 모든 블록을 일괄적으로 선택할 수 있다.

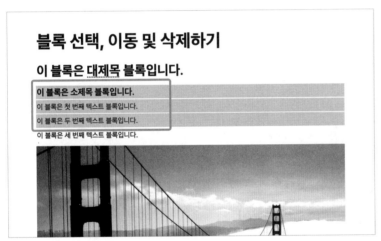

▲ 그림 4-3 shift+방향키로 복수의 블록을 선택

하나의 블록을 먼저 선택한 후 cmd(맥)/alt(윈도우, 리눅스)+shift를 누르면, 원하는 블록만 골라서 선택할 수 있다.

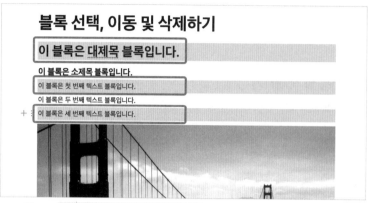

▲ 그림 4-4 cmd(맥)/alt(윈도우, 리눅스)+shift로 원하는 블록을 선택

편집 중 또는 편집 영역 밖에서 선택하려는 블록들을 드래그하면, 모든 블록을 일괄적으로 선택할 수 있다.

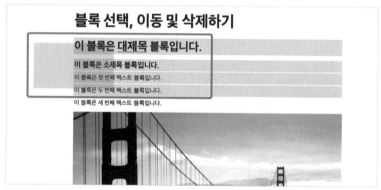

▲ 그림 4-5 마우스로 드래그해서 복수의 블록을 선택

블록을 이동하려면 ⠿ 블록 메뉴를 클릭한 상태에서 이동하려는 곳으로 드래그한다.

▲ 그림 4-6 ⠿ 블록 메뉴를 클릭한 상태로 드래그해 이동

가로 파란색 선이 보이게 되며, 해당 자리에 놓일 것을 알려 준다.

▲ 그림 4-7 파란 선(원하는 위치)으로 이동 가능

▲ 그림 4-8 이동 완료된 블록

4.1.2. Column(단) 사용하기

단은 공간을 효율적으로 활용하고 디자인할 때 중요한 역할을 한다. 또한 유사한 기능들을 나란히 배치하거나 부가적인 설명을 위해 단을 나누기도 한다.
⠿ 블록 메뉴를 클릭한 후, 드래그해서 단을 생성하려는 블록의 오른쪽 또는 왼쪽 끝으로 이동시킨다.

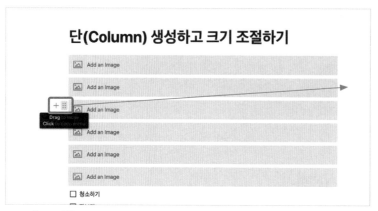

▲ 그림 4-9 ⠿ 블록 메뉴를 클릭해 드래그한 후, 다른 블록의 오른쪽, 왼쪽으로 이동

세로 파란색 선을 확인하면서 원하는 위치에 놓으면, 단을 쉽게 생성할 수 있다.

▲ 그림 4-10 파란 선(원하는 위치)으로 이동 가능

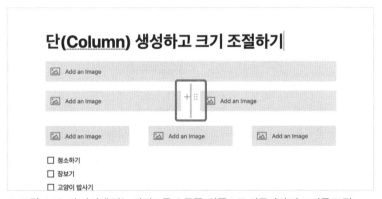

▲ 그림 4-11 생성된 Column(단)

마우스를 단과 단 사이에 위치해 두면 가이드 선이 보이게 되고, 마우스로 클릭한 상태에서 오른쪽, 왼쪽으로 드래그해서 단 크기의 비율을 조절할 수 있다.

▲ 그림 4-12 단 사이에 있는 가이드를 오른쪽, 왼쪽으로 이동시켜 단 크기를 조절

▲ 그림 4-13 크기 조절이 완료된 단

단은 원하는 만큼 구성할 수 있으나 그만큼 콘텐츠를 담을 수 있는 공간은 협소해지게 된다.

▲ 그림 4-14 완료된 세 개의 단

따라서 필요하다면 페이지 우측 상단의 ⋯ 페이지 설정에서 Full Width를 활성화하여 공간을 더 여유롭게 사용할 수 있다.

▲ 그림 4-15 활성화된 Full Width

TIP!

원하는 단의 조합을 복사해 붙여넣기를 할 경우, 현재 Notion에서는 단의 형태를 유지하지 못하고 풀리게 된다.

청소하기
장보기
고양이 밥사기
친구들에게 밥사기
노션 공부하기
유튜브 컨텐츠 만들기
청소하기
장보기
고양이 밥사기
친구들에게 밥사기
노션 공부하기
유튜브 컨텐츠 만들기

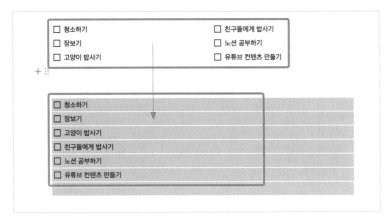

▲ 그림 4-16 단을 복제한 후 붙여넣기를 하면 풀리는 현상

편법으로 해결할 수 있는데, 먼저 페이지 블록을 생성하고, 그 안에 그림과 같이 단을 편집한다.

Add an image
Add an image
Add an image
단 복사하기

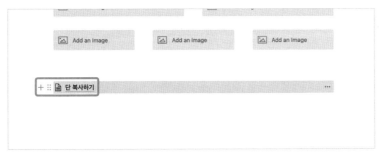

▲ 그림 4-17 단을 구성할 페이지

단 복사하기
청소하기
장보기
고양이 밥사기
친구들에게 밥사기
노션 공부하기
유튜브 컨텐츠 만들기

▲ 그림 4-18 페이지 안에 단을 구성하고, 페이지를 원하는 곳으로 이동

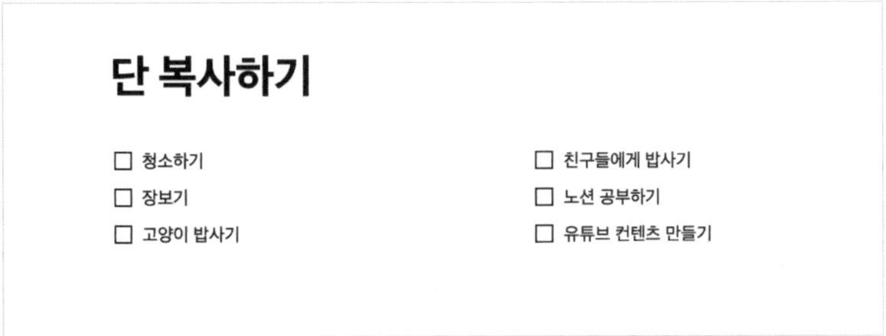

⠿ 블록 메뉴를 클릭한 후, Turn Into > Text 로 변경해 준다.

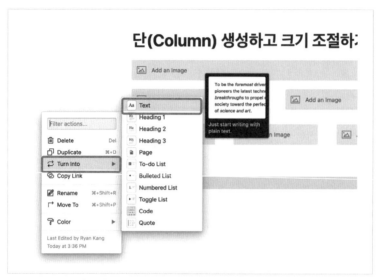

▲ 그림 4-19 페이지의 유형을 Text로 변경하는 과정

텍스트로 바뀌면서 페이지 안에 있던 내용이 단의 형태를 유지한 채 풀리는 것을 확인할 수 있다.

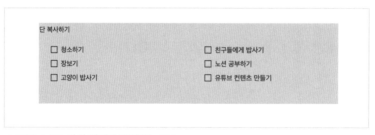

▲ 그림 4-20 단의 형태를 유지하는 모습

블록 복제하기

⠿ 블록 메뉴를 클릭한다.

▲ 그림 4-21 ⠿ 블록 메뉴를 클릭

메뉴 중에 Duplicate를 선택하거나 선택한 후 단축키 cmd(맥)/ctrl(윈도우, 리눅스)+d로 블록을 복제할 수 있다.

▲ 그림 4-22 Duplicate를 선택

▲ 그림 4-23 복제된 블록

변경시키려는 블록의 ⠿ 블록 메뉴를 클릭한다.

▲ 그림 4-24 ⠿ 블록 메뉴 선택

Turn into 〉Bulleted List(변경하려는 기본 블록)를 선택하면 변경되는 것을 알 수 있다.

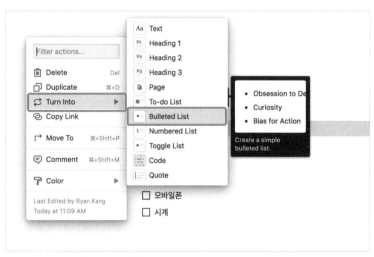

▲ 그림 4-25 Turn into > Bulleted List로 블록 유형을 변경

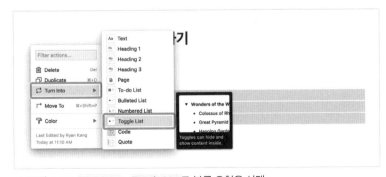

▲ 그림 4-26 불렛 리스트 블록으로 변경된 모습

일괄적으로 블록 변경도 가능하다. 변경하려는 여러 개의 블록을 선택한다.

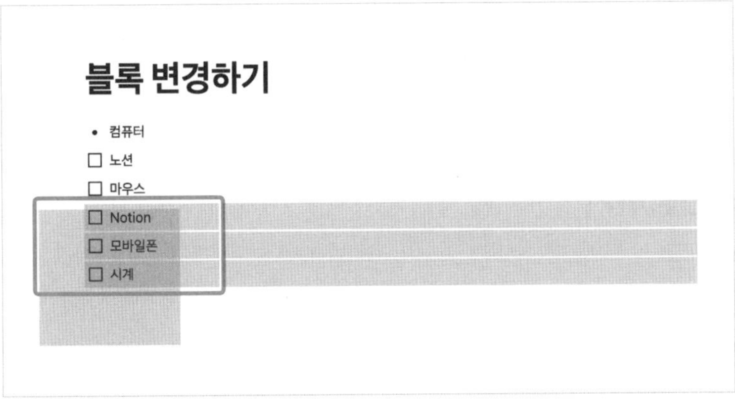

▲ 그림 4-27 드래그로 복수의 블록을 선택

그중 하나의 ⠿ 블록 메뉴를 선택하고, Turn Into에서 변경하려는 기본 블록을 선택해 변경한다.

▲ 그림 4-28 Turn into > Toggle List로 블록 유형을 선택

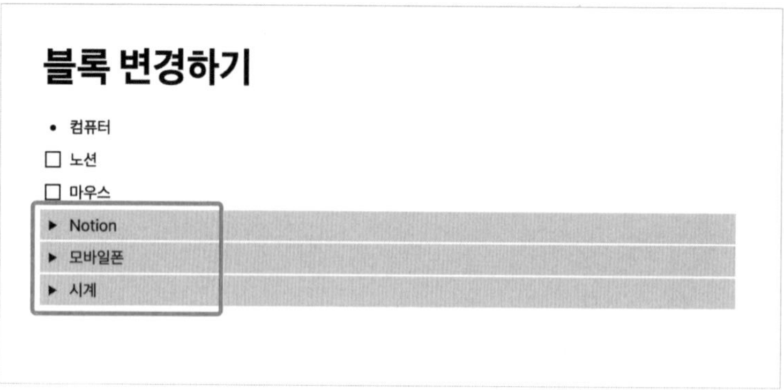

블록 변경하기

- 컴퓨터
- ☐ 노션
- ☐ 마우스
- ▶ Notion
- ▶ 모바일폰
- ▶ 시계

▲ 그림 4-29 토글 리스트 블록으로 변경된 모습

TIP!

블록 편집 중에도 변경할 수 있다. 편집 중 슬래시 명령어로 "/turn"을 입력하면 ⠿ 블록 메뉴 Turn Into에서 변경할 수 있는 블록들이 동일하게 보이고 변경할 수 있다.

▲ 그림 4-30 텍스트 편집 중 "/turn"을 입력한 후, Heading 1을 선택

▲ 그림 4-31 대제목으로 변경된 블록

4.1.5. 블록 주소 복사하기

∷ 블록 메뉴를 클릭해 Copy Link 를 선택하면, 해당 블록의 주소를 복제한 상태가 된다.

▲ 그림 4-32 ∷ 블록 메뉴 선택

▲ 그림 4-33 Copy Link를 선택

붙여넣기를 하면, 방금 복제한 블록의 주소를 확인할 수 있다.

▲ 그림 4-34 붙여넣기를 하면, 방금 복제한 블록의 주소 확인 가능

다른 Notion 사용자가 제작하고 공개한 템플릿들을 복제하고 재사용할 수 있다.
예를 들어, Notion 템플릿 페이지 https://www.notion.so/templates를 방문한다.

▲ 그림 4-35 노션이 제공하고 있는 템플릿 갤러리

Notion 템플릿 갤러리로 들어가서 사용해 보고 싶은 템플릿을 선택한다. 간략한 소개와 함께 해당 템플릿으로 갈 수 있는 링크를 클릭한다.

▲ 그림 4-36 해당 Notion 페이지로 이동할 수 있는 링크

오른쪽 상단의 Duplicate를 클릭한다.

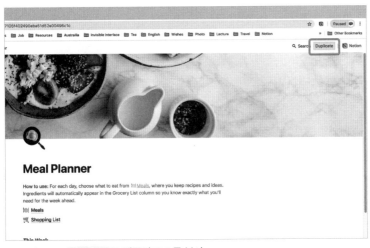

▲ 그림 4-37 Duplicate로 템플릿 주소를 복사

로그인한 계정으로 복제한 템플릿을 사이드바에서 확인할 수 있으며, 목적에 맞게 재편집 및 구성할 수도 있다.

▲ 그림 4-38 자신의 Notion 계정에 복사하고, 자유롭게 편집 가능

4.1.6. 블록 글자색 변경하기

⁝⁝ 블록 메뉴를 클릭해 Color를 선택한 후, "Color" 카테고리에 있는 색 중 하나를 선택해서 변경할 수 있다.

▲ 그림 4-39 ⁝⁝ 블록 메뉴 선택

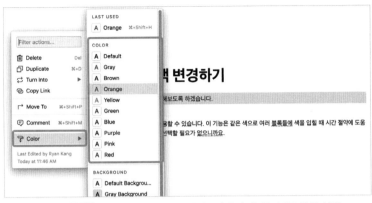

▲ 그림 4-40 Color를 선택한 후, "Color" 카테고리에서 원하는 블록 색을 선택

▲ 그림 4-41 변경된 블록 색

최근 사용한 색을 재사용할 수도 있다. 동일한 색으로 반복적으로 변경할 때 상당히 유용한 기능이다. ⠿ 블록 메뉴를 클릭한 후, Color에서 "Last used" 카테고리에 있는 색을 선택하면 된다. 또는 블록을 선택한 후, 바로 단축키 cmd(맥)/ctrl(윈도우, 리눅스)+shift+h로 빠르게 변경할 수 있다.

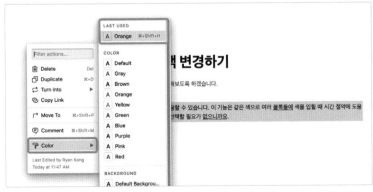

▲ 그림 4-42 Color를 선택한 후, "Last Used" 카테고리에서 가장 최근 사용한 색을 선택

▲ 그림 4-43 적용된 가장 최근에 사용한 색

4.1.7. 블록 바탕색 지정하기

⠿ 블록 메뉴를 클릭해 Color를 선택한 후, "Background" 카테고리에 있는 색 중 하나를 선택해서 변경할 수 있다.

▲ 그림 4-44 ⠿ 블록 메뉴 선택

▲ 그림 4-45 Color를 선택한 후, "Background" 카테고리에서 원하는 바탕색을 선택

▲ 그림 4-46 변경된 블록 색

이번엔 조금 더 다양하게 색을 입혀 보자.

tap으로 들여쓰기로 된 블록들은 상위 블록의 바탕색과 동일하게 지정된다. 동일하게 ⠿ 블록 메뉴를 클릭해 Color를 선택한 후, "Background" 카테고리에 있는 색 중 하나를 선택한다.

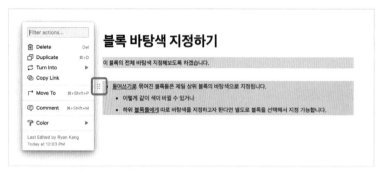

▲ 그림 4-47 ⠿ 블록 메뉴 선택

▲ 그림 4-48 Color를 선택한 후, "background" 색 중 하나를 선택

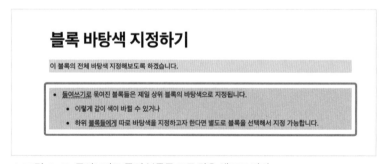

▲ 그림 4-49 들여쓰기로 묶인 블록들 모두 같은 색으로 변경

원하는 하위 블록들에 따로 바탕색을 지정하려는 블록을 선택하고, ⠿ 블록 메뉴를 클릭해 Color를 선택한 후, "Background" 카테고리에 있는 색 중 하나를 선택한다.

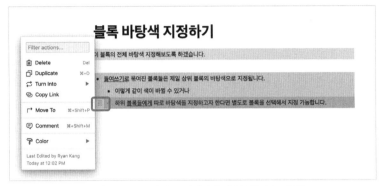

▲ 그림 4-50 묶여 있는 블록 중 하나를 선택한 후, ⠿ 블록 메뉴 선택

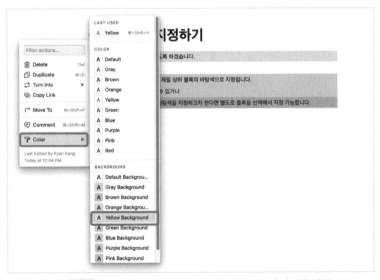

▲ 그림 4-51 Color를 선택한 후, "Background" 카테고리 중 색 하나를 선택

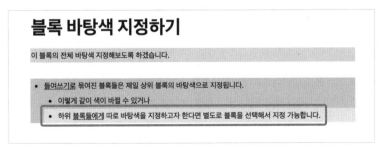

▲ 그림 4-52 상위 블록과 다르게 하위 블록에 단독으로 색 적용 가능

4.1.8. 다른 페이지로 이동시키기

다른 페이지로 이동시키려는 블록의 ⠿ 블록 메뉴를 클릭한 후, Move To를 클릭한다.

▲ 그림 4-53 ⠿ 블록 메뉴를 클릭한 후, Move To를 클릭

이동시키려는 페이지가 목록에 없을 수도 있다. 이때 검색 창에 이동시키려는 페이지의 이름을 검색하면 확인할 수 있다. 동일한 페이지의 이름이 여러 개일 경우, 페이지 하단의 경로를 확인하면 도움이 된다.

▲ 그림 4-54 검색 창에 이동하려는 페이지 이름을 입력

이동이 완료되면 해당 페이지로 이동해서 확인할 수 있다. 이동된 블록은 페이지 제일 하단에 위치하게 된다.

▲ 그림 4-55 다른 페이지로 이동된 블록

Comment(댓글) 달기

게스트 또는 멤버에게 특정 블록의 ⠿ 블록 메뉴를 클릭한 후, Comment를 클릭한다.

▲ 그림 4-56 ⠿ 블록 메뉴를 클릭한 후, Comment를 클릭

댓글 내용을 작성한 후, Send 버튼을 클릭한다.

▲ 그림 4-57 댓글을 작성한 후, Send 버튼 클릭

댓글이 달린 블록 끝에 말풍선 아이콘과 댓글의 수를 확인할 수 있고, 클릭할 경우 내용 확인 및 또 다른 댓글 작성, 수정 및 삭제를 할 수 있다.

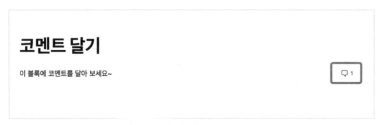

▲ 그림 4-58 말풍선으로 댓글 수를 확인 가능

▲ 그림 4-59 댓글의 "Add a comment"에 또 다른 댓글 달기

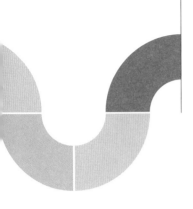

4.2
Tooltip(툴팁) 메뉴 알아보기

툴팁 메뉴는 텍스트 편집 중에 원하는 단어나 문장을 선택하여 블록 전체가 아닌 부분적으로 스타일 효과를 줄 수 있도록 도와주는 도구다.

다음과 같이 텍스트를 선택할 경우, 선택된 글 위에 말풍선처럼 메뉴가 뜨는 것을 말한다.

▲ 그림 4-60 텍스트를 선택한 후, 툴팁 메뉴가 활성화된 모습

4.2.1. 블록 변경하기

툴팁 메뉴 제일 왼쪽에 있는 Text를 클릭 후, ⠿ 블록 메뉴의 Turn Into처럼 기본 블록 목록에서 원하는 블록으로 변경할 수 있다.

▲ 그림 4-61 툴팁 메뉴에서 블록 유형 변경 가능

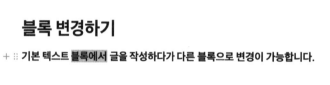

▲ 그림 4-62 변경된 중제목 블록 유형

4.2.2. 특정 텍스트에 Comment(댓글) 달기

블록 전체에 댓글을 다는 방식과는 다르게, 특정 텍스트를 선택하여 댓글을 달 수 있는 기능이다.

원하는 텍스트를 선택하고, 자동으로 툴팁 메뉴가 보이면 Comment를 선택한다. 또는 단축키 cmd(맥)/ctrl(윈도우, 리눅스)+shift+m을 사용할 수 있다.

▲ 그림 4-63 원하는 텍스트를 선택하고, 툴팁 메뉴에서 Comment를 클릭

선택된 텍스트는 노란색의 하이라이트로 변경되고, 댓글을 입력하고 Send 버튼을 클릭할 수 있다.

▲ 그림 4-64 댓글을 작성한 후, Send 버튼 클릭

하나의 댓글이 아닌 한 블록에 있는 여러 개의 단어나 문자에 댓글을 입력할 수 있다.

▲ 그림 4-65 댓글이 적용된 텍스트는 노란색 하이라이트로 표시

하이라이트된 텍스트를 선택하거나 블록 오른쪽의 말풍선 아이콘을 선택하면, 모든 댓글을 확인할 수 있다. 어떤 텍스트에 댓글이 달려 있는지, 하이라이트된 단어와 비교해서 확인할 수도 있다.

▲ 그림 4-66 말풍선 아이콘을 클릭한 후, 댓글 확인

4.2.3. 텍스트 스타일 변경하기

툴팁 메뉴에서 B를 선택하거나 단축키 cmd(맥)/ctrl(윈도우, 리눅스)+b로 볼드체를 사용할 수 있다.

▲ 그림 4-67 B를 클릭한 후, 선택된 텍스트를 볼드체로 사용

툴팁 메뉴에서 i를 선택하거나 단축키 cmd(맥)/ctrl(윈도우, 리눅스)+i로 텍스트를 이탤릭체로 사용할 수 있다.

▲ 그림 4-68 i를 클릭한 후, 선택된 텍스트를 이탤릭체로 사용

툴팁 메뉴에서 S를 선택하거나 단축키 cmd(맥)/ctrl(윈도우, 리눅스)+shift+s로 텍스트에 취소선을 사용할 수 있다.

▲ 그림 4-69 S를 클릭한 후, 선택된 텍스트에 취소선 사용

툴팁 메뉴에서 < >를 선택하거나 단축키 cmd(맥)/ctrl(윈도우, 리눅스)+e로 텍스트로부터 코드임을 강조 또는 구분되어 보이게 변경할 때 사용한다.

일반 텍스트와 코드를 구분 짓기 위해 기능을 사용하지만, 간혹 특정 부분을 강조하기 위한 스타일 구성 목적으로 사용되기도 한다.

▲ 그림 4-70 < >를 클릭한 후, Monotype을 적용

▲ 그림 4-71 Monotype으로 적용된 코드 스타일의 텍스트

툴팁 메뉴에서 Link를 선택하거나 단축키 cmd(맥)/ctrl(윈도우, 리눅스)+k로 텍스트에 웹 페이지가 열릴 수 있도록 링크를 생성할 수 있다.

▲ 그림 4-72 Link를 클릭한 후, 선택한 텍스트를 웹사이트 또는 이메일 주소로 링크

4.2.4. 텍스트 색 변경하기

"블록 글자색 변경하기" 챕터에서 언급했던 기능과 동일하나 다른 점은 블록 전체가 아닌 텍스트 일부에 색을 줄 수 있다는 점이다.

툴팁 메뉴에서 A를 선택하여 "Color" 카테고리 목록에서 원하는 색을 바꿀 수 있다.

▲ 그림 4-73 A를 클릭한 후, 선택한 텍스트에 색을 적용

4.2.5. 텍스트에 바탕색 변경하기

툴팁 메뉴에서 A를 선택하여 "Background" 카테고리 목록에서 원하는 바탕색을 바꿀 수 있다. 하지만 바탕색만 변경이 가능하고, 글자색을 변경할 수 있는 기능은 별도로 제공되지 않는다.

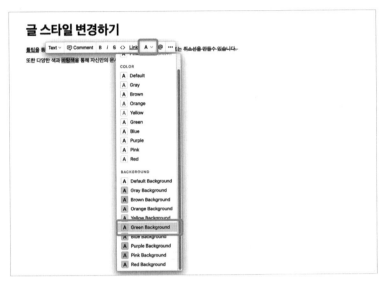

▲ 그림 4-74 A를 클릭한 후, 선택한 텍스트에 바탕색 적용

4.2.6. 최근에 사용한 색으로 변경하기

툴팁 메뉴에서 A를 선택하여 "Last Used" 카테고리 목록에서 가장 최근에 사용한 색 또는 바탕색을 사용할 수 있다. 또는 단축키 cmd(맥)/ctrl(윈도우, 리눅스)+shift+h를 사용할 수 있다.

▲ 그림 4-75 A를 클릭한 후, 선택한 텍스트에 가장 최근에 사용한 색을 적용

또한 복합적으로 스타일을 표현할 수 있다.

▲ 그림 4-76 여러 개의 툴팁 메뉴를 중복해서 사용 가능

4.2.7. 블록 메뉴 사용하기

··· 기능은 이전 챕터에서 언급한 ⠿ 블록 메뉴와 동일한 기능을 가지고 있다.

▲ 그림 4-77 ···은 ⠿ 블록 메뉴와 동일

▲ 그림 4-78 언제든 툴팁 메뉴 편집 중 블록 메뉴를 사용 가능

4.2.8. 검색하기

"사이드바(Sidebar) 인터페이스 알아보기"에서 언급한 빠른 검색(Quick Find)은 어느 페이지에 있든지 언제든 키워드로 검색하고, 검색된 단어가 있는 모든 페이지를 보여 주는 검색 방법이다.

현재 작업하고 있는 페이지 내에서 단어 검색이 필요할 때에는 따로 메뉴에는 존재하지 않으나 단축키 cmd(맥)/ctrl(윈도우, 리눅스)+f로 해당 페이지 내 단어를 검색할 수 있다. 일종의 브라우저에서 단어 검색 기능을 사용하는 방식과 동일하다.

▲ 그림 4-79 cmd(맥)/ctrl(윈도우, 리눅스)+f 검색 기능을 사용

데스크톱 애플리케이션의 경우, 인터페이스만 다를 뿐이지 브라우저 검색과 동일하게 검색할 수 있다.

▲ 그림 4-80 데스크톱 애플리케이션에서도 가능

데스크톱 애플리케이션을 사용하고 있다면, 단축키 cmd+option+i(맥) 또는 ctrl+shift+i (윈도우, 리눅스)로 크롬의 개발자 도구를 열 수 있다. 이는 데스크톱 애플리케이션이 크롬을 기반으로 제작되었음을 알 수 있다.

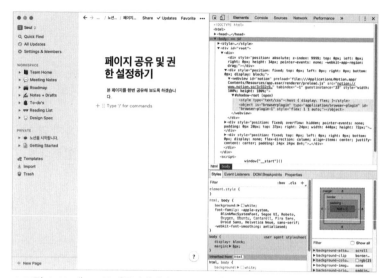

▲ 그림 4-81 데스크톱 애플리케이션도 크롬을 기반으로 제작되었음을 알 수 있는 개발자 도구

4.3
페이지 공유 및 권한 설정하기

개인 목적의 사용이 아닌 팀 또는 외부 사용자와 협업을 위해서는 페이지의 공유가 필수다. 하지만 기능을 제대로 이해하지 못한다면, 자칫 외부에 대외비와 같은 중요한 정보들이 유출될 수 있으니 올바른 사용법을 학습해야 한다.

4.3.1. Share(공유하기)

페이지 공유와 관련된 기능은 모든 페이지의 오른쪽 상단 Share에서 관리할 수 있다.

▲ 그림 4-82 Share 메뉴가 활성화된 모습

외부의 불특정 사용자들에게 공개를 원할 때는 Public Access에서 설정할 수 있다.

▲ 그림 4-83 Public Access 권한 목록

- Can Comment: 편집은 불가능하지만, 읽고 댓글을 달 수 있다.
- Can Read: 다른 사람과 편집과 공유를 할 수 없으며, 읽기만 가능하다.
- Disabled: 비공개

Can Comment나 Can Read로 선택할 경우, 두 개의 추가 옵션을 설정해서 공개할 수 있다.

▲ 그림 4-84 검색 엔진의 노출 여부 및 템플릿으로서 복제 여부 권한

- Allow Search Engines: 구글이나 기타 검색 엔진에 해당 페이지를 노출할 수 있다.
- Allow Duplicate as Template: 다른 사용자가 해당 페이지를 템플릿으로 가져다 사용할 수 있도록 허용할 수 있다.

워크스페이스 접근을 허용할 때는 해당 워크스페이스 내 모든 페이지를 열람할 수 있게 된다. 따라서 같은 회사 팀원 또는 내부 협업자가 아닌 다른 사용자에게 공개할 때는 공개 여부를 신중히 처리할 필요가 있다.

▲ 그림 4-85 워크스페이스의 권한 여부

공유할 때 워크스페이스의 접근 권한을 설정할 수 있다.

• Full Access: 관리자와 동일하게 편집 및 공유를 할 수 있다.

• Can Edit: 워크스페이스를 자유롭게 편집할 수 있으나 공유는 하지 못한다.

• Can Comment: 읽고 댓글을 달 수 있지만, 편집은 할 수 없다.

• Can Read: 편집과 공유를 모두 할 수 없고, 읽기만 가능하다.

• Disabled: 비공개

해당 페이지에 멤버가 아닌 게스트로 초대하고 비공개로 문서를 편집할 수 있다.

Invite a Person 버튼을 클릭한다.

▲ 그림 4-86 게스트를 초대하기 위한 Invite a Person 버튼

이미 초대된 사람들의 목록에서 선택하거나 입력 창에 직접 이메일로 초대할 수 있다.

▲ 그림 4-87 이메일 입력으로 초대하거나 이미 초대된 사용자들 목록에서 선택

초대 목록에서 선택했거나 이메일을 입력한 후, Full Access를 클릭하여 사용자 권한을 변경 할 수 있다. 권한 설정 후에 Invite 버튼을 클릭해 초대를 완료한다.

▲ 그림 4-88 초대한 게스트 멤버에게 권한 설정하기

만약 특정 사용자가 잘못 초대되거나 더는 프로젝트에 참여할 필요가 없을 때 권한 목록에서 Remove로 삭제할 수 있다.

▲ 그림 4-89 이미 초대된 게스트나 멤버의 권한 변경

게스트 또는 멤버의 그룹이 설정되어 있다면, 그룹별로 공유 권한을 설정할 수 있다.

▲ 그림 4-90 그룹별 공유 권한 설정

4.3.2. 업데이트(Updates)

업데이트(Update)는 기본 세팅으로 사용하고 있다. Follow This Page를 사용할 경우 본인이 작성한 내용은 자신에게 보이지 않지만, 공동으로 작업하고 있는 게스트나 멤버들에 의해 업데이트된 모든 내용을 놓치지 않고 확인할 수 있다.

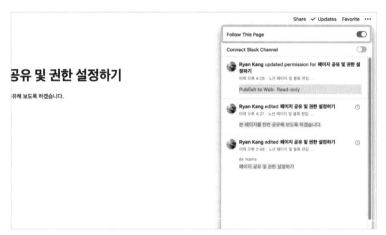

▲ 그림 4-91 Follow This Page 활성화로 해당 페이지의 업데이트 내용을 확인

슬랙은 대표적인 기업용 메신저로 다른 도구들과의 확장성이 좋아 많은 기업에서 사용하고 있는 도구 중 하나이다. 최근 슬랙을 주로 사용하는 회사와 그룹들이 많다. Notion 역시 슬랙에서 업데이트된내용을 알림 기능처럼 받아 볼 수 있다.

Connect Slack Channel 을 활성화한다.

▲ 그림 4-92 슬랙으로 업데이트 알림을 받기 위한 설정

알림을 받아 볼 슬랙 채널을 선택하기 위해 슬랙 워크스페이스에 로그인한다.

Sign in to your workspace

Enter your workspace's **Slack URL**.

| atoyfactory | .slack.com |

Continue →

Don't know your workspace URL? Find your
workspace

You're already signed in to this workspace:

designsprintkorea

Need to get your group started on Slack? Create a new workspace

▲ 그림 4-93 알림을 받을 슬랙 워크스페이스에 로그인

로그인한 워크스페이스에서 알림을 받아 볼 채널을 선택하고, Install 버튼을 클릭한다. 클릭한
후, Notion으로 돌아가 선택했던 슬랙 채널의 이름과 기능이 활성화되었는지를 확인한다.

On atoyfactory, Notion would like to:

Confirm your identity on atoyfactory

Post to   #잡담   ▾

Cancel   **Install**

▲ 그림 4-94 알림을 받을 슬랙 채널을 선택한 후, 설치

Notion에서 내용을 업데이트하면 제대로 슬랙에서 알림이 받아지는지 확인한다.

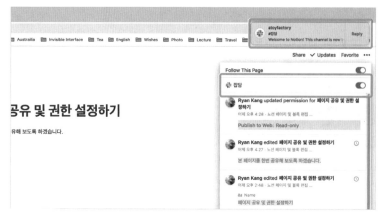

▲ 그림 4-95 설정 직후 슬랙에서 알림

▲ 그림 4-96 채널에서 해당 Notion 페이지와 연결되었다는 메시지 확인

Favorite을 클릭해 활성화/비활성화할 수 있다. 체크 표시가 보인다면, 사용하고 있음을 의미한다.

▲ 그림 4-97 Favorited를 클릭해 활성화/비활성화 설정을 변경

활성화가 정상적으로 되었다면, 사이드바의 Favorites 카테고리에서 확인할 수 있다.

▲ 그림 4-98 Favorites가 활성화되었다면, 사이드바에서 확인 가능

즐겨찾기를 사용할 경우, 매번 Notion을 켤 때마다 가장 상위에 있는 즐겨찾기 페이지가 그 어떤 페이지보다 먼저 열리게 된다. 따라서 최근 작업하고 있는 페이지를 즐겨찾기 할 경우, 빠르게 작업할 수 있다. 즐겨찾기가 여러 페이지일 경우, 제일 상위에 있는 페이지가 가장 먼저 노출된다.

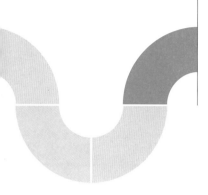

4.4
페이지 설정하기

페이지 오른쪽 상단에 있는 ⋯ 페이지 설정 메뉴를 클릭하면, 페이지 관련 설정 기능들을 사용할 수 있다.

▲ 그림 4-99 ⋯ 페이지 설정 및 페이지 설정 관련 메뉴들

텍스트 스타일 변경하기

현재 글 스타일은 영문에만 해당되고, 한글은 지원되지 않는다. 다만, 스타일을 변경할 때 글의
크기나 간격은 조절되나 한글의 경우 오히려 가독성을 떨어뜨릴 수 있어 사용을 권장하지 않는
다. 아직은 세 가지 옵션으로 제공되고 있으며, 기본적으로 고딕체 Default(San Serif, 고딕체)로
되어 있다. 군더더기 없는 글자체로 깔끔한 문서 작업을 할 때 효과적이다.

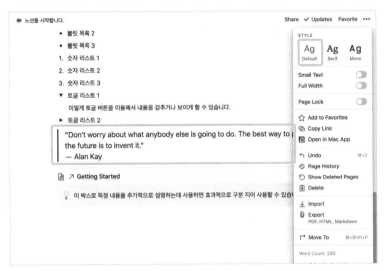

▲ 그림 4-100 "Default" 서체를 선택할 때

serif(명조체)로 변경할 때 가독성을 높여 주어 장문의 글을 작성할 때 적합한 스타일이다.

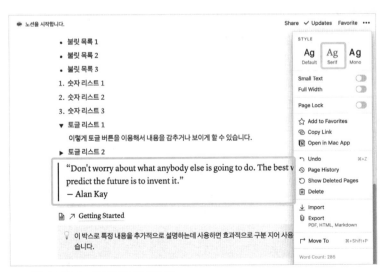

▲ 그림 4-101 Serif 서체를 선택할 때

Mono의 경우에는 프로그래머들이 선호하는 스타일이다. 이유는 코드 정렬을 위한 고정 폭을 가지고 있으며, 작은 크기에서도 가독성이 좋다. 또한 혼선이 될 만한 특수한 상황이 있는데, 이 스타일은 숫자 0과 문자 O, 소문자 l과 숫자 1의 구분을 손쉽게 할 수 있다.

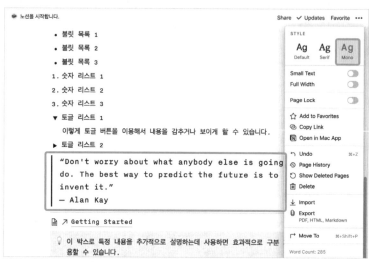

▲ 그림 4-102 Mono 서체를 선택할 때

4.4.2. 텍스트 크기 변경하기

정보가 많은 페이지를 생성하고, 관리 중이라면 불필요하게 스크롤하게 될 수 있다. 또한 다양한 블록을 편집하기 용이하지 않을 수 있기에, Small Text를 활성화해 작은 텍스트 모드로 변경하면 이러한 문제점을 해결할 수 있다. 다만 페이지를 공유할 때 일부 시력이 좋지 않은 게스트나 멤버가 있다면 추천하지 않는다.

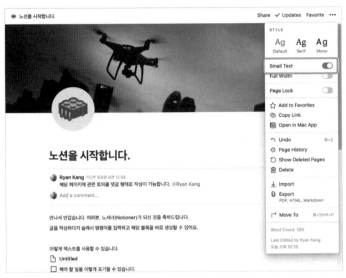

▲ 그림 4-103 Small Text를 활성화

전체 폭으로 사용하기

페이지의 단을 나눌 때 기본 폭으로는 콘텐츠를 많이 담지 못할 수 있다. 이때 Full Width를 활성화하면, 애플리케이션 또는 웹브라우저의 크기 변화에도 반응하는 전체 폭으로 사용할 수 있다.

▲ 그림 4-104 Full Width를 활성화

4.4.4. 페이지 잠그기

사용자, 게스트 또는 멤버들의 실수로 페이지의 중요한 내용이나 블록이 삭제, 이동 또는 변경될 수 있다. 이를 방지하기 위해 관리자가 변경 사항이 없는 페이지를 Page Lock으로 잠그고, 관리할 수 있다. 특히 기업이나 단체의 경우에는 가장 중요한 상위 페이지를 구성한 후에는 잠그고, 하위 페이지 중 일부 편집이 가능하도록 설정해 두는 곳도 있다.

페이지가 잠긴 것을 확인하려면 페이지 제목 오른쪽의 "Locked" 메시지를 보면 된다.

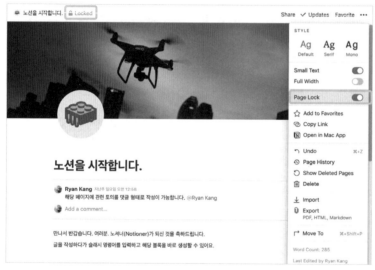

▲ 그림 4-105 페이지 잠김 여부 및 Page Lock 활성화/비활성화 설정

4.4.5. 즐겨찾기

앞에서 설명했던 즐겨찾기와 동일하다. 많은 페이지를 위계식 페이지로 관리하다 보면, 자주 들어가는 페이지를 찾는 데까지 시간이 오래 걸리기도 한다. 이러한 불편함을 없애기 위해 Add to Favorites를 클릭해 즐겨찾기에 추가하면, 사이드바의 즐겨찾기 항목에서 바로 확인하고 접근할 수 있다.

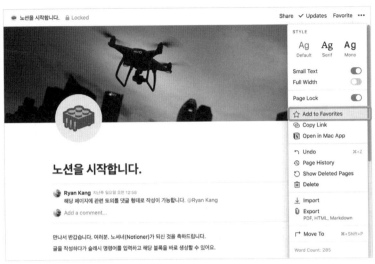

▲ 그림 4-106 Add to Favorites 활성화/비활성화를 설정

4.4.6. 페이지 URL 주소 복사하기

Copy Link를 클릭해서 현재 보고 있는 페이지의 URL 주소를 복사할 수 있다. 복사된 주소는 메일 또는 SNS 등으로 공유할 수 있으며, 공유 전 상단 메뉴 중 Share에서 페이지의 접근 설정을 해주는 것을 잊지 말자.

▲ 그림 4-107 Copy Link로 현재 페이지 주소를 복사

4.4.7. 데스크톱 애플리케이션으로 열기

웹브라우저로 Notion 페이지를 사용하고 있고, 자신의 OS에 맞는 애플리케이션이 설치되어 있다면, 바로 Notion 데스크톱 애플리케이션으로 전환해서 사용할 수 있다. 이 설정 메뉴는 브라우저로 접근했을 때만 보인다.

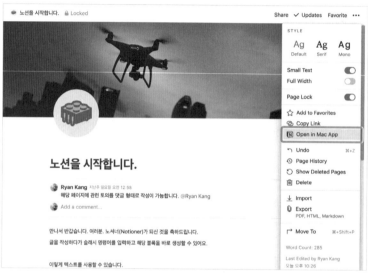

▲ 그림 4-108 웹브라우저로 사용 중이라면, 데스크톱으로 전환 가능

4.4.8. 되돌리기

글을 작성하다가 바로 이전 상태로 돌리고 싶을 때 이 메뉴를 사용할 수 있으나 매번 메뉴에서 선택하는 것은 시간을 낭비할 수 있다. 따라서 단축키 cmd(맥)/ctrl(윈도우, 리눅스)+z를 사용하는 것을 추천한다. 반대로 최근 상태로 돌리고 싶을 때(Redo)는 단축키 cmd(맥)/ctrl(윈도우, 리눅스)+Shift+z를 사용할 수 있다.

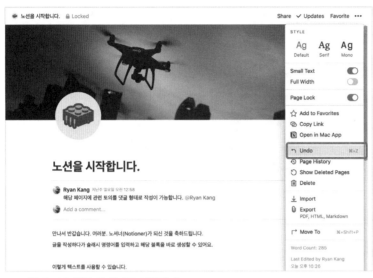

▲ 그림 4-109 방금 전 상태로 되돌리기

4.4.9. 페이지 작업 기록 보기

페이지 기록은 유료 사용자에게만 제공되는 기능이다. 최초 페이지를 생성하고 작업하는 동안 10분씩 기록하게 되는데, 개인과 팀 플랜은 30일까지의 기록을 확인할 수 있다. 무제한으로 이 기능을 사용하려고 한다면, 엔터프라이즈 플랜을 사용해야 한다.

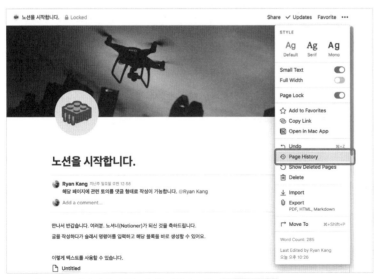

▲ 그림 4-110 페이지의 기록들을 확인할 수 있는 Page History

확인하고 싶은 기록을 클릭하면, 그 당시의 페이지 내용을 확인할 수 있다. 필요하다면 Restore Version 버튼을 클릭하여 해당 시간의 페이지 버전으로 돌아갈 수 있다.

▲ 그림 4-111 시간별로 확인이 가능하며, 해당 시간대의 페이지 상태로 변경 가능

> **TIP!**
> 만약 일부 블록만을 사용하고자 한다면, 직접 블록을 복제해서 현재 페이지에 부분적으로도 붙여넣기로 복구할 수도 있다.

4.4.10. 삭제된 페이지들 보기

페이지 안의 하위 페이지를 편집하다 보면, 실수로 삭제되거나 다시 복구하길 원하는 경우가 발생하게 된다. 이때 페이지 설정에서 Show Deleted Pages 메뉴를 선택한다.

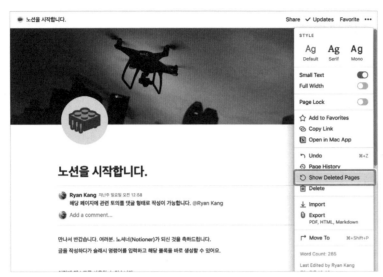

▲ 그림 4-112 Show Deleted Pages로 현재 위치에서 삭제된 페이지를 확인 가능

앞서 소개했던 휴지통이 열리고, 최근 삭제된 페이지를 볼 수 있는 In Current Page를 바로 확인할 수 있다.

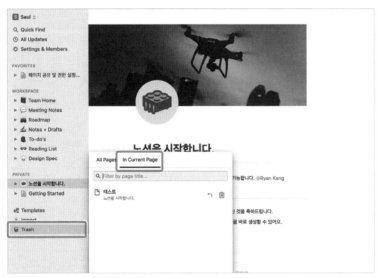

▲ 그림 4-113 휴지통에 보이는 In Current Page 탭

4.4.11. 삭제하기

현재 보고 있는 페이지를 삭제할 수 있다. 완전한 삭제가 아닌 복구가 가능하도록 휴지통으로 이동된다.

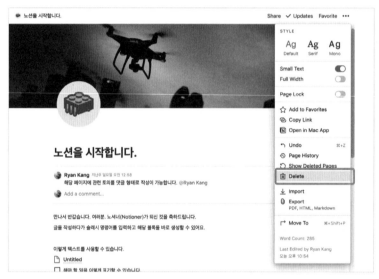

▲ 그림 4-114 현재 페이지 삭제하기

4.4.12. 불러오기

다양한 생산성 도구의 데이터들을 현재 작업하고 있는 페이지로 가져올 수 있다.

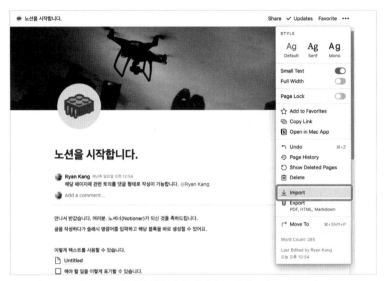

▲ 그림 4-115 다른 도구의 데이터를 현재 페이지로 가져오기

4.4.13. 내보내기

보고 있는 페이지를 내보내기 할 수 있다. 내보내기 가능한 파일은 PDF, HTML과 Markdown & CSV를 지원하고 있다.

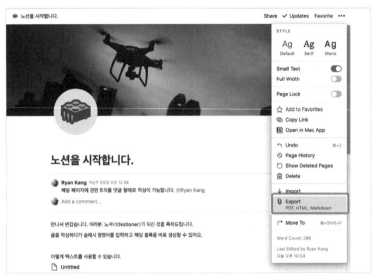

▲ 그림 4-116 Export로 현재 페이지를 내보내기

HTML과 Markdown & CSV는 현재 페이지에 포함하고 있는 모든 하위 페이지까지 내보내기를 할 수 있지만, PDF의 경우는 엔터프라이즈 플랜을 사용하는 사용자만 하위 페이지를 일괄적으로 내보낼 수 있다.

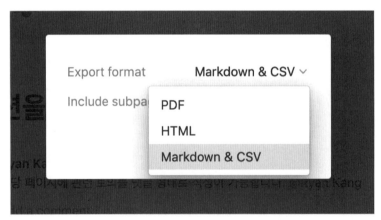

▲ 그림 4-117 내보내기 가능한 파일들

PDF를 내보내기할 때 양쪽 공간이나 빠진 내용이 보이기도 한다. 인쇄되는 내용에서 불필요하다고 빠질 수도 있지만, 사용자에 따라서 필요한 정보일 수 있다. 직접 Notion에서 내보내기를 한 PDF를 확인해 보면, 필자는 몇 가지 화면에서 보이는 것과 다른 점을 발견할 수 있었다.

직접 Notion에서 내보내기를 한 PDF의 경우

• 글씨 모양과 크기 그리고 이모지가 Notion에서 보이는 그대로가 아닌 변형된 것임을 알 수 있다.
• Discussion의 내용이나 페이지 링크와 같은 정보는 생략되어 보인다.
• 커버의 이미지 왼쪽, 오른쪽의 마진(Margin)이 상당히 많이 생략되어 보인다.

▲ 그림 4-118 PDF를 다른 방법으로 내보냈을 때 다른 결과물들

▲ 그림 4-119 PDF를 다른 방법으로 내보냈을 때 다른 결과물들

하지만 인쇄 미리 보기로 저장한 PDF는 화면에 보이는 그대로를 PDF로 출력해 주는 것을 알 수 있었다.

먼저 애플리케이션이 아닌 브라우저에서 화면을 열어 브라우저 메뉴인 File > Print를 실행시킨다. 여기서 주의할 점은, 프린트 단축키 cmd(맥)/ctrl(윈도우, 리눅스)+p 는 검색 기능인 퀵파인드(Quick Find)를 활성화한다. 따라서 직접 메뉴에서 인쇄 또는 인쇄 미리 보기를 선택한다.

▲ 그림 4-120 웹브라우저로 페이지를 열고, 브라우저 기능인 Print를 선택

프린트 설정에서 머리글/바닥글이 활성화되어 있다면, 비활성화를 시킨 후 미리 보기를 연다.

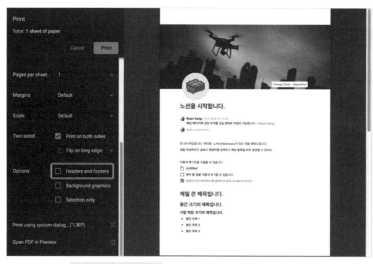

▲ 그림 4-121 Headers and footers를 끄고 미리 보기 열기

PDF를 미리 볼 수 있는 애플리케이션이 열리면, 그 상태에서 저장한다.

▲ 그림 4-122 미리 보기 중에 저장하기

직접 두 가지 방법을 경험한 후, 자신에게 맞는 방법을 선택하는 것을 추천한다. 또한 앞에서 설명한 프린트 옵션이나 PDF 뷰어가 사용자의 시스템 또는 애플리케이션에 따라 조금 다르게 진행될 수 있음을 알아 두자.

페이지 이동하기

Move to 메뉴를 클릭하면, 현재 작업 중인 페이지의 위치를 언제든 변경할 수 있다.

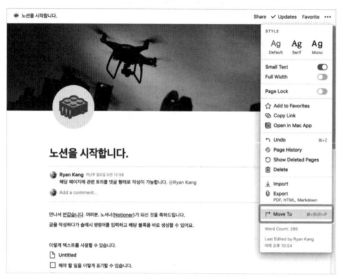

▲ 그림 4-123 현재 페이지를 다른 페이지로 이동하길 원한다면, Move to를 선택

다음과 같이 현재 보이는 페이지 목록 중에서 선택할 수 있다. 워크스페이스를 선택한다면 가장 상위의 페이지로 이동시킬 수 있어 사이드바에서 확인이 가능하며, 페이지 목록에서 선택하거나 만약 목록에 없는 특정 페이지 안으로 바로 이동하길 원한다면 검색 기능을 이용하여 페이지를 찾을 수 있다.

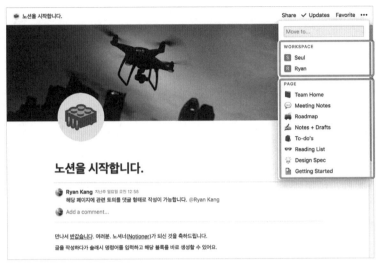

▲ 그림 4-124 이동하고자 하는 워크스페이스, 페이지로 검색 또는 선택으로 이동

4.4.15. 페이지 정보

페이지에 사용한 단어 수, 최종 편집한 사용자명과 시간을 확인할 수 있다.

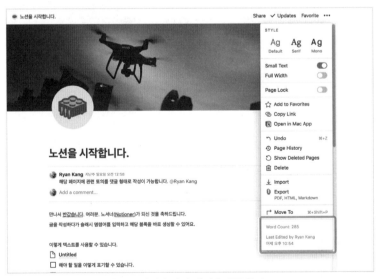

▲ 그림 4-125 단어 수와 최종 편집한 시간 및 사용자를 확인

데이터베이스로
Notion 200% 활용하기

5.1
기본 데이터베이스 개념 이해하기

데이터베이스는 작성된 데이터들을 다양한 보기 방식에 맞춰서 정리 및 관리할 수 있도록 도와주는 기능이다. 현재는 Table(테이블 - 엑셀, 스프레드시트와 유사), Board(보드─칸반 보드 및 트렐로와 유사), Calendar(캘린더), Gallery(갤러리), List(리스트) View(뷰)를 지원하고 있으며, 데이터베이스는 이 다섯 가지 뷰를 통해 데이터의 특별한 변경 없이 목적에 따라 다양하게 확인할 수 있다는 것이 큰 장점이다. 사용자가 어떻게 조합을 하느냐에 따라 목적에 맞게 효과적으로 데이터들을 관리할 수 있다는 장점이 있다. 또한 데이터베이스 역시 블록의 형태라 다른 블록들과 마찬가지로 자유롭게 편집할 수 있다.

여기에서는 테이블 뷰를 기준으로 진행한다.

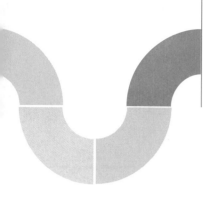

▲ 그림 5-1 데이터베이스의 기본 용어들

- Database(데이터베이스): 데이터를 이루고 있는 형태 또는 틀
- Data(데이터): 행으로 구분되는 페이지
- Value(값): 각 칸에 작성된 내용
- Property(속성): 데이터베이스의 성격을 만들어 내는 기준 요소들

한 가지 알아 두어야 할 것은, 테이블 뷰와 유사한 엑셀의 경우 모든 칸을 독립적으로 사용할 수 있지만 Notion은 행이 모두 한 페이지로 엮여 있다는 점이다.

5.1.1. 데이터베이스 생성하기

Inline(인라인)과 Full Page(풀 페이지)로 각각 두 개의 유형을 가지고 있다. 먼저 인라인 데이터 베이스를 생성해 보자.

빈 블록에 슬래시 명령어로 "/inline"을 입력한 후, 인라인 데이터베이스 목록을 확인하고 선택할 수 있다. 또는 슬래시 명령어로 데이터베이스 카테고리에서 원하는 인라인 데이터베이스를 직접 찾아서 생성도 가능하다.

▲ 그림 5-2 데이터베이스로 Notion 200% 활용하기

인라인 데이터베이스의 경우에는 동일한 페이지에서 다른 블록들과 추가로 함께 사용할 수 있으며, 데이터베이스 역시 이동 및 삭제 등 편집할 수 있다.

▲ 그림 5-3 페이지 안에서 인라인 블록과 함께 다른 블록 사용 가능

이번에는 풀 페이지 데이터베이스를 생성해 보자. 빈 블록에 슬래시 명령어로 "/full"을 입력한 후, 풀 페이지 데이터베이스를 확인하고 선택할 수 있다. 또는 슬래시 명령어로 데이터베이스 카테고리에서 원하는 풀 페이지 데이터베이스를 직접 찾아서 생성할 수도 있다.

▲ 그림 5-4 풀 페이지 데이터베이스만 목록에서 확인

풀 페이지 데이터베이스를 사용할 때 다른 블록들과 함께 사용이 불가능하다.

상위 페이지로 돌아가 보면, 하나의 독립적인 페이지를 구성하고 있는 것을 확인할 수 있다.

▲ 그림 5-5 페이지 왼쪽 상단의 이동 경로에서 상위 페이지를 선택

▲ 그림 5-6 단독 페이지로 구성된 풀 페이지 데이터베이스

따라서 데이터의 양이 많아 따로 관리하려고 한다면 풀 페이지 데이터베이스를 사용하는 것을 추천하고, 복합적으로 다른 블록들과 함께 조합하면서 사용하고자 한다면 인라인 데이터베이스를 추천한다.

또한 새로운 페이지 생성 시 원하는 템플릿을 선택하여 풀 페이지 데이터베이스를 생성할 수 있다.

▲ 그림 5-7 새로운 페이지를 생성한 후, 풀 페이지 데이터베이스로 선택 사용 가능

데이터베이스를 사용하다 보면, 사용자의 의도에 따라 두 데이터베이스의 유형을 변경해야 할 때도 있다. 인라인 데이터베이스의 경우에는 풀 페이지 데이터베이스로 변경하기 위해 오른쪽 상단의 … 데이터베이스 설정 메뉴를 클릭한다.

▲ 그림 5-8 … 데이터베이스의 설정 메뉴 위치

메뉴 목록 중에 Turn into Page를 선택한다.

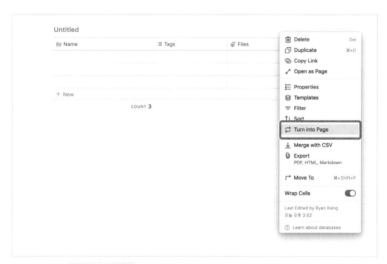

▲ 그림 5-9 Turn into Page로 풀 페이지 데이터베이스로 변경 가능

풀 페이지 데이터베이스로 변경된 단독 페이지를 확인할 수 있다.

▲ 그림 5-10 변경된 풀 페이지 데이터베이스

반대로, 풀 페이지의 경우에는 인라인 데이터베이스로 변경하기 위해 데이터베이스 페이지의 ⠿ 블록 메뉴를 클릭한 후, 메뉴 목록 중에 Turn into Inline을 선택한다.

▲ 그림 5-11 풀 페이지 데이터베이스의 블록 메뉴에서 Turn into Inline을 선택

변경된 인라인 데이터베이스를 확인할 수 있다.

▲ 그림 5-12 변경된 인라인 데이터베이스

5.1.2. 데이터 추가하기

데이터는 데이터베이스에서 각각의 블록을 말하며, 하나의 페이지 블록과 동일하다.
데이터베이스의 하단에 있는 **+New**를 클릭하면, 테이블 가장 아래에 데이터를 추가할 수 있다.

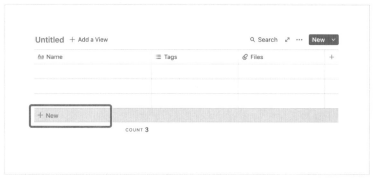

▲ 그림 5-13　**+New**로 데이터를 추가

다른 방법으로는 **New** 버튼을 클릭하면, 테이블의 가장 상위에 데이터를 추가할 수 있다. 추가 후 바로 편집할 수 있도록 페이지 화면을 바로 확인할 수 있다.

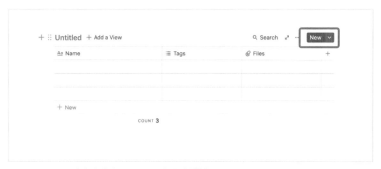

▲ 그림 5-14　데이터베이스 오른쪽 상단의 New 버튼으로 데이터를 추가

▲ 그림 5-15 버튼을 클릭한 후, 바로 데이터 값 작성이 가능한 페이지를 확인

5.1.3. 속성 추가하기

🔗 예제 링크 http://bit.ly/2MNf7Og
(주소로 들어가 페이지 오른쪽 상단에 "Duplicate"로 복제해서 사용해야 편집할 수 있다.)

속성은 데이터베이스의 가장 핵심이 되는 요소이며, 속성 성격에 따라 입력되는 데이터 형태가 결정된다. 또한 이후에 언급될 고급 속성인 Relation(연계형)과 Rollup(집합형)의 데이터 재활용에 큰 역할을 한다.

또한 속성은 단순히 텍스트가 아닌 해당 기능과 연관하여 바로 수행할 수 있다. 다시 말해, 전화의 경우 컴퓨터에 전화 기능의 소프트웨어가 있다면 바로 연결할 수 있고, 이메일의 경우는 설정해 둔 기본 이메일 소프트웨어를 바로 실행할 수도 있다.

가장 기본이 되는 테이블을 기준으로 공통적인 속성들을 알아보고, 나머지 뷰 중에 추가적으로 설명이 필요한 속성 기능은 별도로 알아볼 예정이다.

첫 번째로, +버튼으로 속성을 상당히 빠르게 추가할 수 있으며, 가장 일반적으로 속성을 추가하는 방법이다. 데이터베이스 뷰 유형에 따라 +New로도 보인다.

대부분의 데이터베이스 마지막에 **+** 또는 **+ New** 버튼을 확인하고 클릭한다.

▲ 그림 5-16 + 버튼으로 속성을 추가

속성 이름을 작성하고, 여러 속성 유형 중 하나를 선택할 수 있다.

▲ 그림 5-17 속성 유형 및 선택 과정

두 번째 방법으로는, 속성의 위치를 변경하지 않고 바로 원하는 자리에 속성을 끼워 넣는 방법으로 추가할 수 있다.

새로운 속성을 추가할 주변의 속성 이름을 클릭하고, 메뉴 중에 Insert Left, Insert Right 중 하나를 선택하여 왼쪽 또는 오른쪽에 새로운 속성을 추가할 수 있다.

▲ 그림 5-18 Insert Left 또는 Insert Right로 속성 끼워 넣기

추가된 속성 이름을 클릭한 후, 속성 이름과 유형을 수정해서 사용할 수 있다.

▲ 그림 5-19 속성 이름 및 유형 변경

▲ 그림 5-20 변경된 속성 이름 및 유형

마지막으로, 데이터베이스 메뉴에서 속성을 추가할 수 있다. 이 방식으로 추가할 경우, 추가뿐만 아니라 모든 속성을 확인하고 바로 편집할 수 있다는 장점이 있다.

오른쪽 상단의 ⋯ 데이터베이스 설정 메뉴를 클릭한 후, Properties를 선택한다.

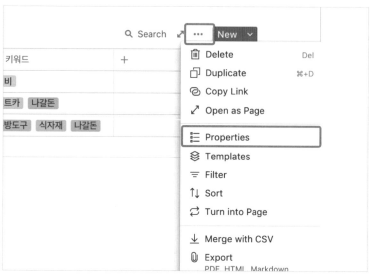

▲ 그림 5-21 데이터베이스 메뉴에서 Properties를 선택

+ Add a property 버튼을 클릭하여 속성을 추가한다.

▲ 그림 5-22 속성 추가하기

속성 이름을 작성하고, 여러 속성 유형 중 하나를 선택할 수 있다.

▲ 그림 5-23 속성을 추가한 후, 이름 및 유형 입력이 가능한 모습

5.1.4. Calculate(계산하기)

🔗 예제 링크 http://bit.ly/2MNf7Og

　　　　　(주소로 들어가 페이지 오른쪽 상단에 "Duplicate"로 복제해서 사용해야 편집할 수 있다.)

데이터베이스의 세로 열의 개수나 데이터를 계산할 수 있는 기능이다.

+ New 밑으로 마우스의 위치를 가져가면, 숨겨져 있던 계산 기능들을 확인할 수 있다. 클릭하면 다양한 방식의 연산을 할 수 있는 연산 메뉴들을 확인할 수 있다. 다만, 있는 기능만 사용할 수 있어 엑셀보다 자유도가 낮다는 단점이 있다.

원하는 속성에서 Calculate를 선택하고, 원하는 계산을 위한 옵션을 선택하면 된다.

▲ 그림 5-24 데이터베이스 하단에 위치한 Calculate

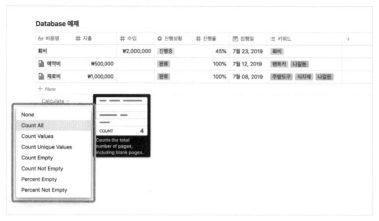

▲ 그림 5-25 다양한 계산을 위한 옵션들

속성 데이터 연산이 가능한 메뉴들은 다음과 같다.

문자 속성을 계산할 수 있는 메뉴

- None: 연산을 사용하지 않는다.
- Count All: 데이터 행의 총 개수를 알 수 있다.
- Count Values: 데이터 값의 총 개수를 알 수 있다.
- Count Unique Values: 중복되지 않은 데이터 값의 총 개수를 알 수 있다.
- Count Empty: 사용하지 않는 데이터 행의 총 개수를 알 수 있다.
- Count Not Empty: 사용하고 있는 데이터 행의 총 개수를 알 수 있다.
- Percent Empty: 사용하지 않는 데이터 행의 %를 알 수 있다.
- Percent Not Empty: 사용하고 있는 데이터 행의 %를 알 수 있다.

▲ 그림 5-26 데이터 값의 계산 결과들

숫자 속성을 계산할 수 있는 메뉴

- Sum: 모든 데이터 값의 합을 알 수 있다.
- Average: 평균 데이터 값을 알 수 있다.
- Median: 데이터의 중앙값을 알 수 있다.
- Min: 데이터의 최솟값을 알 수 있다.
- Max: 데이터의 최댓값을 알 수 있다.
- Range: 최솟값에서 최댓값을 제외한 데이터 값을 알 수 있다.

▲ 그림 5-27 "지출" 속성의 값을 계산한 결과

날짜 속성을 계산할 수 있는 메뉴

- Earliest Date: 오늘 기준으로 가장 오래된 날까지 며칠이 지났는지 알 수 있다.
- Latest Date: 오늘 기준으로 가장 최근 날까지 며칠이 지났는지 알 수 있다.
- Date Range: 가장 오래된 날부터 가장 최근 날까지 며칠이 소요되었는지 알 수 있다.

▲ 그림 5-28 "집행일" 속성값을 계산한 결과

🔗 **예제 링크** http://bit.ly/2MNR69F
(주소로 들어가 페이지 오른쪽 상단에 "Duplicate"로 복제해서 사용해야 편집할 수 있다.)

뷰 추가는 데이터베이스 제목 오른쪽의 **+ Add a View**를 클릭하면, 총 다섯 개의 뷰를 확인할 수 있다. 뷰 이름을 작성하고 뷰의 유형을 선택한 후, **Create** 버튼을 클릭해서 새로운 뷰를 생성할 수 있다.

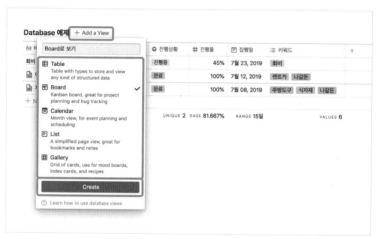

▲ 그림 5-29 뷰 추가 설정 화면

모든 뷰를 하나씩 경험하면서 사용해 보자.

테이블 뷰는 우리가 잘 알고 있는 스프레드시트 문서 파일에 사용하는 그리드(Grid) 형태의 양식을 말한다. Notion에서도 많이 사용되는 테이블 뷰는 엑셀이나 구글드라이브의 스프레드시트와 유사한 기능을 가지고 있다. 방대한 양의 데이터를 깔끔하게 정리할 수 있는 테이블 뷰는 입력된 데이터와 함께 다양한 포뮬러(Formula)를 사용하여 자동화된 데이터를 운영할 수 있는 장점이 있다.

▲ 그림 5-30 필자가 테이블 뷰를 활용하는 예제

테이블 뷰에서는 보통 데이터 값이 칸보다 길어질 경우 데이터가 잘려 보일 수 있다. 데이터를 모두 보이기 위해 "Wrap Cells"(자동 줄 바꿈)를 사용할 수 있다. 기본 설정은 활성화가 되어 있다.

⋯ 데이터베이스 설정 메뉴를 클릭하고, "Wrap Cells"를 활성화 또는 비활성화할 수 있다.

▲ 그림 5-31 "Wrap Cells" 비활성화로 테이블에 가려진 값

활성화할 때 데이터의 열 기준으로 행의 크기가 세로로 늘어나지만, 모든 데이터를 확인할 수 있다.

▲ 그림 5-32 Wrap Cells를 활성화한 후, 자동 줄 바꿈으로 모든 데이터가 확인 가능

상호작용적으로 업무 일정을 효과적으로 관리하는 칸반 보드 또는 트렐로와 유사한 보드 뷰는 협업에서 상당히 유용한 기능이다. 반드시 협업이 아닌 개인 일정 관리 역시 보드 뷰로도 진행할 수 있다. 또한 각각의 데이터들은 미리 보기가 가능한 카드 보기 방식과 드래그 앤 드롭으로 원하는 곳으로 빠르고 손쉽게 이동시킬 수 있으며, 업무 진행 상황을 한눈에 쉽게 확인할 수 있다는 장점이 있다.

▲ 그림 5-33 필자가 보드 뷰를 활용하는 예제

먼저 보드 뷰를 추가한다.

▲ 그림 5-34 추가된 보드 뷰

보드 뷰에서도 카드형 데이터를 언제든 드래그 앤드 드롭으로 자유롭게 다른 태그들로 이동할 수 있다.

▲ 그림 5-35 카드형 데이터를 드래그 앤드 드롭으로 자유롭게 데이터 이동 및 변경

또한 태그를 사용하는 속성 기준으로 "Group By"(그룹 정렬)로 변경 가능하고, 보드 뷰에서만 사용이 가능하다. 예제에서는 태그를 사용한 속성은 두 가지(키워드, 진행 상황)를 사용하였다. "진행 상황" 속성에서 "키워드" 속성으로 변경을 진행할 수 있다.

⋯ 데이터베이스 설정 메뉴를 클릭하고, Group By를 선택한다.

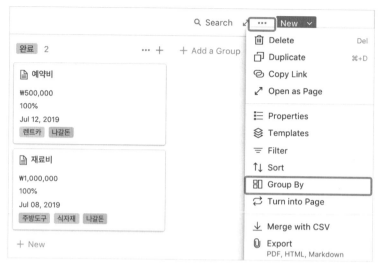

▲ 그림 5-36 데이터베이스 메뉴에서 Group By를 선택

그룹 정렬 기준을 바꿀 수 있는 목록들을 확인할 수 있다. "키워드" 속성으로 변경하자마자 키워드 기준으로 정렬하고 있는 것을 알 수 있다.

▲ 그림 5-37 "진행 상황" 속성에서 "키워드" 속성으로 변경

▲ 그림 5-38 "키워드" 속성 기준으로 정리된 보드 뷰

또한 페이지에 이미지 콘텐츠가 담겨 있을 경우, 보드 뷰나 갤러리 뷰에서 미리 보기가 가능하도록 설정에서 변경할 수 있다.

▲ 그림 5-39 커버 또는 이미지 콘텐츠가 담겨 있는 페이지

… 데이터베이스 설정 메뉴를 클릭하고, Properties를 선택한다.

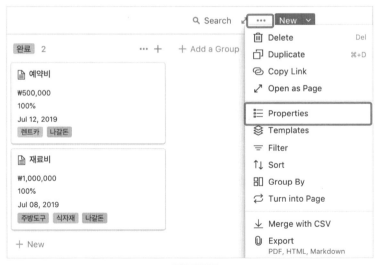

▲ 그림 5-40 데이터베이스 메뉴에서 Properties를 선택

"Card Preview"는 기본적으로 None으로 설정되어 있다. 목록에서 콘텐츠 또는 커버 이미지 옵션을 선택해서 미리 보기할 수 있다.

▲ 그림 5-41 "Card Preview"에서 선택 가능한 미리 보기 옵션들

▲ 그림 5-42 Page Content를 미리 보기로 설정한 예

갤러리는 기본적으로 "Page Preview"에서 **Page Contents**로 설정되어 있어, 이미지 중심의 데이터들을 미리 보기 형태로 빠르게 데이터를 찾고 사용할 수 있다는 장점이 있다. 제품이나 회사 포트폴리오, 벤치마킹 및 자료 조사, 앨범 등 다방면으로 활용할 수 있다.

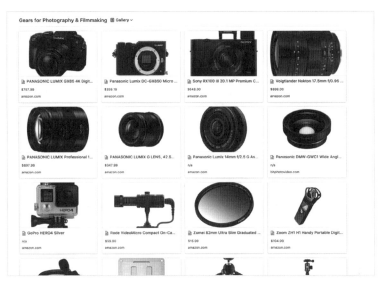

▲ 그림 5-43 필자가 갤러리 뷰를 활용하는 예제

먼저, 갤러리 뷰를 추가한다.

갤러리의 경우 미리 보기 이미지가 큰 역할을 하기 때문에, 이미지 보기 관련 기능을 적절히 사용하면 의도한 갤러리를 구성할 수 있다. 먼저 이미지 비율에 따라 원하는 이미지가 안 보일 수 있다. 특히 세로형 이미지를 사용하면, 이런 현상이 있을 수 있다.

이미지에 마우스 포인터를 올려놓으면 Reposition을 클릭할 수 있고, 이미지가 보이는 위치를 드래그 앤드 드롭으로 수정할 수 있다.

▲ 그림 5-44 Reposition으로 미리 보기의 이미지 위치 수정

또한 각 데이터의 카드 크기를 결정할 수 있는데, 앞에서 언급했던 보드 뷰에서도 사용할 수 있다.

… 데이터베이스 설정 메뉴를 클릭하고, Properties를 선택한다.

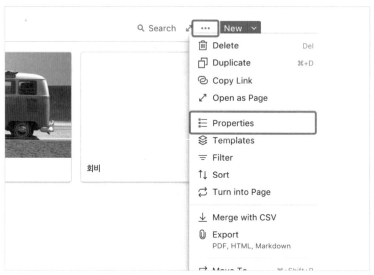

▲ 그림 5-45 데이터베이스 메뉴에서 Properties를 선택

"Card Size"에서 기본 Medium 대신 Small이나 Large를 선택해서 데이터의 크기를 줄일 수 있다.

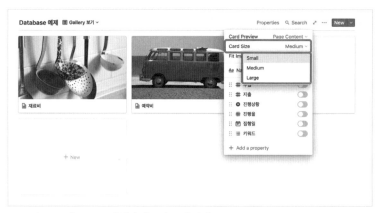

▲ 그림 5-46 "Card Size"에서 카드의 크기 선택

또한 Fit Image를 활성화시키면, 비율과 상관없이 미리 보기 칸에 이미지를 모두 보여 줄 수 있다. 다만 상하좌우로 빈 공간이 발생할 수 있다. 깔끔하게 정리되어 보이지 않을 수 있어, 이미지가 반드시 전체 보기가 필요한 경우에만 사용하는 것을 권장한다.

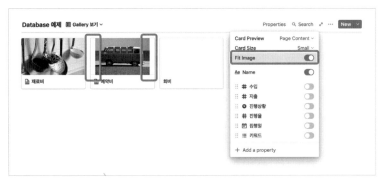

▲ 그림 5-47 "Fit Image" 활성화로 미리 보기 이미지를 빈 공간 없이 사용 가능

리스트 뷰는 일종의 카테고리가 유사한 페이지 간의 묶음 또는 목록을 의미한다. Notion을 사용하다 보면 많은 페이지 블록을 추가하고 배치하게 되는데, 정리하기가 여간 까다로운 것이 아니다. 하지만 목록을 이용하면 유사한 카테고리로 관리하기 편하며, 다양한 필터를 사용하여 단순히 페이지 제목으로만 목록을 정리하는 것이 아니라 다양한 설정과 필터를 통해 세분화하여 목록을 제작할 수 있다.

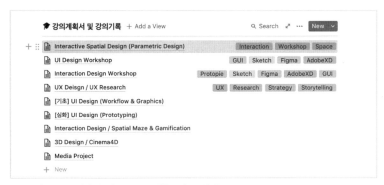

▲ 그림 5-48 필자가 리스트 뷰를 활용하는 예제

먼저 리스트 뷰를 추가한다. 리스트 뷰는 기본적으로 데이터베이스 메뉴에서 필요한 속성을 활성화/비활성화하여 리스트 뷰에서 보이게 또는 보이지 않게 할 수 있다.

⋯ 데이터베이스 설정 메뉴를 클릭하고, Properties를 선택한다.

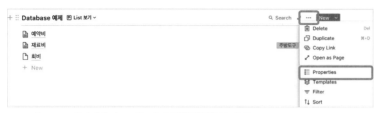

▲ 그림 5-49 데이터베이스 메뉴에서 Properties를 선택

속성을 활성화하면, 리스트 뷰에서 바로 확인할 수 있다.

▲ 그림 5-50 속성을 활성화시킬 경우, 데이터베이스에서 확인 가능

캘린더 뷰는 우리가 잘 알고 있는 구글 캘린더 또는 기본 시스템의 캘린더 소프트웨어와 유사하다. 사용할 데이터의 날짜 또는 일정이 중요한 부분을 차지하고 있다면, 캘린더를 이용하여 더욱더 쉽게 데이터를 관리할 수 있다. 날짜의 데이터를 일일이 숫자로 변경하지 않아도 캘린더 뷰로 손쉽게 변경할 수 있다는 장점이 있다.

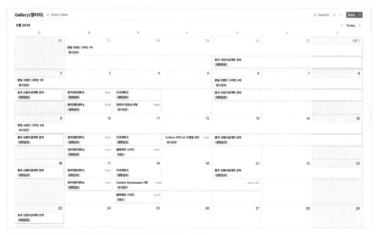

▲ 그림 5-51 필자가 캘린더 뷰를 활용하는 예제

먼저, 캘린더 뷰를 추가한다. 캘린더 뷰에서 바로 간편하게 일정을 입력할 수 있다.

마우스를 원하는 날에 올려 두고 + 버튼을 클릭하면, 페이지를 생성하고 내용을 작성할 수 있다.

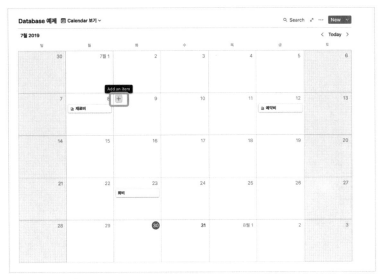

▲ 그림 5-52 + 버튼으로 일정을 생성

일정을 선택한 후, 드래그 앤드 드롭으로 자유롭게 이동이 가능하다.

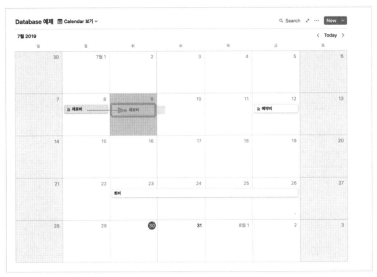

▲ 그림 5-53 일정을 선택한 후, 드래그 앤드 드롭으로 일정 이동

일정의 왼쪽이나 오른쪽 끝을 클릭한 상태에서 드래그 앤드 드롭으로 기간을 늘리거나 줄이는 것도 가능하다.

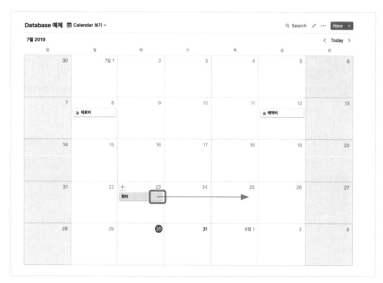

▲ 그림 5-54 일정 데이터 끝을 클릭한 상태로 이동하여 기간 설정

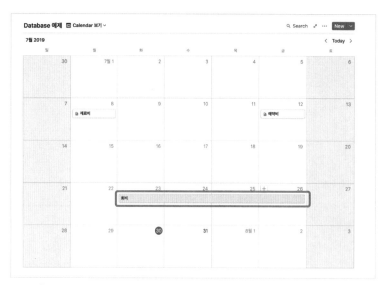

▲ 그림 5-55 기간 설정이 완료된 일정 데이터

캘린더 뷰 역시 보드 뷰와 마찬가지로 두 개 이상의 캘린더 속성을 가지고 있다면, 속성 기준을 변경하면서 확인할 수 있다.

··· 데이터베이스 설정 메뉴를 클릭하고, Calendar By를 선택한다. 캘린더 속성 목록이 보이면, 원하는 정렬 기준을 변경할 수 있다.

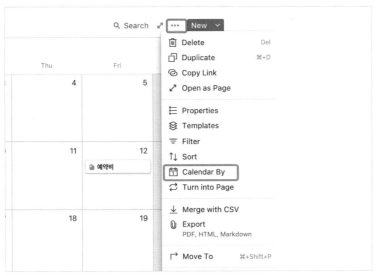

▲ 그림 5-56 데이터베이스 메뉴에서 Calendar By를 선택

TIP!

캘린더 뷰의 경우 제목 색상을 별도로 지정하기 어려워, 일정이 많다면 보기 어려울 수 있다. 페이지에 이모지를 이용하면 좀 더 빠르게 구분할 수 있다.

▲ 그림 5-57 이모지가 적용된 일정 데이터

🔗 예제 링크) http://bit.ly/2MPEKOq
(주소로 들어가 페이지 오른쪽 상단에 "Duplicate"로 복제해서 사용해야 편집할 수 있다.)

앞에서도 언급했던 것처럼 하나의 데이터(행)는 곧 하나의 페이지 블록과 동일하다고 생각하면
된다. 제일 선두에 있는 Name은 페이지 그 자체이고, 그 뒤로 추가하는 속성을 어떤 것을 사용했
느냐에 따라 데이터베이스의 성격을 결정할 수 있으며, 다른 데이터들을 묶는 기준이 되기도 한
다. 또한 속성에 대한 개념을 이해했다면, 연계형, 집합형 속성을 통해 데이터를 반복해서 제작
하지 않고도 재활용할 수 있다. 데이터베이스를 틀이라고 생각하면, 속성은 성격을 만들 수 있는
것이다. 먼저 기본 속성을 알아보자.

Title(제목)

제목의 경우에는 하나의 데이터를 만드는 데 필수적인 속성이며, 페이지의 제목 역할을 한다. 데
이터베이스를 생성하면, 기본으로 "Name"이라는 속성 이름을 갖는다. 다른 속성들처럼 위치 변
경이나 이름은 변경이 가능하지만, 삭제가 불가능하다.

제목을 입력할 때는 해당 데이터 칸을 클릭하고, 바로 입력할 수 있다.

▲ 그림 5-58 데이터의 제목을 입력한 모습

마우스 포인터를 데이터 제목에 올려 두면, 오른쪽의 Open 버튼을 클릭해서 페이지처럼 열고
편집할 수 있다. 긴 내용이나 다른 블록들의 사용을 원한다면, 페이지에서 편집하는 것을 추천한
다.

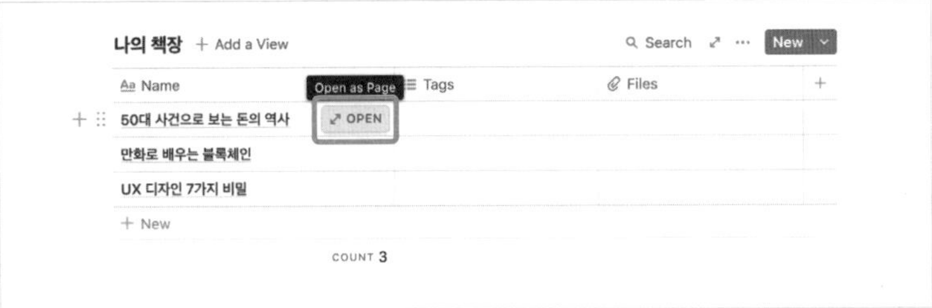

▲ 그림 5-59 Open 버튼으로 데이터를 편집

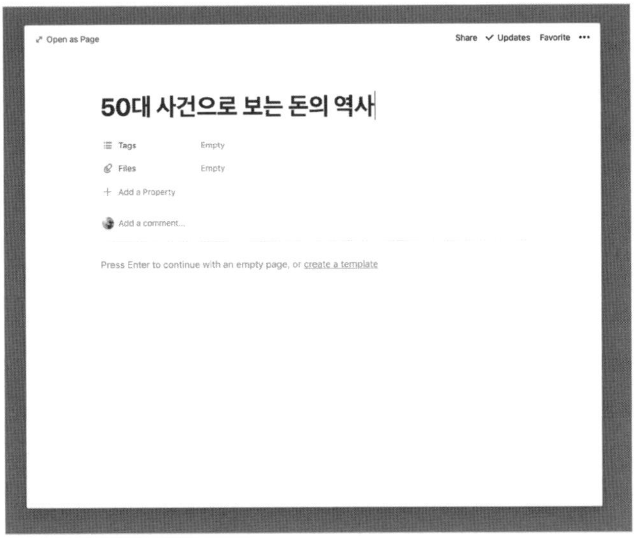

▲ 그림 5-60 편집 가능한 팝업 창으로 열리는 데이터

Text(텍스트)

일반 텍스트를 입력할 수 있으며, 각 데이터에 필요한 설명이나 비고와 같은 내용을 작성할 수도 있다. 너무 많은 텍스트는 사용하지 않는 것을 추천한다. 많은 내용을 이곳에 담는다면, 테이블의 크기가 불필요하게 늘어나서 다른 데이터를 보기 어려워질 수 있다. 만약 자세한 설명이 필요하다면, 앞에서 언급했던 데이터 제목에서 Open 버튼을 눌러 페이지에 내용을 작성하는 것을 추천한다.

해당 칸을 클릭하고, 바로 입력할 수 있다.

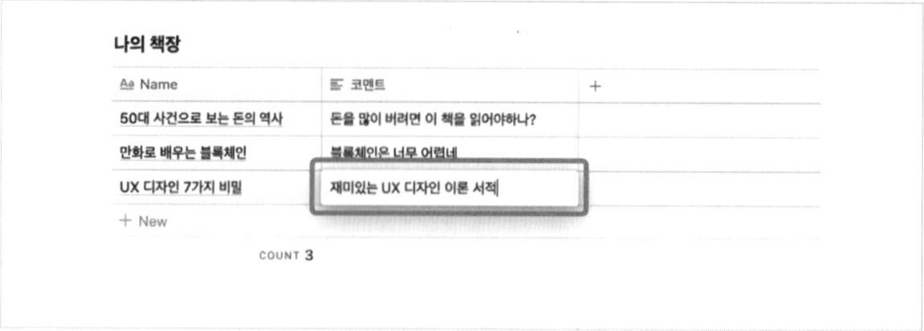

▲ 그림 5-61 짧은 텍스트가 입력된 "Text" 속성 유형

Number(수)

수는 말 그대로 숫자 값들을 작성할 수 있으며, 여러 보기 형태로 관리가 가능하다.

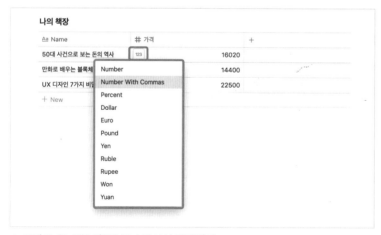

▲ 그림 5-62 숫자 데이터 입력이 가능한 "Number" 속성 유형

마우스 포인터를 값에 올려 놓으면, 왼쪽의 123 버튼을 클릭해서, 숫자 표시 옵션을 사용할 수 있다.

▲ 그림 5-63 123 버튼으로 숫자 표시 옵션 변경

- Number: 기본 형태로 단순히 숫자로만 나열된 형태를 말한다.
- Number with Commas: 100 단위로 콤마(,)를 보여 주면서 숫자를 좀 더 편하게 읽을 수 있도록 해 준다.
- Percent: %로 비율, 확률 등 표기가 가능하다.
- Dollar, Euro, Pound, Yen, Ruble, Rupee, Won, Yuan: 각 나라의 화폐 단위를 수 앞에 붙여서 사용할 수도 있다. 현재 지원되는 화폐들은 달러(미국), 유로(유럽연합), 파운드(영국), 엔(일본), 루블(러시아), 루피(인도), 원(한국), 위안(중국)이다. 한 가지 흥미로운 사실은 초기에는 원화가 없었지만, 현재 한국은 전 세계 2위를 기록할 만큼 Notion 사용자가 많아졌다는 점이다. Notion 한국 사용자가 많아지면서 배려 차원에서 추가되었다.

Select(선택)

태그와 유사하게 사용할 수 있으며, 하나의 칸에 하나의 태그만 사용할 수 있다. 태그마다 각각 다른 색을 사용할 수 있어 인지하는 데 도움을 준다.

▲ 그림 5-64 하나의 태그를 선택 및 사용한 "Select" 속성 유형

비어 있는 속성 칸을 클릭하면 다음과 같이 팝업 창이 뜨고, 직접 새로운 태그를 입력하고 Create를 클릭하면 새로운 태그를 생성할 수 있다.

▲ 그림 5-65 새로운 태그 작성

또는 이미 입력된 태그를 클릭하여 다른 태그로 선택할 수 있다. 한 번 입력된 태그는 태그 목록에서 언제든 선택해서 사용할 수 있고, 선택이 아닌 새로운 태그를 입력할 경우 입력한 태그로 대체된다.

▲ 그림 5-66 기존 태그에서 변경 또는 추가

태그 왼쪽에 있는 ⠿ 태그 메뉴를 클릭하고, 드래그해서 순서를 변경할 수 있다.

▲ 그림 5-67 ⠿ 태그 메뉴로 순서 변경

태그 왼쪽에 있는 ⋯ 태그 설정 메뉴를 클릭해서, 태그 편집을 진행할 수 있다. 태그 이름 변경, 삭제, 태그 색 변경을 진행할 수 있다.

▲ 그림 5-68 ⋯ 태그 설정 메뉴를 선택한 후, 이름 변경, 삭제, 색 변경

Multi-Select(복수 선택)

앞에서 언급했던 "Select" 속성과 기능적으로 동일하나 복수의 태그를 사용할 수 있다. 태그 추가
및 편집은 Select와 동일하다.

▲ 그림 5-69 "Select"와 동일하지만, 복수의 태그를 사용할 수 있는 "Multi-Select"

Date(날짜)

날짜의 속성을 활용할 수 있으며, "Date or Reminder(날짜와 알림)" 챕터와 동일한 방법으로 사용할 수 있다.

▲ 그림 5-70 캘린더로 날짜와 시간, 알림 등을 사용

Person(게스트 및 멤버)

게스트 및 멤버를 표시할 수 있는 속성이며, 해당 데이터의 담당자를 표시하는 데 활용할 수 있다. "Mention a People(특정 게스트 및 멤버 언급하기)" 챕터와 동일하게 사용할 수 있다.

▲ 그림 5-71 특정 게스트나 멤버들을 지정한 모습

빈 Person 속성 칸을 클릭하면, 등록된 게스트 및 멤버 목록에서 선택할 수 있다. 만약 초대가 안 된 게스트 및 멤버라면, 먼저 페이지 또는 계정 설정에서 초대한 후 목록에서 확인할 수 있다.

▲ 그림 5-72 직접 추가 또는 목록에서 선택 가능

File & Media(파일 및 미디어)

데이터와 관련된 다양한 미디어 및 파일 등을 첨부할 수 있다.

빈칸을 클릭해 + Add a File or Image를 선택한 후, Embed Link 탭을 클릭하여 파일이나 미디어 파일의 경로를 입력하는 방법이다. 업로드할 파일이 웹상에 존재한다면, 이 방법을 추천한다.

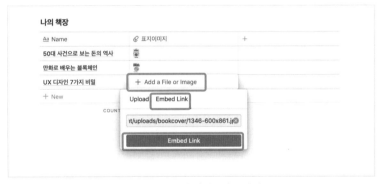

▲ 그림 5-73 파일이나 이미지를 데이터에 임베드하는 과정

업로드할 파일이 자신의 컴퓨터에 있다면 파일을 업데이트할 빈칸을 선택한 후, Choose a File 버튼을 클릭하여 원하는 파일을 업로드하거나 또는 간단하게 컴퓨터에 있는 파일을 드래그 앤드 드롭으로 원하는 칸에 가져다 놓는 방법도 있다.

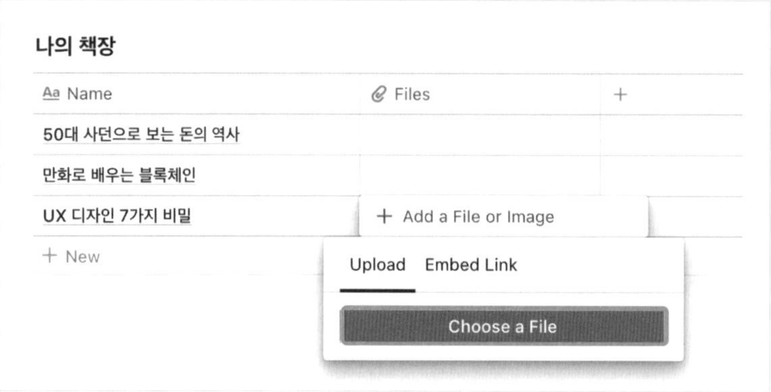

▲ 그림 5-74 Choose a File 버튼으로 파일 업로드

▲ 그림 5-75 내 컴퓨터에서 드래그 앤드 드롭으로 업로드

첨부된 파일들을 간단하게 편집할 수 있다. 태그 왼쪽에 있는 ⠿ 메뉴를 클릭해 드래그해서 순서를 변경할 수 있다. 각 파일 오른쪽의 ⋯ 파일 설정 메뉴를 클릭하여, 다음과 같은 편집 기능을 사용할 수 있다.

▲ 그림 5-76 ⋯ 파일 설정 메뉴로 파일 설정 가능

▲ 그림 5-77 ··· 이미지 설정 메뉴로 이미지 설정 가능

- Full Screen: 전체 화면으로 보기(이미지와 미리 보기가 가능한 파일에만 해당한다.)
- Download: 다운로드하기(직접 올린 경우에만 해당한다.)
- View Original: 파일이 저장된 곳 또는 원본이 있는 곳으로 이동해서 보기
- Rename: 파일명 변경하기
- Delete: 삭제하기

Checkbox(체크박스)

"네", "아니요"와 같은 논리의 데이터가 필요할 때 체크박스가 유용하다. 비활성화된 체크박스를 클릭하면 활성화가 되고, 반대로 활성화된 체크박스를 비활성화시킬 수 있다.

▲ 그림 5-78 활성화 또는 비활성화로만 값을 입력할 수 있는 "Checkbox" 속성 유형

URL(웹 주소)

제목이나 텍스트처럼 빈칸에 URL 주소를 입력할 수 있다.

▲ 그림 5-79 사이트 주소로 바로 이동이 가능한 "URL" 속성 유형

단순히 URL 주소를 입력하는 것이 아니라, 실제로 데이터로 사용할 때 해당 링크로 바로 이동할 수 있다. 칸의 오른쪽 상단에 있는 체인 모양의 아이콘인 Open Link를 클릭하면, 기본 브라우저에서 바로 해당 URL로 이동할 수 있다.

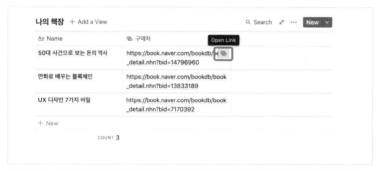

▲ 그림 5-80 오른쪽 체인 모양의 아이콘을 클릭한 후, 바로 브라우저에서 확인 가능

Email(이메일)

제목이나 텍스트처럼 빈칸에 이메일 주소를 입력할 수 있다.

▲ 그림 5-81 이메일 쓰기로 바로 이동이 가능한 "Email" 속성 유형

단순히 텍스트로 이메일 주소를 입력하는 것이 아니라, 실제 데이터로 사용할 때 빠르게 메일을 작성할 수 있다.

칸 오른쪽의 @ 아이콘인 Send Email을 클릭하면, 기본 이메일 소프트웨어에서 바로 해당 이메일을 보낼 수 있도록 활성화된다.

▲ 그림 5-82 오른쪽 @ 버튼을 클릭하면, 이메일 작성이 가능한 앱 실행

Phone(전화)

제목이나 텍스트처럼 빈칸에 전화번호를 입력할 수 있다.

▲ 그림 5-83 전화 걸기가 가능한 "Phone" 속성 유형

단순히 텍스트로 전화번호를 입력하는 것이 아니라, 실제 데이터로 사용할 때 빠르게 전화를 사용할 수 있다.

칸의 오른쪽에 전화기 아이콘인 Call을 클릭하면, 기본 전화나 특정 채팅 소프트웨어에서 바로 해당 전화를 걸 수 있도록 활성화된다.

▲ 그림 5-84 오른쪽 수화기 아이콘을 클릭하면, 전화 가능한 앱 실행

5.1.7. 속성 편집하기

🔗 예제 링크 http://bit.ly/2MNR69F
(주소로 들어가 페이지 오른쪽 상단에 "Duplicate"로 복제해서 사용해야 편집할 수 있다.)

기존 데이터 속성 이름을 클릭한다.

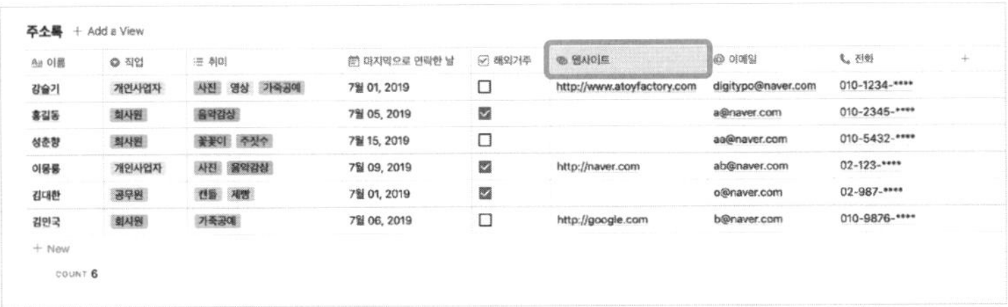

▲ 그림 5-85 편집하려는 속성 선택

속성을 추가할 때와 동일한 속성 메뉴 창이 뜨고, 속성 이름과 유형들을 변경할 수 있다.

▲ 그림 5-86 속성 이름 및 유형 변경

속성 변경 시 주의할 점으로 전혀 연관성이 없는 속성 유형으로 변경할 때 데이터 손실이 있을 수 있다. 하지만 속성 변경 이후에 데이터의 변경이 없는 상태에서 다시 이전 속성으로 변경하면 데이터를 복구시킬 수 있다.

5.1.8. 속성 위치 변경하기

위치를 변경하려는 속성의 이름을 클릭한 상태에서, 원하는 속성들 사이에 드래그 앤드 드롭으로 위치시킬 수 있다.

▲ 그림 5-87 속성 이름을 클릭한 상태에서 드래그 앤드 드롭으로 위치 이동

▲ 그림 5-88 위치가 변동된 속성

5.1.9. 속성 칸 크기 변경하기

속성 칸이 너무 작아서 데이터가 안 보이거나 불필요하게 클 경우, 칸과 칸 사이의 경계선을 마우스를 클릭 후 드래그 앤드 드롭으로 크기를 변경할 수 있다.

▲ 그림 5-89 칸과 칸 사이의 경계선을 클릭한 후, 드래그 앤드 드롭으로 테이블 크기 변경

5.1.10. 속성 숨기기와 보이기

목적에 따라 속성을 데이터베이스에서 보이게 하거나 숨길 수 있다.

속성 메뉴에서 숨기기

특정 속성을 숨기기 원한다면, 숨길 속성 이름을 클릭하고 Hide를 선택한다.

▲ 그림 5-90 속성 이름을 선택한 후, Hide로 속성 숨기기

··· 데이터베이스 설정 메뉴에서 보이기와 숨기기

··· 데이터베이스 설정 메뉴를 클릭한 후, Properties를 선택한다.

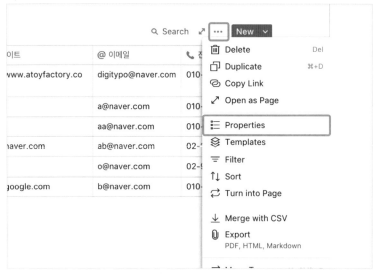

▲ 그림 5-91 데이터베이스 메뉴에서 Properties를 선택

보이게 하고 싶은 속성을 활성화시키거나 숨기게 하고 싶은 속성을 비활성화시킬 수 있다.

▲ 그림 5-92 원하는 속성을 활성화/비활성화로 숨기거나 보이도록 설정 가능

데이터베이스의 Templates는 반복적으로 사용되는 데이터가 있다면, 굉장히 유용한 기능이다. 예를 들어 100명의 데이터 속성이 중복되는 내용일 때, 템플릿을 추가하고 불러와서 부분적으로 수정한다면 시간 절약에 상당한 도움을 줄 것이다.

… 데이터베이스 설정 메뉴를 클릭하고, Templates를 선택한다.

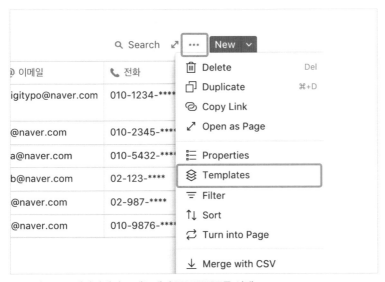

▲ 그림 5-93 데이터베이스 메뉴에서 Properties를 선택

+ New Template을 선택한다.

▲ 그림 5-94 + New Template을 선택

새 창이 뜨면 데이터 템플릿의 이름을 생성하고, 공통으로 사용할 속성들과 페이지에 내용을 입력한 후에 ← Back 버튼을 클릭해 나간다.

▲ 그림 5-95 데이터 템플릿 편집 화면

데이터베이스로 돌아오자마자 New 버튼의 화살표를 클릭하면 데이터 템플릿이 생성된 것을 알수 있으며, 방금 제작된 데이터 템플릿을 선택한다. (하나의 데이터 템플릿을 생성하게 되면, 자동으로 "Empty Page"(빈 데이터 템플릿)도 생성된다.)

▲ 그림 5-96 데이터 템플릿 목록에서 추가한 데이터 템플릿 선택

템플릿에 작성한 속성 값이나 내용의 데이터를 생성할 수 있다.

▲ 그림 5-97 선택한 데이터 템플릿에 작성된 속성이나 기타 내용이 담긴 데이터 생성

5.1.12. Filter(필터)

필터는 속성에 여러 조건을 걸어서 필요한 데이터를 효과적으로 정리해서 확인하는 방법이다. 필터를 추가하는 방법으로는 특정 속성에서 바로 필터를 생성하거나, 해당 데이터베이스에서 여러 속성의 필터를 생성할 수 있다.

특정 속성에서 필터 생성하기

속성 이름을 클릭하고 속성 메뉴에서 Add Filter를 선택해서 바로 해당 속성에 필터를 적용할 수 있다.

▲ 그림 5-98 속성 이름을 클릭한 후, Add Filter를 선택

데이터베이스의 여러 속성에 필터 생성하기

··· 데이터베이스 설정 메뉴를 클릭한 후, Filter를 선택한다.

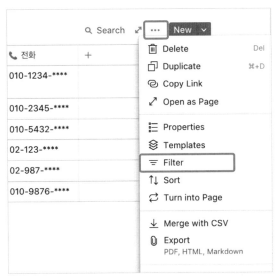

▲ 그림 5-99 데이터베이스 설정 메뉴에서 Filter를 선택

▲ 그림 5-100 + Add a Filter를 선택한 후 필터 생성

필터 편집하기

위와 같이 필터 생성을 마쳤다면, 구체적인 필터 편집이 필요하다.

첫 번째 선택 사항은 "속성"이다. 데이터베이스에 사용한 속성 중 필터의 기준이 될 속성 하나를 선택한다.

▲ 그림 5-101 필터에 적용할 속성 목록 중 하나를 선택

두 번째 선택 사항은 "조건"이다. 이 조건 목록 중 원하는 것을 선택한 후 마지막 Value 입력 칸에 특정 값을 입력하면 해당되는 데이터 결괏값만을 적용해서 즉시 확인할 수 있다.

▲ 그림 5-102 조건 옵션들

• Is: 특정 값과 정확히 동일한 데이터만 볼 수 있는 조건

　예: "강슬기"라고 값을 입력하면, "강슬기" 데이터만 볼 수 있다.

• Is Not: 특정 값과 정확히 다른 데이터만 볼 수 있는 조건

예: "강슬기"라고 값을 입력하면, "홍길동", "성춘향", "이몽룡", "김대한", "김민국" 데이터만 볼
수 있다.
- Contains: 특정 값을 포함하고 있는 데이터만 볼 수 있는 조건
  예: "김"이라고 값을 입력하면, "김대한", "김민국" 데이터만 볼 수 있다.
- Does Not Contain: 특정 값을 포함하고 있지 않은 데이터만 볼 수 있는 조건
  예: "김"이라고 값을 입력하면, "강슬기", "홍길동", "성춘향", "이몽룡" 데이터만 볼 수 있다.
- Starts With: 특정 값으로 시작하는 데이터만 볼 수 있는 조건
  예: "이"라고 값을 입력하면, "이몽룡" 데이터만 볼 수 있다.
- Ends with: 특정 값으로 끝나는 데이터만 볼 수 있는 조건
  예: "향"이라고 값을 입력하면, "성춘향" 데이터만 볼 수 있다.
- Is Empty: 해당 속성에 값이 없는 데이터만 볼 수 있는 조건
  예: 어떤 데이터도 볼 수 없다. (비어 있는 칸이 없기 때문에)
- Is Not Empty: 해당 속성에 값이 있는 데이터만 볼 수 있는 조건
  예: 모든 데이터를 볼 수 있다. (모든 칸을 사용하고 있기 때문에)

추가로, 숫자 속성의 필터로는 아래와 같은 조건을 확인할 수 있다.
- =: 특정 값과 정확히 같은 수를 가진 데이터만 볼 수 있는 조건
- ≠: 특정 값과 다른 수를 가진 데이터만 볼 수 있는 조건
- >: 특정 값보다 큰 수를 가진 데이터만 볼 수 있는 조건
- <: 특정 값보다 작은 수를 가진 데이터만 볼 수 있는 조건
- ≥: 특정 값보다 크거나 같은 수를 가진 데이터만 볼 수 있는 조건
- ≤: 특정 값보다 작거나 같은 수를 가진 데이터만 볼 수 있는 조건

두 개 이상의 조건이 적용된 필터 사용하기

한 개 이상의 조건을 사용할 수도 있다. 김씨 성을 가진 사람 중에 해외 거주자 데이터를 확인하고
싶다면 먼저 **이름** 속성 선택 후 특정 값으로 시작하는 조건인 **Start With**를 선택한다. 마지막으
로 필터 입력 창에 "김"이라는 데이터를 입력하고, **+ Add a Filter**를 클릭해서 필터를 추가한다.

▲ 그림 5-103 **+ Add a Filter**를 클릭한 후, 추가로 생성 가능

And를 선택하여, 두 조건이 성립되었을 때 데이터를 보여 주도록 할 수 있다. 두 번째 조건은 해외 거주 속성을 선택하고, 특정 값과 정확히 동일한 데이터만 볼 수 있는 Is 조건을 선택한다. 마지막으로 **해외 거주**에 체크 표시를 선택하면 김씨 성을 가진 사람 그리고 해외 거주자의 명단을 확인할 수 있다.

▲ 그림 5-104 두 개 이상의 필터에 모두 해당되거나 일부 해당될 경우의 조건이 필요할 때 사용

두 개 이상의 필터를 사용할 경우, 추가로 And와 Or 조건이 붙는다.
- And(그리고): A와 B 조건을 모두 포함하는 데이터만 볼 수 있는 조건
  예: "김"으로 시작하는 데이터 값 중에 "해외 거주" 표시가 되어 있는 데이터만 볼 수 있다.
- Or(또는): A 또는 B 조건의 데이터를 모두 볼 수 있는 조건
  예: "김"으로 시작하는 값을 가진 데이터와 "해외 거주" 표시가 되어 있는 모든 데이터를 볼 수 있다.

필터 삭제하기
언제든 X 버튼을 클릭해서 필터를 삭제할 수도 있다.

▲ 그림 5-105 X 버튼으로 필터 삭제

5.1.13. Sort(데이터 정렬하기)

속성 메뉴에서 데이터 정렬하기

특정 속성 기준으로 바로 정렬할 수 있다.

속성 이름을 클릭하고, 속성 메뉴에서 Sort Ascending(오름차순) 또는 Sort Descending(내림차순)을 선택해서 정렬할 수 있다.

▲ 그림 5-106 특정 속성 이름을 선택한 후, 오름차순 또는 내림차순으로 정렬

··· 데이터베이스 설정 메뉴에서 데이터 정렬하기

또 다른 방식으로는 속성이 많아 바로 찾기 어려울 때, 목록으로 확인하고 정렬할 수 있다.

··· 데이터베이스 설정 메뉴를 클릭한 후, Sort를 선택한다.

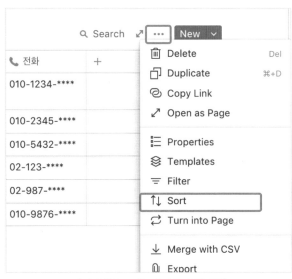

▲ 그림 5-107 데이터베이스 메뉴에서 Sort를 선택

+ Add a Sort를 클릭한다.

▲ 그림 5-108 + Add a Sort를 선택

정렬 기준이 될 속성을 목록에서 선택한 후, 오름차순 또는 내림차순으로 정렬할 수 있다.

▲ 그림 5-109 정렬 기준이 되는 속성을 선택한 후, 오름차순 또는 내림차순으로 정렬

5.1.14. Merge with CSV(CSV로 병합하기)

이전에 엑셀로 작업했던 문서를 CSV 확장자로 전환한 파일을 병합할 수도 있다.
먼저 병합할 csv 파일을 준비한다.

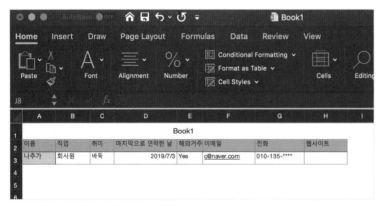

▲ 그림 5-110 엑셀로 제작한 CSV 파일

Notion으로 돌아와서 ⋯ 데이터베이스 설정 메뉴를 클릭하고, Merge with CSV를 선택한다.

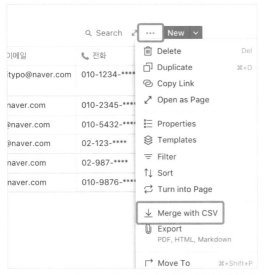

▲ 그림 5-111 데이터베이스 메뉴에서 Merge with CSV를 선택

병합할 CSV 파일의 경로를 찾아 연다.

▲ 그림 5-112 CSV 파일 열기

속성 이름에 맞게 추가된 것을 알 수 있다.

▲ 그림 5-113 데이터베이스에 작성된 CSV 데이터

여기서 주의할 점으로, 속성의 이름과 동일한 데이터가 CSV 최상단에 있어야 값을 가지고 올 수 있다. 또한, CSV 파일에 Notion 속성에서 사용하고 있는 동일한 태그값이 없다면 해당 값은 비워 둔 상태로 보여질 것이다. 예를 들어, 취미 속성값에 "사진", "영상", "가죽공예", "음악감상" 등의 태그들이 존재하지만 CSV 파일에서는 취미 속성에 "바둑"을 입력했다. 이 경우 Notion 취미 속성 태그 중에 "바둑"은 없기 때문에 공란으로 보이게 되는 것이다. 이와 비슷한 경우로 체크박스는 "Yes", "No"로 입력이 되어 있어야 하고, 날짜의 경우는 "2019/07/03"과 같이 표기되어 있어야 문제없이 가지고 올 수 있다.

5.2
Advanced Property(고급 속성) 사용하기

5.2.1. Relation(연계형)과 Rollup(집합형)

이전에 페이지를 링크로 불러올 수 있는 Link to Page 기능을 소개하면서, 잘 디자인된 페이지를 원하는 곳에 불러와서 다시 사용할 수 있도록 연계해서 불필요한 재작업을 하지 않도록 도와주는 편리한 기능이라고 학습했던 것을 기억할 것이다.

페이지 링크 기능은 단순히 페이지로 이동하는 수준이지만 연계형 속성과 집합형 속성을 이용하면 데이터베이스와 데이터베이스 간의 속성 및 값들을 서로 공유하고 다시 사용하도록 할 수 있다.

연계형 속성은 다른 데이터베이스를 연결하는 속성을 의미한다. 집합형 속성은 연계형 속성에서 선택한 데이터 중에 어떤 속성을 사용할 것인지를 선택할 수 있고, 연산 방식도 결정할 수 있다. 다시 말하자면 연계형 속성은 집을 의미한다면, 집합형 속성은 그 집을 구성하고 있는 가구, 액자, 책상 등 집을 꾸미고 있는 요소 중 필요한 것만 사용할 수 있는 것을 의미한다.

필자가 어떤 목표를 가지고 영어, 프로그래밍 등 다양한 학습을 하는 중이라고 가정해 보겠다. 이 모든 학습 분야들은 따로 각각의 데이터베이스를 가지고 있으며, 분야에 따라 여러 속성을 추가하거나 관리하고 있다. 학습 분야가 늘어나면서 흩어져 있는 데이터들과 속성을 조합한 새로운 통합 데이터베이스로 관리하려고 한다.

영어 공부라는 데이터베이스에 미드(미국 드라마), 라디오, 문법, 밋업 행사 등 다양한 방법을 통해 매일 영어 학습을 진행하고 있고, 속성으로는 하루 동안 진행할 수 있는 시간과 반복 횟수 등을 가지고 있다.

영어공부

Aa 학습내용	# 진행시간	# 반복횟수	☑ 완료?	+
미드	2	3	☐	
라디오	1	3	☐	
문법	2	2	☐	
밋업행사	2	0	☐	
+ New				

COUNT **4**

▲ 그림 5-114 영어공부 데이터베이스

자, 이제 "통합 학습 관리"라는 데이터베이스에 영어 학습 관련 데이터를 재활용해 보자. 먼저 영어 데이터를 담을 속성을 추가해 보자. + 버튼을 클릭해서 속성을 추가해도 좋지만, 맨 끝에 추가되기 때문에 다시 원하는 곳으로 이동시켜야 하는 번거로움이 있다. 다른 방법으로 속성을 추가해 보자. 새로 추가할 속성의 위치를 정하고, 주변에 있는 속성 이름을 클릭한다.

▲ 그림 5-115 새로 추가할 속성과 가까운 속성 이름을 선택

속성 메뉴 중에 ← Insert Left를 선택하여, "날짜"와 "프로그래밍 학습 내용" 사이에 새로운 속성을 추가하였다.

▲ 그림 5-116 Insert Left를 선택한 후, 왼쪽에 새로운 속성 추가

새로 추가된 속성의 이름을 클릭해서 속성 이름을 "영어 학습 내용"이라고 정하고, 속성 유형 중 Relation을 선택한다.

▲ 그림 5-117 새로 추가한 속성 "영어 학습 내용" 이름 및 Relation 유형 변경

선택하자마자 어떤 데이터베이스를 연계할 것인지 팝업 창이 뜨고, **Select a Database** 버튼을 클릭한 후 "영어공부"를 검색하고, 결괏값 중에 **영어공부** 데이터베이스를 선택한다.

▲ 그림 5-118 영어공부 데이터베이스를 선택

선택된 것을 확인했다면, Create Relation 버튼을 클릭하여 연계시킨다.

▲ 그림 5-119 Creation Relation 버튼으로 해당 데이터베이스 연계

불러온 데이터베이스의 특정 속성의 데이터를 가져오기 위해 집합형 속성을 추가한다.
방금 제작한 "영어 학습 내용"의 연계형 속성 이름을 클릭하여, 메뉴 중 → Insert Right를 선택한다.

▲ 그림 5-120 "영어 학습 내용" 속성을 클릭한 후, Insert Right로 새로운 속성 추가

새로 추가된 속성의 이름을 클릭해서 "영어 학습 시간"이라고 정하고, 속성 유형 중 Rollup을 선택한다.

▲ 그림 5-121 새로 추가한 속성 이름 및 Rollup 유형으로 변경

이렇게 하면 연계형과 집합형 속성 세팅을 마무리할 수 있고, 실질적인 데이터를 가져올 수 있다.

▲ 그림 5-122 추가 완료된 연계형, 집합형 속성들

이제는 데이터들을 구체적으로 가져오기 위해서 연계형 속성의 빈칸을 클릭하면, "영어공부"의 데이터들을 모두 볼 수 있는 창을 확인할 수 있다. 연계된 모든 학습 내용을 확인할 수 있고, 왼쪽의 파란색 + 버튼을 클릭해서 여러 개의 데이터를 선택할 수 있다. 여기에서는 미드와 라디오를 학습했다고 가정하자.

▲ 그림 5-123 "영어 학습 내용" 속성에 빈 테이블을 클릭한 후, 미드, 라디오 데이터를 선택

이젠 데이터베이스를 가져왔으니, 집합형 속성을 통해 세부적으로 어떤 속성의 값을 활용할 수 있는지 알아보자. 먼저, 집합형 속성의 빈칸을 클릭하면, 다음과 같이 세 가지 옵션을 선택해야 하는 팝업 창을 확인할 수 있다.

먼저 연계형 속성으로 가져온 데이터베이스 중 어떤 데이터베이스를 사용할 것인지 선택하기 위해 Select an existing relation…을 클릭한다.

▲ 그림 5-124 "영어 학습 시간" 속성의 빈 테이블을 클릭한 후, Select an existing relation…을 선택

"영어 학습 내용" 이름에 연계형 속성을 이용해서 외부에 있는 "영어공부" 데이터베이스를 사용하고 있다. 연계형 속성으로 연계된 데이터베이스의 속성들을 사용하기 위해서는, 관련 "Relation"에서 **영어 학습 내용** 선택이 필요하다.

▲ 그림 5-125 영어 학습 내용 속성 선택

다음으로는 어떤 속성을 사용할 것인지 결정해야 한다. 기본으로 보이는 "Property"의 속성을 클릭하면, 모든 속성을 확인하고 그중 사용할 속성 하나를 선택할 수 있다.

▲ 그림 5-126 속성 목록 중 사용할 속성 하나를 선택

여기에서는 시간 속성 값이 필요하니, **진행시간**의 속성을 선택한다.

▲ 그림 5-127 진행시간 속성 선택

마지막으로 연산 방법을 선택할 수 있다. Show Original을 클릭한다.

▲ 그림 5-128 "Calculate"에서 Show Original을 선택

결괏값을 출력하는 다양한 기능이 보인다. 여기에서는 공부 시간의 합을 구하기 위해서 Sum을 선택하면, 합산된 값을 확인할 수 있다.

▲ 그림 5-129 Sum 옵션 선택

▲ 그림 5-130 데이터 값이 계산된 결과

이런 식으로 연계형 속성에서 자신이 학습한 공부를 선택하면, 자동으로 총 학습 시간 값을 보여준다. 또한 이곳의 내용이 지워진다고 하더라도 원본인 "영어공부" 데이터베이스에는 전혀 영향이 없어 안전하게 사용할 수 있으며, 중복 작업 없이 효율적으로 작업할 수 있다.

▲ 그림 5-131 모든 "영어 학습 내용"과 "영어 학습 시간"이 계산된 결과

5.2.2. Created Time/Last Edited Time(데이터가 생성된/마지막으로 편집된 날짜와 시간)

데이터베이스의 각각의 데이터가 언제 처음 생성되었는지 그리고 언제 마지막으로 편집되었는지 날짜와 시간을 확인할 수 있는 속성이다. 협업을 진행하는 데이터베이스라면, 혼선을 막기 위해 이 기능을 사용하는 것을 추천한다.

속성을 생성해 속성 이름을 인지하기 편하도록 변경한 후, 속성 유형을 Created Time 또는 Last Edited Time으로 선택한다.

▲ 그림 5-132 Created Time 또는 Last Edited Time 속성 유형과 이름 변경

다른 데이터 값의 입력 없이 자동으로 값이 생성된다.

Aa 비고	↗ 프로그래밍 학습 내용	Q 프로그래밍 학습시간	# 추가시간	∑ 총 학습시간	⧖ 데이터를 마지막으로 수정...	+
@7월 15, 2019	🗋 동영상 강좌		2		7월 23, 2019 3:07 오후	
@7월 16, 2019	🗋 동영상 강좌		2		7월 23, 2019 3:07 오후	
@7월 17, 2019	🗋 사이드 프로젝트		3		7월 23, 2019 3:08 오후	
@7월 18, 2019	🗋 사이드 프로젝트 🗋 동영상 강좌		5		7월 23, 2019 3:08 오후	
@7월 19, 2019	🗋 해커톤		6		7월 23, 2019 3:08 오후	

통합 학습관리

+ New

COUNT 5

▲ 그림 5-133 마지막으로 편집한 시간 속성을 선택할 때 결과

5.2.3. Created by/Last Edited By(데이터를 생성한/마지막으로 편집한 게스트 또는 멤버)

데이터베이스의 각각의 데이터를 누가 만들었는지 그리고 누가 마지막으로 편집을 진행했는지를 확인할 수 있는 속성이다. 협업을 진행하는 데이터베이스라면, 담당자 표기 등을 위해 이 기능을 사용하는 것을 추천한다.

속성을 생성 후 속성 이름을 인지하기 편하도록 변경한 후, 속성 유형을 Created by 또는 Last Edited By로 선택한다.

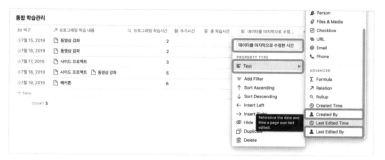

▲ 그림 5-134 Created By 또는 Last Edited By 속성 유형과 이름 변경

▲ 그림 5-135 Created By 데이터를 만든 게스트 또는 멤버 속성을 선택할 때 결과

5.3
Formula(포뮬러) 사용하기

포뮬러는 정해져 있는 속성만이 아닌 간단한 수식(통계에서 사용하는 방정식의 일부를 제외한, 수학이 아닌 산수 수준)을 조합하여 나만의 속성을 제작할 수 있는 기능이다. 다시 말해서 정해져 있는 고정 데이터의 계산이 아니라, 값이 변할 수 있는 속성의 데이터를 계산해서 상호작용적으로 사용하면서 나만의 속성을 무궁무진하게 제작할 수 있다. 만약 자신이 제작한 데이터베이스에서 자동화 문서를 사용하고자 한다면, 꼭 알아야 할 기능이다.

참고로 엑셀에서 사용하는 함수와 유사하다고 생각할 수 있지만, 아직 Notion에서는 개발 단계에 있어 자유도는 엑셀과 비교해 기능 면에서는 떨어진다. 하지만 엑셀의 함수보다는 손쉽게 제작해 볼 수 있다는 장점이 있다.

포뮬러를 제대로 사용하기에 앞서 몇 가지 알아야 할 것들이 있다. 첫 번째로, 수식을 조합할 때는 문자는 문자끼리, 숫자는 숫자끼리, 날짜는 날짜끼리 연산이 기본적으로 가능하다. 포뮬러들 앞에 보이는 아이콘으로 문자, 숫자, 날짜 등 성격을 알 수 있다. 두 번째로는, 논리적 계산으로 나오는 기본적인 결과는 체크박스에 활성화(true) 또는 비활성화(false)로 표시된다. 마지막으로, 수식 안에 또 다른 수식을 조합할 수 있어서 목적에 맞게 더 복잡한 수식도 가능하다.

5.3.1. 포뮬러 생성하기

🔗 **예제 링크** http://bit.ly/2AGd42

(주소로 들어가 페이지 오른쪽 상단에 "Duplicate"로 복제해서 사용해야 편집할 수 있다.)

속성에서 +를 클릭한 후, 새로운 속성을 추가한다.

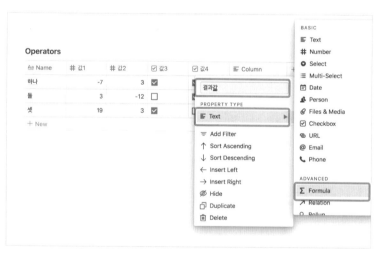

▲ 그림 5-136 새로운 속성 추가

사용할 속성 이름을 작성하고, 속성 유형에서 Formula를 선택한다.

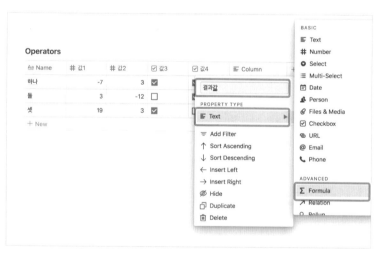

▲ 그림 5-137 "결괏값"으로 속성 이름과 Formula 속성 유형을 변경

"결괏값"의 빈칸을 클릭하여 포뮬러를 사용할 수 있다. 또한 일일이 속성 이름을 직접 입력하지 않고도, 왼쪽 포뮬러 목록에서 마우스로 선택하면서 가져올 수 있다.

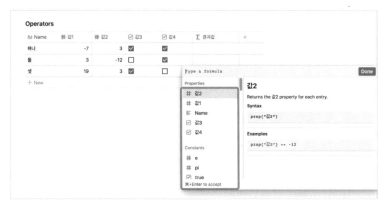

▲ 그림 5-138 속성 목록에서 클릭하면 포뮬러 및 속성 이름 입력 가능

포뮬러 창의 제일 상단에 보이는 Type a formula 에 직접 수식을 작성할 수 있다.

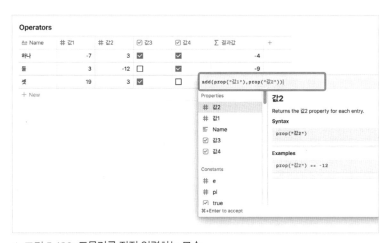

▲ 그림 5-139 포뮬러를 직접 입력하는 모습

포뮬러에 대한 정보가 없다면 왼쪽에 보이는 포뮬러 항목에 마우스 포인터를 올려 사용법이나 예제를 확인할 수 있다.

먼저, 포뮬러의 각 항목을 살펴보자. "Syntax"는 문법을 의미한다. 문법을 지키지 않으면, 수식이 성립 안 되고 오류를 발생시킨다. "Examples"는 문법을 이용해서 실제로 사용한 예제를 확인할 수 있다. 포뮬러가 익숙하지 않다면, 이 내용을 꼼꼼히 확인할 것을 권장한다.

▲ 그림 5-140 "Syntax"와 "Examples" 설명

수식을 작성하는 중에 오류가 날 때, 포뮬러 창 하단에 빨간색 글씨로 오류 내용을 확인할 수 있다.

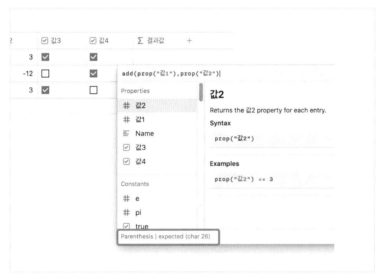

▲ 그림 5-141 오류가 발생한 모습

포뮬러를 사용하려는 데이터베이스에 사용되고 있는 속성 목록을 확인할 수 있다. 특정 속성 이름만을 입력하면 오류가 발생한다. Syntax를 지켜서 작성해야 하는데, 속성을 가져오는 표기 방법은 "prop(속성 이름)"를 입력하면 된다.

또는 포뮬러 창 제일 위에서 직접 클릭해서 바로 작성할 수도 있다. "결괏값" 속성에 "값1" 속성 값만 불러왔기 때문에 동일한 값을 확인할 수 있다.

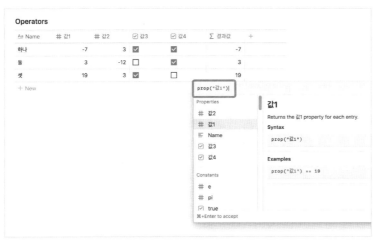

▲ 그림 5-142 "prop("값1")"를 포뮬러 창에 입력한 모습

Operators

Aa Name	# 값1	# 값2	# 값3	Σ 결괏값	+
하나	-7	3	5	3	
둘	3	-12	-2	-12	
셋	19	3	4	3	

+ New

▲ 그림 5-143 "prop("값1")"의 결괏값

이미 정의된 불변의 상수들을 모아 둔 곳이다.

e

수학에서 가장 중요한 상수 중 하나인 오일러 상수 e는 수학에서 가장 아름다운 공식 중 하나라고 일컬어진다. 값은 2.7182818…이다. 복리나 확률 등 지구상에 벌어지는 실제의 자연 현상들을 식과 수로 설명할 때 사용되기도 한다.

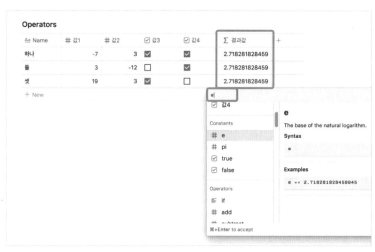

▲ 그림 5-144 "e"를 포뮬러 창에 입력한 모습과 결괏값

pi

수학에서 가장 중요한 상수 중 또 하나가 바로 이 원주율(π) 공식이다. 학교에서 배운 공식 중에 머릿속에 가장 오래 남아 있는 것 중 하나로, 바로 원의 둘레와 지름의 비율을 말한다. 값은 3.141592…이다.

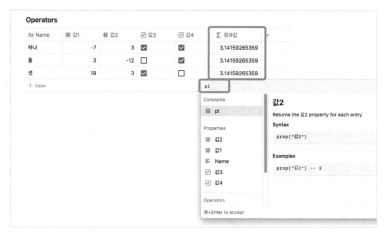

▲ 그림 5-145 "pi"를 포뮬러 창에 입력한 모습과 결괏값

true/false

수식 또는 조건의 결괏값이 "참"이면 "true", "거짓"이면 "false"로 값을 받게 된다. 다만 앞에서도 언급했듯이 Notion은 "참"일 경우 체크박스가 활성화되며, "거짓"일 경우 체크박스가 비활성화된다.

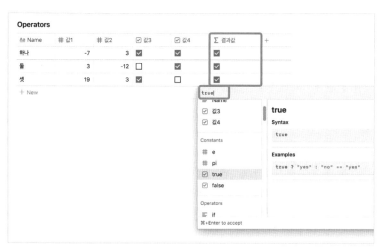

▲ 그림 5-146 "true"를 포뮬러 창에 입력한 모습과 결괏값

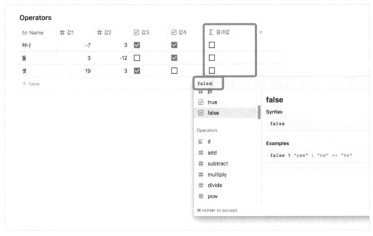

▲ 그림 5-147 "false"를 포뮬러 창에 입력한 모습과 결괏값

5.3.4. Operators

사칙 연산, 비교 연산 등 계산에 필요한 연산자를 말한다.

if

논리 값에 따라 두 개의 값을 전환해서 추출한다. 예를 들면, true로 지정해 두면 앞에 있는 값을 추출하고, false로 지정해 두면 뒤에 있는 값을 추출한다.

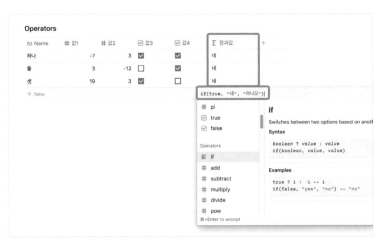

▲ 그림 5-148 "if(true, "네", "아니오")"를 포뮬러 창에 입력한 모습과 결괏값

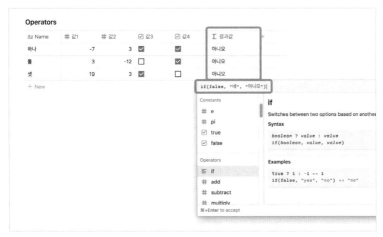

▲ 그림 5-149 "if(false, "네", "아니오")"를 포뮬러 창에 입력한 모습과 결괏값

add

두 개 이상의 숫자 값을 더해서 결괏값을 추출한다. 다음과 같이 두 속성의 값을 이용해 "값1 + 값2"의 수식을 작성할 수 있고 이는 "-7 + 3"과 동일하다.

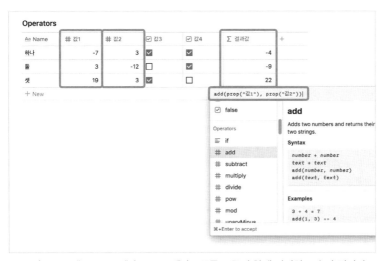

▲ 그림 5-150 "add(prop("값1"), prop("값2"))"를 포뮬러 창에 입력한 모습과 결괏값

subtract

두 개 이상의 숫자 값을 빼서 결괏값을 추출한다. 다음과 같이 두 속성의 값을 이용해 "값1 - 값2"의 수식을 작성할 수 있고 이는 "-7 - 3"과 동일하다.

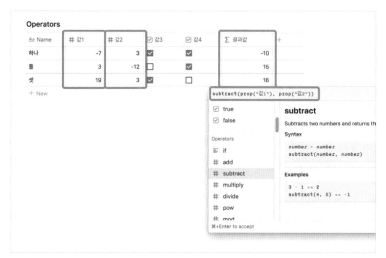

▲ 그림 5-151 "subtract(prop("값1"), prop("값2"))"를 포뮬러 창에 입력한 모습과 결괏값

multiply

두 개 이상의 숫자 값을 곱해서 결괏값을 추출한다. 다음과 같이 두 속성의 값을 이용해 "값1 * 값2"의 수식을 작성할 수 있고 이는 "-7 × 3"과 동일하다.

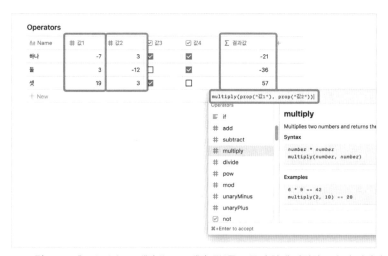

▲ 그림 5-152 "multiply(prop("값1"), prop("값2"))"를 포뮬러 창에 입력한 모습과 결괏값

divide

두 개 이상의 숫자 값을 나눠서 결괏값을 추출한다. 다음과 같이 두 속성의 값을 이용해 "값1 / 값2"의 수식을 작성할 수 있고 이는 "-7 ÷ 3"과 동일하다.

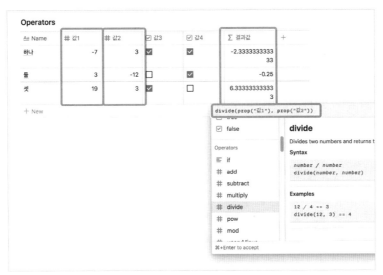

▲ 그림 5-153 "divide(prop("값1"), prop("값2"))"를 포뮬러 창에 입력한 모습과 결괏값

pow

두 개 이상의 숫자 값을 제곱해서 결괏값을 추출한다. 다음과 같이 하나의 속성값과 별도의 고정값을 이용해 "값1 ^ 2" 수식을 작성할 수 있다.

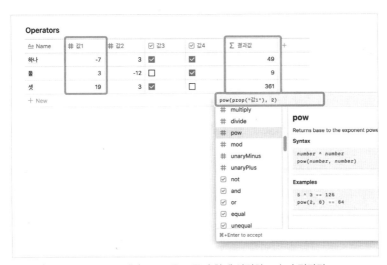

▲ 그림 5-154 "pow(prop("값1"), 2)"를 포뮬러 창에 입력한 모습과 결괏값

mod

두 개 이상의 숫자 값을 나누고, 남은 결괏값을 추출한다. 다음과 같이 하나의 속성의 값과 별도의 고정 값을 이용해 "값1 % 3"의 수식을 작성할 수 있다. 예를 들면, "값1" 속성에 해당하는 첫 번째 값인 -7을 3으로 나누고, 남은 -1을 추출한다.

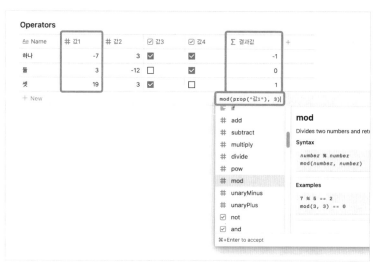

▲ 그림 5-155 "mod(prop("값1"), 3)"를 포뮬러 창에 입력한 모습과 결괏값

unaryMinus

숫자 앞에 강제로 빼기 수식을 붙여서 연산한 값을 추출한다.

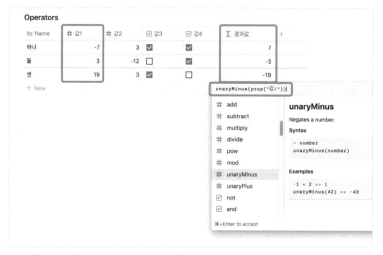

▲ 그림 5-156 "unaryMinus(prop("값1"))"를 포뮬러 창에 입력한 모습과 결괏값

unaryPlus

숫자 앞에 강제로 더하기 수식을 붙여서 연산한 값을 추출한다.

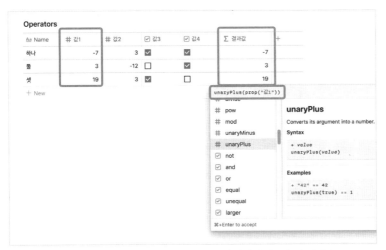

▲ 그림 5-157 "unaryPlus(prop("값1"))"를 포뮬러 창에 입력한 모습과 결괏값

not

"참"은 "거짓"으로, "거짓"은 "참"으로 논리 값을 뒤집는다.

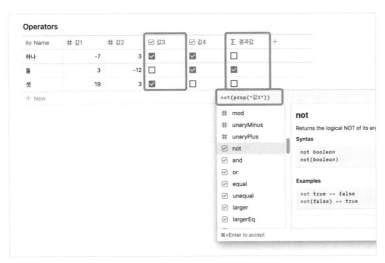

▲ 그림 5-158 "not(prop("값3"))"을 포뮬러 창에 입력한 모습과 결괏값

and

두 개의 논리 값이 모두 "true" 값을 가지고 있으면 "true" 값을 추출할 수 있다.

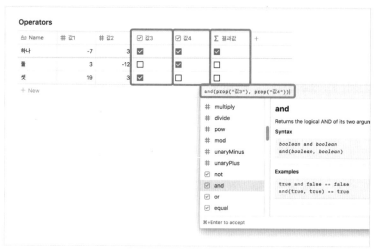

▲ 그림 5-159 "and(prop("값3"), prop("값4"))"를 포뮬러 창에 입력한 모습과 결괏값

or

두 개의 논리 값 중 하나만 "true" 값을 가지고 있으면, "true" 값을 추출할 수 있다.

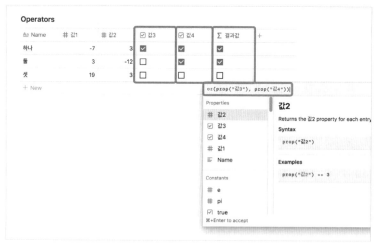

▲ 그림 5-160 "or(prop("값3"), prop("값4"))"을 포뮬러 창에 입력한 모습과 결괏값

equal

두 개 값이 똑같아야 "true" 값을 추출할 수 있다.

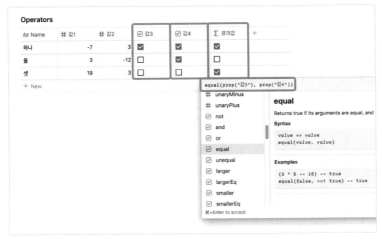

▲ 그림 5-161 "equal(prop("값3"), prop("값4"))"을 포뮬러 창에 입력한 모습과 결괏값

unequal

두 개의 값이 같지 않아야 "true" 값을 추출할 수 있다.

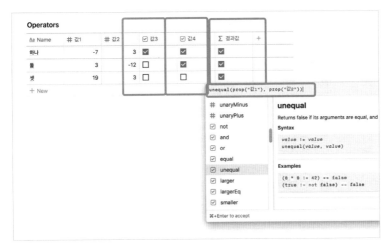

▲ 그림 5-162 "unequal(prop("값1"), prop("값2"))"을 포뮬러 창에 입력한 모습과 결괏값

larger

첫 번째 값이 두 번째 값보다 크다면, "true" 값을 추출할 수 있다.

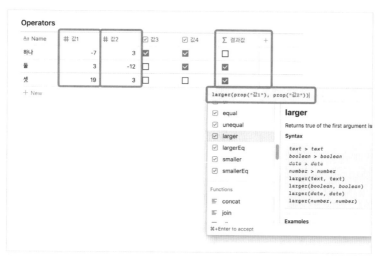

▲ 그림 5-163 "large(prop("값1"), prop("값2"))"를 포뮬러 창에 입력한 모습과 결괏값

largerEq

첫 번째 값이 두 번째 값보다 크거나 같다면, "true" 값을 추출할 수 있다.

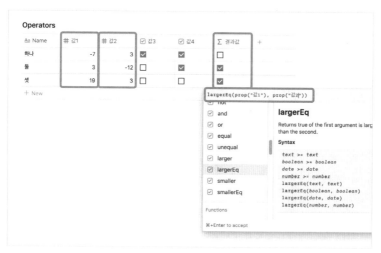

▲ 그림 5-164 "largeEq(prop("값1"), prop("값2"))"를 포뮬러 창에 입력한 모습과 결괏값

smaller

첫 번째 값이 두 번째 값보다 작다면, "true" 값을 추출할 수 있다.

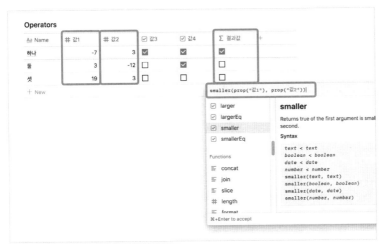

▲ 그림 5-165 "smaller(prop("값1"), prop("값2"))"를 포뮬러 창에 입력한 모습과 결괏값

smallerEq

첫 번째 값이 두 번째 값보다 작거나 같다면, "true" 값을 추출할 수 있다.

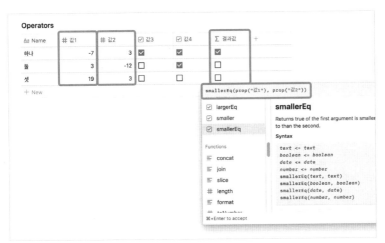

▲ 그림 5-166 "smallerEq(prop("값1"), prop("값2"))"를 포뮬러 창에 입력한 모습과 결괏값

5.3.5. Functions

예제 링크 http://bit.ly/2MgC7m3
(주소로 들어가 페이지 오른쪽 상단에 "Duplicate"로 복제해서 사용해야 편집할 수 있다.)

함수라고 부르며, 조합하기 위해 미리 계산 및 설계된 것을 의미한다.

concat

문자와 문자를 연결해서 하나의 문자로 사용할 수 있다.

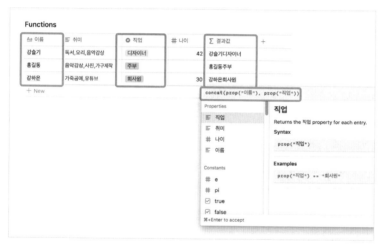

▲ 그림 5-167 "concat(prop("이름"), prop("직업"))"를 포뮬러 창에 입력한 모습과 결괏값

join

두 문자 속성 사이에 추가적으로 문자를 삽입해서 연결할 수 있다.

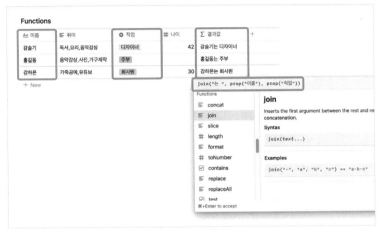

▲ 그림 5-168 "join("는 ", prop("이름"), prop("직업"))"을 포뮬러 창에 입력한 모습과 결괏값

slice

문자에서 특정 부분만 문자를 잘라서 가져올 수 있다. 개발 언어에서 이걸 "Index"(색인 번호)라고 한다. 쉽게 말해서 글자 하나하나에 줄을 세우고 앞에서부터 색인 번호를 부여한다. 색인의 시작 수는 1이 아닌 0부터 시작한다.

색인 번호를 하나를 사용하면 해당 색인 번호에 해당하는 문자부터 뒤에 모든 문자를 가져올 수도 있고, 색인 번호 두 개를 사용할 때는 두 색인 번호에 해당되는 문자 사이의 문자들만 가져올 수 있다.

▲ 그림 5-169 "slice(prop("이름"), 1)"를 포뮬러 창에 입력한 모습과 결괏값

length

글자 길이의 수를 나타낸다.

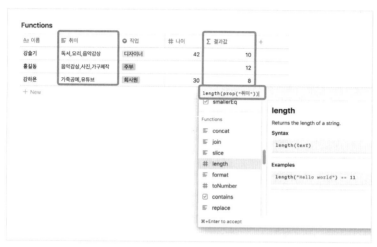

▲ 그림 5-170 "length(prop("취미"))"를 포뮬러 창에 입력한 모습과 결괏값

format

숫자를 문자 유형으로 변경할 수 있고, 변경된 문자를 가지고 다른 문자들과 연산할 때 사용할 수 있다.

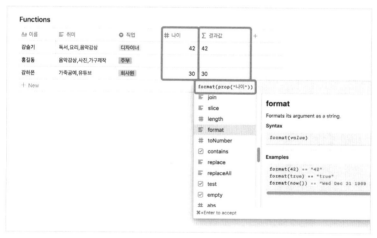

▲ 그림 5-171 "format(prop("나이"))"을 포뮬러 창에 입력한 모습과 결괏값

중간 점검하기

- "슬기의 직업은 디자이너"를 제작해 보자.

  (단, 성을 제외한 이름만 가져오기)

  답: join("의 직업은 ", format(slice(prop("이름"), 1)), prop("직업"))

- "슬기 님은 디자이너이고 42세입니다."를 제작해 보자.

  답: concat(format(join("님은 ", format(slice(prop("이름"), 1)), prop("직업"))) + "이고 "
    + format(prop("나이")) + "세입니다.")

toNumber

문자, 날짜, 숫자, 체크박스를 숫자 유형으로 변경할 수 있다. 변형된 숫자를 가지고 다른 숫자들
과 연산할 때 사용할 수도 있다. 참고로 체크박스의 경우 "0" 또는 "1"로 숫자 값을 가질 수 있다.

▲ 그림 5-172 "toNumber(prop("해외 거주?"))"를 포뮬러 창에 입력한 모습과 결괏값

contains

속성 값(첫 번째 값) 중 입력한 특정 단어(두 번째 값)에서 발견되면, "true" 값을 추출할 수 있다. 한 자도 가능하며, 두 글자 이상도 가능하다. 다만 두 글자 이상일 경우, 연결된 상태만 가능하다.

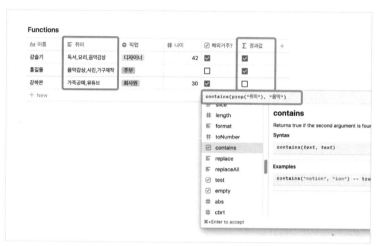

▲ 그림 5-173 "contains(prop("취미"), "음악")"를 포뮬러 창에 입력한 모습과 결괏값

replace

속성 값(첫 번째 값)에서 특정 값(두 번째 값)을 찾아 변경하고 싶은 값(세 번째 값)으로 대체시킬 수 있다. 만약 여러 개라면 가장 먼저 찾은 값만 대체한다.

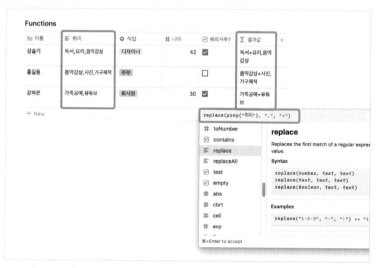

▲ 그림 5-174 "replace(prop("취미"), ",", "+")"를 포뮬러 창에 입력한 모습과 결괏값

replaceAll

속성 값(첫 번째 값)에서 특정 값(두 번째 값)을 찾아 변경하고 싶은 값(세 번째 값)으로 모두 대체시킬 수 있다.

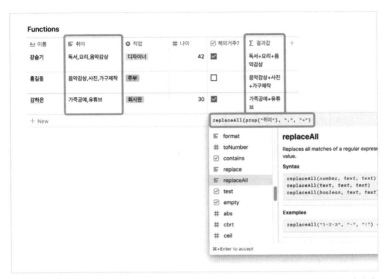

▲ 그림 5-175 "replaceAll(prop("취미"), ",", "+")"을 포뮬러 창에 입력한 모습과 결괏값

test

속성 값(첫 번째 값)에서 특정 문자(두 번째 값)와 일치하는지 테스트한다. 일치하는 것이 있다면 "true" 값을 추출할 수 있다.

이는 문자들과 숫자가 뒤섞여 있는 수많은 데이터에서 효율적으로 찾을 수 있는 방법 중 하나이다. 앞에서 언급했던 contains는 같은 문자만 사용할 수 있지만, test의 경우에는 다양한 값의 유형이 문자와 일치하는지 여부를 알 수 있다.

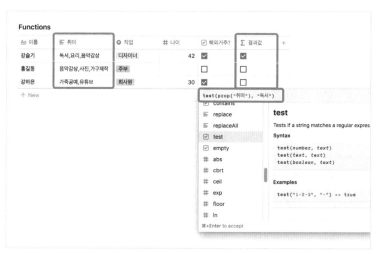

▲ 그림 5-176 "test(prop("취미"), "독서")"를 포뮬러 창에 입력한 모습과 결괏값

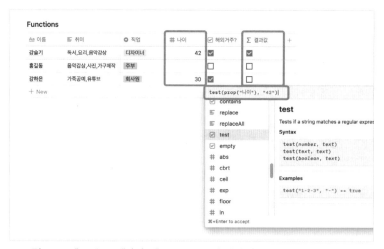

▲ 그림 5-177 "test(prop("나이"), "42")"를 포뮬러 창에 입력한 모습과 결괏값

empty

비어 있는 값이 있는지 확인할 때 유용하다.

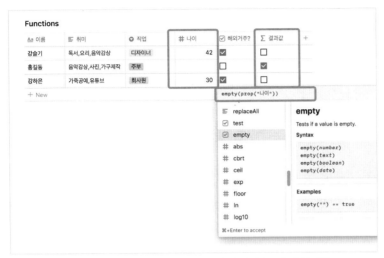

▲ 그림 5-178 "empty(prop("나이"))"를 포뮬러 창에 입력한 모습과 결괏값

abs

절댓값으로 만든다.

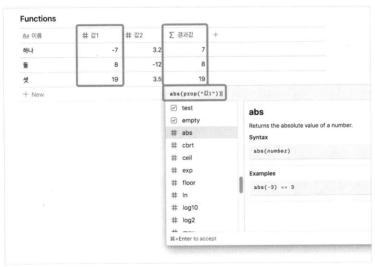

▲ 그림 5-179 "abs(prop("값1"))"를 포뮬러 창에 입력한 모습과 결괏값

cbrt

세제곱근을 만든다.

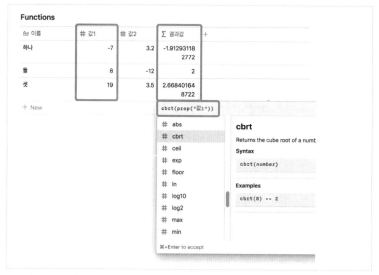

▲ 그림 5-180 "cbrt(prop("값1"))"를 포뮬러 창에 입력한 모습과 결괏값

ceil

실수를 올림해서 정수로 만든다.

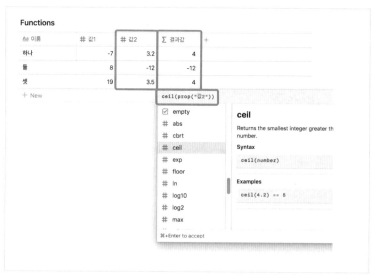

▲ 그림 5-181 "ceil(prop("값2"))"을 포뮬러 창에 입력한 모습과 결괏값

exp(지수함수)

E^x를 반환한다. x는 인수이고, E는 자연로그의 밑수인 오일러 상수(2.718···)이다. 다시 말해, e 를 인수의 숫자만큼 거듭제곱한 값을 반환한다.

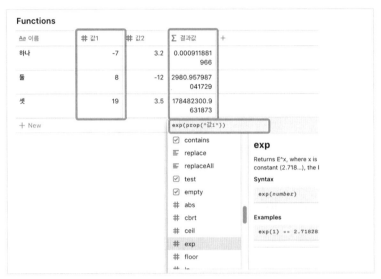

▲ 그림 5-182 "exp(prop("값1"))"를 포뮬러 창에 입력한 모습과 결괏값

floor

실수를 내림해서 정수로 만든다.

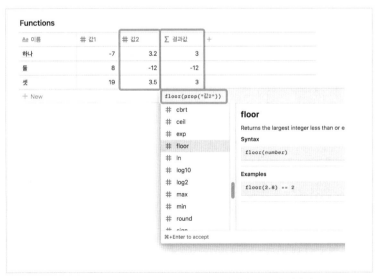

▲ 그림 5-183 "floor(prop("값2"))"를 포뮬러 창에 입력한 모습과 결괏값

ln(자연로그 또는 밑이 e인 로그)

숫자의 자연로그를 반환한다.

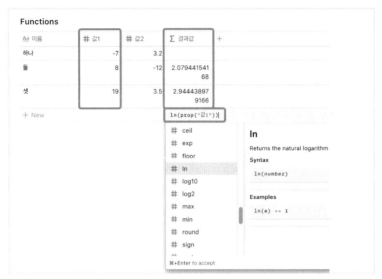

▲ 그림 5-184 "ln(prop("값1"))"을 포뮬러 창에 입력한 모습과 결괏값

log10(상용로그 또는 밑이 10인 로그)

숫자의 밑이 10인 로그를 반환한다.

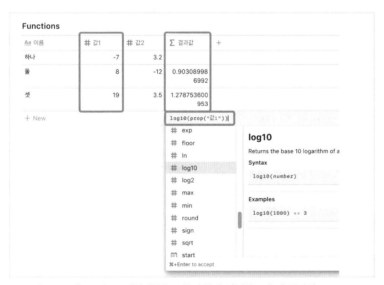

▲ 그림 5-185 "log10(prop("값1"))"을 포뮬러 창에 입력한 모습과 결괏값

log2(밑이 2인 로그)

숫자의 밑이 2인 로그를 반환한다.

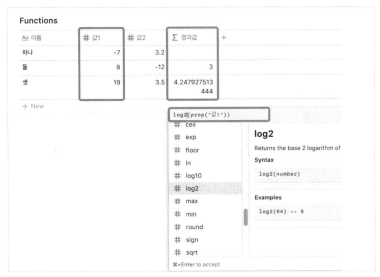

▲ 그림 5-186 "log2(prop("값1"))"를 포뮬러 창에 입력한 모습과 결괏값

max

두 속성 값 중에 가장 큰 수를 추출한다.

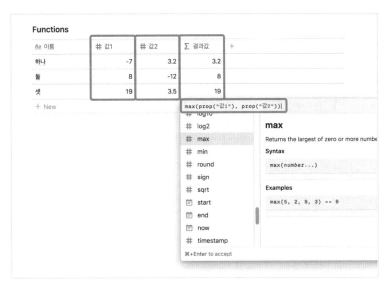

▲ 그림 5-187 "max(prop("값1"), prop("값2"))"를 포뮬러 창에 입력한 모습과 결괏값

min

두 속성 값 중에 가장 작은 수를 추출한다.

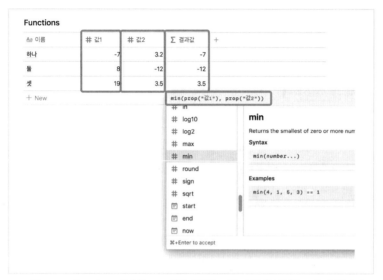

▲ 그림 5-188 "min(prop("값1"), prop("값2"))"을 포뮬러 창에 입력한 모습과 결괏값

round

실수를 반올림해서 정수로 만든다.

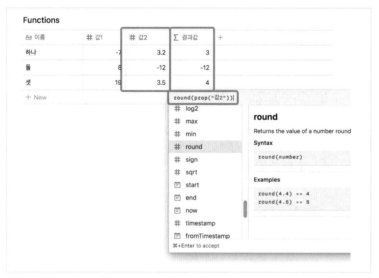

▲ 그림 5-189 "round(prop("값2"))"를 포뮬러 창에 입력한 모습과 결괏값

sign

값이 양수라면 1, 음수라면 -1, 0이라면 0으로 값을 만든다.

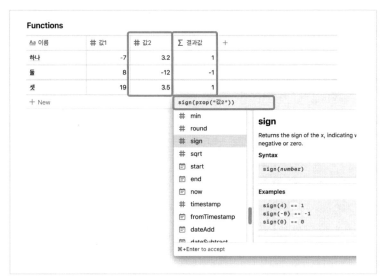

▲ 그림 5-190 "sign(prop("값2"))"을 포뮬러 창에 입력한 모습과 결괏값

sqrt

제곱근의 수를 만든다.

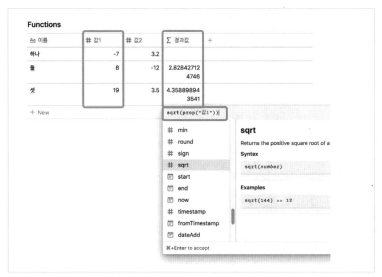

▲ 그림 5-191 "sqrt(prop("값1"))"를 포뮬러 창에 입력한 모습과 결괏값

start

속성 값에서 시작되는 날의 값을 추출한다.

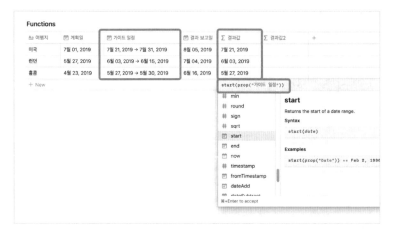

▲ 그림 5-192 "start(prop("가이드 일정"))"를 포뮬러 창에 입력한 모습과 결괏값

end

속성 값에서 종료되는 날의 값을 추출한다.

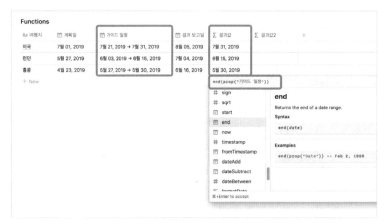

▲ 그림 5-193 "end(prop("가이드 일정"))"를 포뮬러 창에 입력한 모습과 결괏값

now

지금 현재의 시간을 추출한다.

▲ 그림 5-194 "now"를 포뮬러 창에 입력한 모습과 결괏값

timestamp

속성 값부터 현재까지의 시간을 밀리세컨드초의 값으로 추출한다.

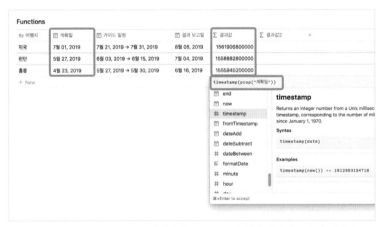

▲ 그림 5-195 "timestamp(prop("계획일"))"를 포뮬러 창에 입력한 모습과 결괏값

fromTimestamp

밀리세컨드초의 값을 현재 시각 기준의 특정 날짜로 역추적하여 추출한다.

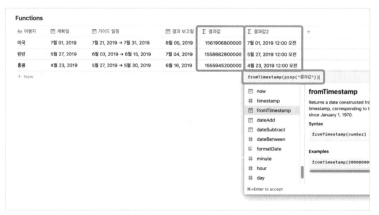

▲ 그림 5-196 "fromTimestamp(prop("결과값"))"를 포뮬러 창에 입력한 모습과 결괏값

dateAdd

속성 값(첫 번째 값)에서 특정 값(두 번째 값)을 더한 연, 분기, 월, 주, 일, 시간, 분, 초 또는 밀리세컨드초(세 번째 값) 결과 값을 추출한다.

▲ 그림 5-197 "dateAdd(prop("결과 보고일"), 2, "years")"를 포뮬러 창에 입력한 모습과 결괏값

dateSubtract

속성 값(첫 번째 값)에서 특정 값(두 번째 값)을 뺀 연, 분기, 월, 주, 일, 시간, 분, 초 또는 밀리세컨드초(세 번째 값) 결과 값을 추출한다.

▲ 그림 5-198 "dateSubtract(prop("결과 보고일"), 3, "days")"를 포뮬러 창에 입력한 모습과 결괏값

dateBetween

두 속성 값(첫 번째와 두 번째 값) 사이의 연, 분기, 월, 주, 일, 시간, 분, 초, 밀리세컨드초(세 번째 값) 값을 추출한다.

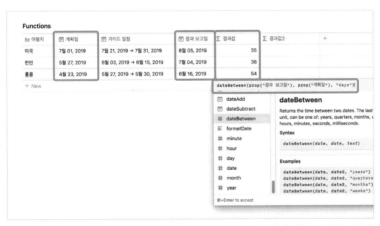

▲ 그림 5-199 "dateBetween(prop("결과 보고일"), prop("계획일"), "days")"를 포뮬러 창에 입력한 모습과 결괏값

formatDate

속성 값(첫 번째 값)의 날짜를 보여주는 방식(두 번째 값)을 선택할 수 있다.

▲ 그림 5-200 "formatDate(prop("계획일"), "YYYY/MM/DD")"를 포뮬러 창에 입력한 모습과 결괏값

minute

속성 값의 "분"의 값만을 추출한다.

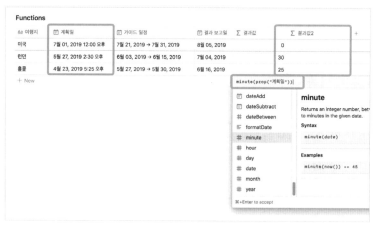

▲ 그림 5-201 "minute(prop("계획일"))"를 포뮬러 창에 입력한 모습과 결괏값

hour

속성 값의 "시"의 값만을 추출한다.

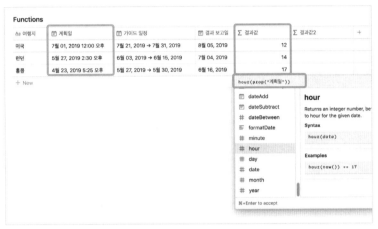

▲ 그림 5-202 "hour(prop("계획일"))"를 포뮬러 창에 입력한 모습과 결괏값

day

속성 값의 요일에 해당하는 정수를 추출한다. 일요일은 0, 월요일은 1, 화요일은 2… 등으로 추출된다.

▲ 그림 5-203 "day(prop("계획일"))"를 포뮬러 창에 입력한 모습과 결괏값

date

속성 값의 "날짜"의 값만을 추출한다.

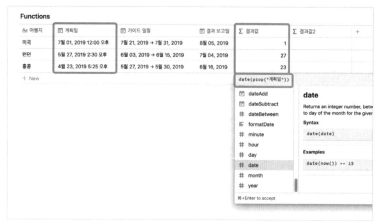

▲ 그림 5-204 "date(prop("계획일"))"를 포뮬러 창에 입력한 모습과 결괏값

month

속성 값의 월에 해당하는 0과 11 사이의 정수를 추출한다. 0은 1월, 1은 2월… 등으로 추출한다.

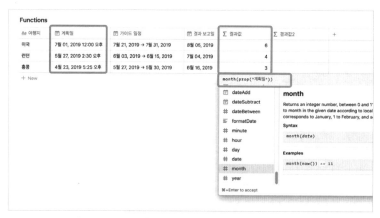

▲ 그림 5-205 "month(prop("계획일"))"를 포뮬러 창에 입력한 모습과 결괏값

year

속성 값의 "연"의 값만을 추출한다.

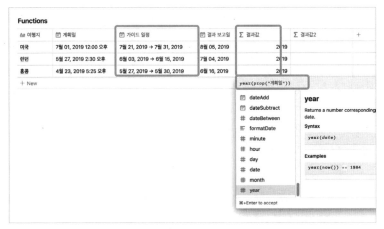

▲ 그림 5-206 "year(prop("계획일"))"를 포뮬러 창에 입력한 모습과 결괏값

PART 6

실전! 템플릿 제작
프로세스 체험하기

앞에서 학습했던 내용을 어떻게 활용할 수 있는지 그리고 나만의 템플릿을 어떤 구조로 만들어 볼 수 있는지 알아본다. 여러 예제들을 함께 만들어 보면서 좀 더 Notion을 Notion답게 사용하는 노하우를 배워 보자. 많은 예제를 다루기 때문에 방대하게 느껴질 수 있지만, 개인용/업무용 중 유용한 일부 템플릿을 시작부터 끝까지 제작해보면서 전체 과정을 체험해볼 수 있다.

한 가지 기억해야 할 것은 단순히 Notion 기능의 의미 없는 조합이 아니라, 레고 놀이처럼 창의력을 발휘해서 차근차근 완성도를 높이면 높일수록 더 수준 높은 나만의 Notion 템플릿을 구현할 수 있다는 점을 꼭 기억하자. 당장 만들어볼 수 있는 것부터 접근하는 것이 Notion을 더 잘 활용할 수 있는 방법 중 하나라고 생각한다.

또한 정보를 무조건 Notion에 나열한다고 해서 생산성이 높아지는 것은 아니다. (필자는 이전에 사용하던 생산성 도구들에서 그런 모습을 발견하게 되었다.) 효율성과 효과가 높은 Notion 템플릿을 제작하기 위해서는 적재적소에 사용되는 기능과 본 챕터에서 제공되는 디자인 팁을 개인의 상황이나 구조에 맞게 활용하도록 노력하는 것이 무엇보다도 중요하다는 점을 잊지 말자.

마지막으로 당부하고 싶은 것은 이곳에서 제작하는 템플릿은 학습용으로 제안하는 것이며, 필자의 개인적인 의견 중심으로 제작된 것이다. Notion 템플릿들은 모든 Notion 사용자에게 완벽할 수 없다. 개개인의 개성, 생활 및 업무 패턴 등에 따라 어떤 사용자들에게는 유용할 수도 또 어떤 사용자들에게는 전혀 쓸모없는 템플릿이 될 수도 있다는 점을 잊지 말자. 이 책에서 샘플로 제작되는 템플릿 제작 과정을 즐기고, 자신에게 맞는 템플릿을 제작하는 데 작게나마 도움이 되길 바란다.

6.1
개인 편

6.1.1. 여행 계획 및 기록 템플릿 제작하기

🔗 **예제 링크** http://bit.ly/2MLdtMZ
(주소로 들어가 페이지 오른쪽 상단에 "Duplicate"로 복제해서 사용해야 편집할 수 있다.)

모든 Notion 페이지를 처음 구성하려고 할 때 전체적인 구조를 그려 보자. 노트와 연필만 있다면 빠르게 그려 보기 가장 좋지만, 무료 마인드맵 도구를 사용하고자 한다면 각 운영체제에 맞는 다양한 도구를 찾아볼 수 있다. 필자는 원격 근무용으로 사용하고 있는 클라우드 소프트웨어인 "Miro"를 사용하고 있다.

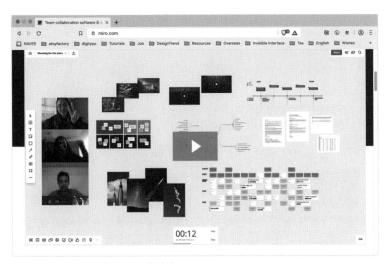

▲ 그림 6-1 Miro 서비스 및 소개 영상

필자가 만들어 볼 여행 계획 및 기록 템플릿의 구조를 다음과 같이 구성했다.

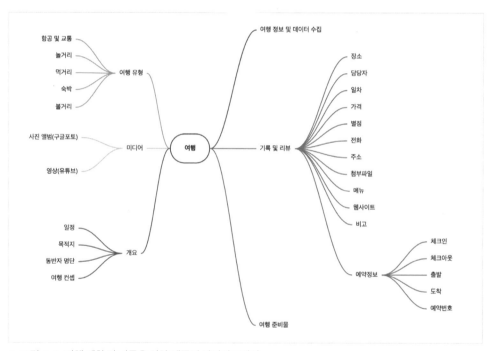

▲ 그림 6-2 여행 계획 및 기록을 위한 템플릿 와이어프레임

Notion을 사용하기 전에는 각 여행 일정별 페이지로 정리했지만, Notion을 사용한 이후부터는 가급적 일원화시키려는 목적으로 테이블을 적극적으로 활용한다. 이를 통해 여행 일정 확인 및 기록이 동시에 가능해졌다. 물론 단점도 존재한다. 모바일에서는 테이블이 길어질 경우, 가로 스크롤이 생겨서 빠른 정보 습득에 방해가 될 수 있다. 하지만 필자의 경우, 세부 여행 내용을 담아내기 위해 여러 페이지로 제작하는 것이 다음 여행에 일부 정보를 활용하는 데 오히려 방해될 수 있다고 생각한다.

제목 및 개요 작성하기

페이지 제목은 여행 "연도"와 "월" 그리고 "목적지" 정도만 작성한다.

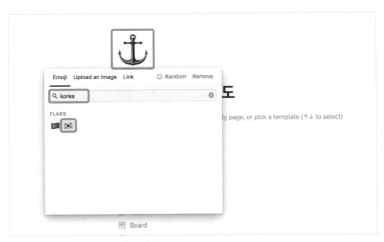

▲ 그림 6-3 여행 계획을 위한 제목 작성

Add Icon을 클릭해 무작위로 먼저 이모지를 생성한 후에 생성된 이모지를 클릭해 국가명을 검색하고, 선택해서 넣을 수 있다.

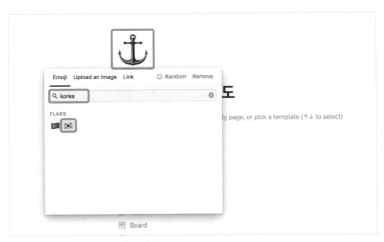

▲ 그림 6-4 이모지를 국기로 변경

페이지 앞에 일관성 있게 넣는다면, 여행지가 많을 경우 페이지 아이콘을 보고 빠르게 선택할 수 있다는 장점이 있다.

▲ 그림 6-5 필자가 사용하고 있는 여행 페이지 템플릿

본격적으로 여행 계획을 잡기 전에 간단한 개요를 작성한다. 불렛 리스트 블록으로 "일정", "목적지", "동반자 명단(인원)", "여행 콘셉트" 정도로 간략하게 작성할 수 있다.

▲ 그림 6-6 작성된 여행 개요

이제 정보들이 잘 보이게 살짝 스타일을 입혀 보자. 일정을 그냥 텍스트가 아닌 @을 이용하여 MM/DD/YYYY 방식으로 날짜를 생성하고 바로 날짜를 클릭한다.

▲ 그림 6-7 MM/DD/YYYY 방식으로 날짜를 입력한 후, 목록에서 선택

이 방식으로는 언제든 쉽게 캘린더 인터페이스로 변경할 수 있다. End Date를 활성화시켜 여행이 끝나는 날을 캘린더에서 직접 선택할 수 있다.

▲ 그림 6-8 "End Date"를 활성화한 후, 여행 종료일 선택

"개요"가 입력된 텍스트 블록을 선택한 후, 오른쪽 마우스 버튼을 클릭하여 Turn Into > Quote 블록으로 변경한다.

▲ 그림 6-9 Text > Quote 블록으로 변경

좀 더 도드라져 보이도록 제목 글을 선택한 후, 툴팁 메뉴에서 볼드체로 변경한다.

▲ 그림 6-10 툴팁 메뉴에서 볼드체로 변경

여행 준비를 위한 정보 함께 공유하기

여행 동반자들과 함께 아이디어를 내고 정보들을 공유하거나 의견을 조율하는 공간을 웹 클리퍼로 활용할 수 있다. 단독으로 여행할 때는 이 세션을 생략해도 무방하다. 다른 게스트 및 멤버와 함께 이 페이지를 사용하려면, 페이지를 공유하는 것을 잊지 말아야 한다.

페이지 오른쪽 상단의 Share를 클릭한 후, Invite a Person 버튼을 누른다.

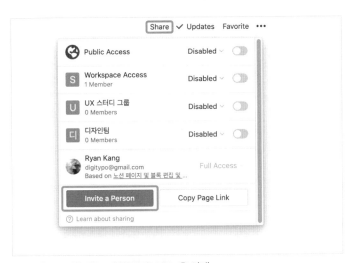

▲ 그림 6-11 Share > Invite a Person을 선택

초대할 멤버를 목록에서 선택하거나 새로운 게스트의 이메일을 입력하여 Can Edit의 권한을 주고, Invite 버튼을 클릭하여 페이지를 공유한다.

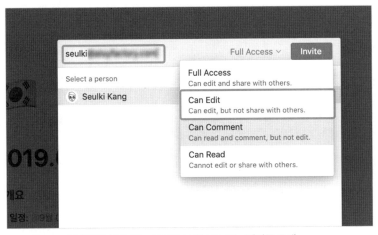

▲ 그림 6-12 이메일로 초대 또는 목록에서 게스트 또는 멤버를 초대

여행 정보를 공유하기 위한 새로운 데이터베이스를 제작해 보자. 슬래시 명령어를 입력하고, "/gallery"를 입력한 후, Gallery - Full Page 데이터베이스를 생성한다. 갤러리 뷰를 사용하는 이유는 웹 클리퍼의 기본 리스트 뷰로는 일부 이미지 섬네일을 볼 수 없기 때문이다.

▲ 그림 6-13 "/gallery"를 입력한 후, Gallery - Full Page를 선택

데이터베이스의 페이지 이름, 이모지를 생성하고 여행 계획 메인 페이지로 돌아간다.

▲ 그림 6-14 여행 정보 데이터베이스의 이름과 이모지 생성

웹 클리퍼는 반드시 기본으로 생성된 My Links의 페이지가 아니라 다른 페이지로도 보낼 수 있다. "Add to"를 클릭한 후, 검색 창에 방금 생성한 "여행 정보"를 입력하면 목록에서 페이지를 선택하고, Save Page 버튼을 눌러 보낼 수 있다..

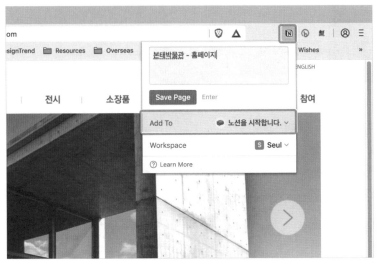

▲ 그림 6-15 웹 클리핑을 할 때 "Add To"에서 저장한 데이터베이스 또는 페이지 변경

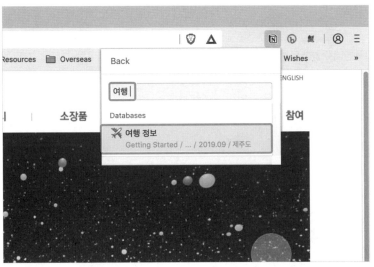

▲ 그림 6-16 저장할 곳의 데이터베이스 또는 페이지 이름을 검색한 후, 변경

Notion에서 클리핑이 제대로 되었는지 확인한다. 이후 게스트와 멤버들이 자유롭게 정보를 클리핑하고, 직접 정보를 추가하면서 데이터를 쌓는다.

▲ 그림 6-17 "여행 정보" 데이터베이스에 클리핑된 정보

그뿐만 아니라 추후 자료 중 일부 여행 계획에 직접 사용하기 위해 자료에 대한 의견을 게재할 수 있다. 카드형 데이터를 클릭한 후 토의/논의를 생성한 다음 의견을 달고, Send 버튼을 클릭한다.

▲ 그림 6-18 논의/토의의 입력 창에 다양한 의견을 작성

게재된 의견이 있다면, 아래에서 댓글의 수를 확인할 수 있다.

▲ 그림 6-19 의견의 개수를 확인

또한 자신이 올린 정보에는 직접 태그를 달자. 태그는 사전에 다음과 같이 "먹거리", "놀거리", "볼거리", "숙소", "교통" 등을 세팅한 후, 태그를 선택하면서 입력하는 것을 추천한다.

> **TIP!**
>
> 방대한 자료들이 쌓이다 보면, 정보 찾기가 어려워질 수 있다. 이를 방지하기 위해서 게스트와 멤버들과 미리 세팅한 태그를 달고, 각 태그의 글만 정리해서 볼 수 있도록 한다. 필터로 적용한 여러 태그로 빠르게 의사를 결정하고, 리서치 자료 중 일부 계획표로 바로 이관시키기 위해서다.

클리핑한 정보를 선택하고 "Tags"의 속성을 클릭한 후, 준비된 태그를 선택하거나 새로운 태그를 생성 및 입력한다.

▲ 그림 6-20 Tags의 선택 목록

기본적으로 태그들이 숨겨져 있기 때문에 입력해도 각 카드형 데이터에서 태그를 볼 수가 없다. 태그를 활성화해야 확인할 수 있다.

… 데이터베이스 설정 메뉴를 클릭한 후, Properties를 선택한다.

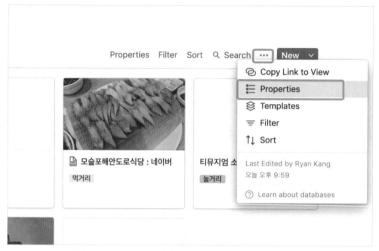

▲ 그림 6-21 데이터베이스의 메뉴에서 Properties를 선택한 모습

많은 양의 데이터가 있을 때 카드 사이즈를 작은 사이즈로 선택하면 공간 활용이 용이해지며, 이곳에서 태그를 활성화할 수 있다.

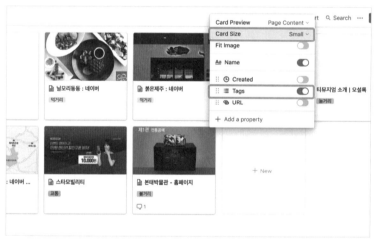

▲ 그림 6-22 카드 사이즈의 선택 및 Tags의 활성화

또한 갤러리 뷰의 필터 조합으로 태그별로 구분해서 갤러리 뷰를 볼 수 있다.
Add a View를 클릭한 후, 확인하고자 하는 태그인 "먹거리"로 갤러리 뷰의 이름을 생성하고 Create 버튼을 클릭한다.

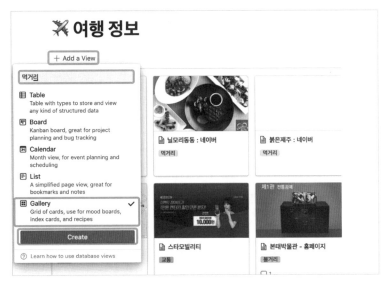

▲ 그림 6-23 태그의 이름과 동일한 갤러리 뷰를 생성

이제 먹거리만을 확인하기 위해서 필터를 적용한다. 데이터베이스 오른쪽 상단의 Filter를 선택하고, + Add a Filter를 클릭한다.

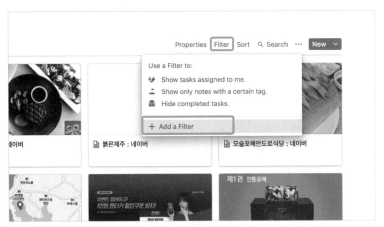

▲ 그림 6-24 + Add a Filter로 필터를 생성

필터 조건을 속성은 "Tags", 조건은 "Contains", 옵션은 "먹거리"로 선택하면, 먹거리만 골라서 확인할 수 있는 갤러리 뷰가 완성된다.

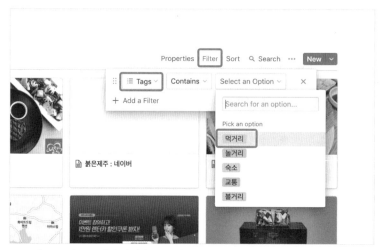

▲ 그림 6-25 "Tags"의 속성에서 "먹거리"의 값을 필터링 작업

동일한 과정으로 다른 태그들도 해당 태그만 추려서 확인할 수 있는 갤러리 뷰를 생성함으로써, 언제든지 확인하고 싶은 태그만 확인할 수 있게 할 수 있다. 이는 많은 데이터를 효율적으로 관리하기 좋은 방법 중 하나이므로 추천한다.

▲ 그림 6-26 태그별로 갤러리 뷰를 생성한 결과

준비물 체크리스트 템플릿 생성하기

준비물 체크리스트는 이번 여행뿐만 아니라 다음 여행에서도 유용하게 사용할 수 있다.

먼저 "여행 준비물"이라는 인용 블록을 생성한다. 그 아래에 슬래시 명령어로 "/page"를 입력한 후 새로운 페이지 블록을 생성한다.

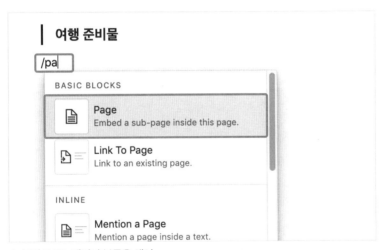

▲ 그림 6-27 페이지 블록을 생성

생성된 페이지 안에 모든 준비물 체크리스트를 작성한다. 필자의 경우 인지하기 편하도록 단을 나누어서 체크리스트들을 그룹화시켰다.

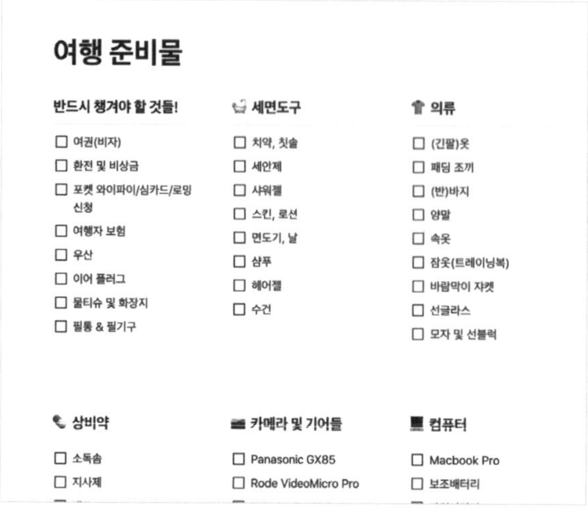

▲ 그림 6-28 그룹화된 여행 체크리스트의 모습

다시 여행 메인 페이지로 이동하고, 슬래시 명령어로 "/button"을 입력한 후 Template button을 선택한다.

▲ 그림 6-29 "/button"을 입력한 후, Template button 블록을 생성

먼저, 템플릿 버튼의 이름을 작성한다.

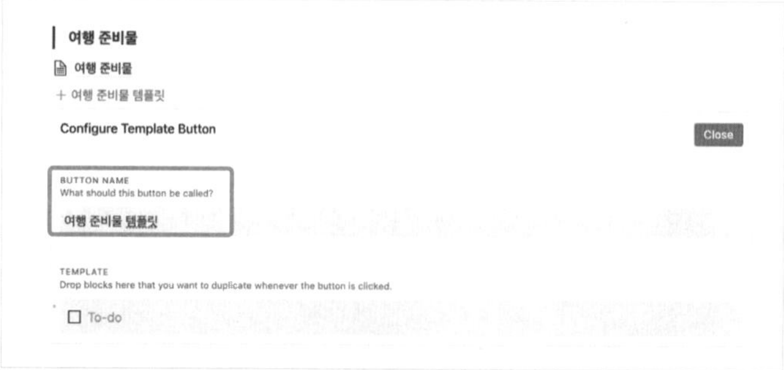

▲ 그림 6-30 템플릿 버튼의 이름을 작성

여행 준비물 체크리스트가 담겨 있는 페이지 블록을 드래그 앤드 드롭으로 템플릿 버튼 설정 항목 중 "Template"에 가져다 놓는다.

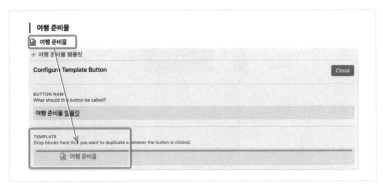

▲ 그림 6-31 외부에 있는 "여행 준비물" 페이지의 블록을 "Template"으로 이동하는 과정

이동을 완료한 후, Close 버튼을 클릭하고 템플릿 버튼의 제작을 완료한다.

▲ 그림 6-32 "Template"으로 이동 완료된 "여행 준비물" 페이지의 블록

생성된 + 여행 준비물 템플릿의 버튼을 클릭하면, "여행 준비물" 페이지의 블록을 생성할 수 있으며, 언제든지 템플릿 버튼 블록을 이용하여 지속해서 여행 준비물 체크리스트를 생성할 수 있다.

"여행 준비물" 페이지 블록을 선택한 후, 마우스의 오른쪽 버튼을 클릭하여 Turn Into 〉 Text 블록으로 변경한다.

▲ 그림 6-33 Page > Text 블록으로 변경하는 과정

이렇게 진행하는 이유는 두 가지인데, 템플릿 버튼 블록 안에서는 단을 구성할 수 없다는 점과 이전 팁에서도 언급했던 것처럼 단을 복제할 때 단이 모두 풀리는 현상이 있다. 이를 방지하기 위해 편법으로 페이지 블록에 단을 생성한다. 텍스트 블록으로 변경할 때 단이 풀리지 않은 상태로 사용이 가능하기 때문이다.

▲ 그림 6-34 Page 블록에서 생성한 단을 유지하고 있는 모습

앞으로도 지속해서 사용할 템플릿 버튼 블록은 따로 템플릿 버튼 블록을 모아 두는 페이지를 생성하고, 그곳으로 옮겨서 관리하는 것을 추천한다.

여행 준비물 템플릿 버튼 블록을 선택한 후, 오른쪽 마우스 버튼을 클릭하여 Move To를 선택한다.

▲ 그림 6-35 "여행 준비물 템플릿"의 템플릿 버튼 블록을 오른쪽 마우스 버튼으로 클릭한 후, Move To를 선택

이미 생성한 템플릿 버튼 블록을 모으는 페이지가 있다면 검색하여 선택한 후, 관리 차원에서 이동시킬 수 있다.

▲ 그림 6-36 템플릿 버튼 블록들을 관리할 페이지의 이름을 검색한 후, 이동

최종적으로 여행 준비물 체크리스트에 모든 준비물을 작성했기 때문에, 불필요한 준비물이 있을 수 있다. 현재 여행 목적에 맞게 삭제 및 편집하면서 이번 여행에 최적화된 체크리스트를 완성한다. 예를 들면, 해외 여행이나 장기 여행에 필요한 물품들은 국내 여행에서는 필요하지 않아 모두 삭제한다.

여행 준비물

반드시 챙겨야 할 것들!	🪥 세면도구	👕 의류
☐ 우산	☐ 치약, 칫솔	☐ (긴팔)옷
☐ 이어 플러그	☐ 세안제	☐ 패딩 조끼
☐ 물티슈 및 화장지	☐ 샤워젤	☐ (반)바지
	☐ 스킨, 로션	☐ 양말
	☐ 면도기, 날	☐ 속옷
	☐ 헤어젤	☐ 잠옷(트레이닝복)
	Type '/' for commands	☐ 선글라스

💊 상비약	📷 카메라 및 기어들	💻 컴퓨터
☐ 소독솜	☐ Panasonic GX85	☐ Macbook Pro
☐ 지사제	☐ Rode VideoMicro Pro	☐ 보조배터리
☐ 밴드	☐ Voigtlander 17.5mm f0.95 렌즈	☐ 파워아답터
☐ 소화제	☐ Panasonic 12-35mm f2.8 렌즈	☐ (충전)케이블들
☐ 감기약	☐ 삼각대	☐ 마우스

▲ 그림 6-37 최종 완성된 준비물 체크리스트

미디어 파일 정리하기

여행을 하다 보면 쌓이는 것이 사진이나 영상과 같은 미디어 파일들이며, 추억 만들기에서 가장 중요한 데이터이다.

필자는 Notion 사용자들에게 종종 Notion에 바로 미디어 파일들을 올리는 것이 좋은지 또는 외부에서 임베드로 불러오는 것이 맞는지에 대한 질문을 받는다. 이 부분은 용량이나 사용자에 따라 다르게 관리해야 한다.

> **TIP!**
>
> 장식 위주의 일회성을 위한 이미지나 영상이라면 그냥 Notion에 바로 올리고 있으며, 용량이 큰 미디어 파일인 이미지, 영상은 드롭박스, 구글드라이브, 유튜브 등에 콘텐츠를 업로드한 후, 웹 북마크 또는 임베드 블록을 사용한다.
>
> 첫 번째 이유로 유료 사용자들에게는 Notion 내에서 용량이 무제한이지만, 일부 사용자들의 이야기를 빌자면 다른 드라이브 서비스보다 체감적으로 업로드와 로딩 속도가 느리다. 두 번째 이유로 각 성격에 맞는 기존 서비스, 즉 사진은 사진 전용 서비스, 영상은 영상 전용 서비스를 이용하는 것이 데이터의 관리에 용이하다.
>
> 다시 말해, Notion의 경우 페이지의 목적에 따라 여러 가지 미디어를 복합적으로 사용한다. 그러다 보니 언제든 영상이나 이미지를 찾을 때 관련 페이지들을 뒤져야 하는 단점이 있지만, 원본 영상과 이미지를 관리하는 서비스를 통해 앨범 및 그룹 등 관련 미디어 전용 기능들을 사용할 수 있어, 손쉽게 찾고 필요할 때마다 데이터를 가져올 수 있다는 장점이 있다.

먼저 이미지와 영상을 빈 블록들로 위치만 잡고, 여행 중이나 여행을 마친 후에 미리 준비해 둔 블록을 사용하는 방법이다. 필자의 경우, 이미지는 구글 포토를 사용하고 있다. 아쉬운 부분은 바로 확인이 가능한 임베드를 지원하지 않는다는 점이다. 따라서 다음과 같이 웹 북마크를 통해 날짜별로 단을 나누어 준비한다.

단을 나누기 전에 전체 폭을 사용하도록 우선하여 설정하자. 단을 나누고 콘텐츠를 담을 때 폭이 작다면 인지하기 불편해질 수 있기 때문이다. … 페이지 설정 메뉴에서 Full Width를 활성화한다.

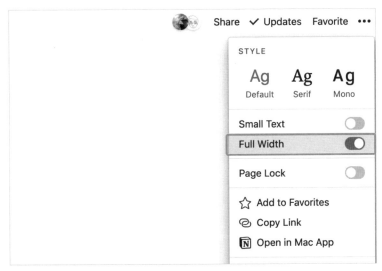

▲ 그림 6-38 전체 폭으로 사용할 수 있도록 활성화된 모습

"사진 기록"이라는 제목을 입력하고, 슬래시 명령어를 입력한 후 웹 북마크 블록을 선택한다.

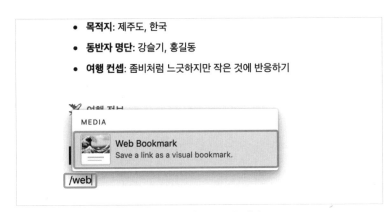

▲ 그림 6-39 "/web"을 입력한 후, 웹 북마크 블록을 생성

만약, 일정별로 따로 관리하기 원한다면 생성한 빈 웹 북마크 블록을 일수만큼 복제한다. 4일 여행이니, 필자는 네 개의 빈 웹 북마크를 생성하였다.

▲ 그림 6-40 복제된 웹 북마크 블록들

공간 활용을 위해 웹 북마크들을 네 개의 단으로 편집한다.

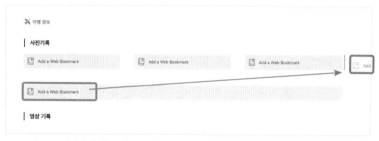

▲ 그림 6-41 복제된 웹 북마크를 단으로 편집

▲ 그림 6-42 네 개의 단으로 편집한 웹 북마크들

영상의 경우, 콘텐츠를 유튜브나 비메오 등 영상 콘텐츠 서비스에 올린 후 임베드로 바로 재생할 수 있어 이미지와 같이 웹 북마크가 아닌 임베드 블록을 사용한다.

"영상 기록"이라는 제목을 입력하고, 슬래시 명령어를 입력한 후 비디오 블록을 선택한다.

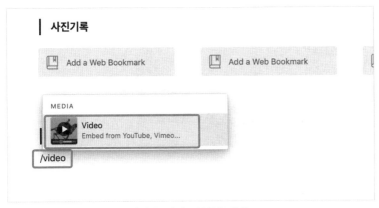

▲ 그림 6-43 "/Video"를 입력한 후, 비디오 블록을 생성

이미지와 동일하게 네 개의 단으로 비디오 블록을 편집하고, 각각의 미디어 블록 하단에 "O일차"를 작성한다.

▲ 그림 6-44 사진 및 비디오 블록의 생성이 완료된 모습

여행 중이나 여행 이후 사진의 경우, 구글 포토 앨범에 사진들을 올린 뒤 공유 버튼을 클릭한다.

▲ 그림 6-45 구글 포토 앨범의 공유 버튼

하단에 **링크 만들기**를 선택한 후, 생성된 앨범의 공유 주소를 확인하고 **복사** 버튼을 클릭한다.

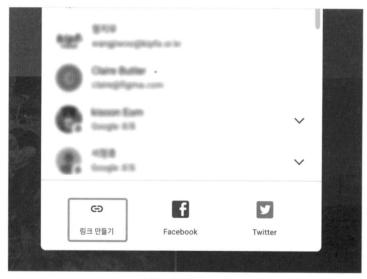

▲ 그림 6-46 구글 포토 앨범의 링크 만들기

▲ 그림 6-47 구글 포토 앨범의 공유 주소를 복사

다시 Notion으로 돌아와서 해당 일차의 빈 웹 북마크를 클릭한 후, 방금 복사한 주소를 삽입하고 **Create Bookmark** 버튼을 클릭한다.

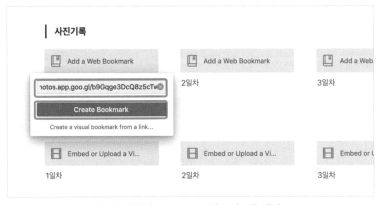

▲ 그림 6-48 복사한 사진 앨범의 URL 주소로 웹 북마크를 생성

여행한 후, 일차별로 사진 앨범의 웹 북마크를 모두 입력한다.

▲ 그림 6-49 일차별로 모든 사진 앨범의 웹 북마크가 완성된 모습

영상의 경우, 동영상을 유튜브나 비메오에 업로드한 후 URL의 주소를 복사한다. Notion에 미리 제작해 둔 빈 비디오 블록을 클릭한 후, Embed Link 탭을 선택해서 복사한 주소를 붙여넣기 한다.

▲ 그림 6-50 비디오 블록을 클릭한 후, Embed Link 탭을 이용해 동영상을 임베드

여행 후, 일차별로 편집된 동영상의 임베드를 모두 입력한다. 만약, 편집되지 않는 영상을 그대로 정리한다면 유튜브나 비메오가 아닌 구글 포토 앨범을 사진과 함께 이용할 수 있다.

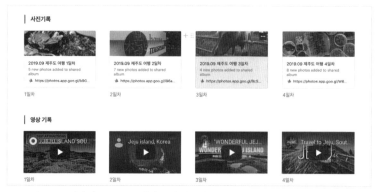

▲ 그림 6-51 일차별로 모든 동영상을 임베드한 모습

여행 세부 계획 및 기록하기

여행을 계획할 때 가장 중요한 부분이다 보니, 필자는 다양한 방법을 시도해 보았다. 일별로 페이지를 정리도 해 보았고, 시간대별로 이동 경로를 이미지로 정리하고, 부연 설명을 단을 나누어 제작도 해 보았다. 하지만 정리와는 별개로 정보를 열람하기가 불편했다. 필자의 여행에서는 빠르게 정보를 찾거나 목적에 따라 집중해서 볼 수 있는 방법이 더 중요한 것을 알게 되었다. 그러다 보니 자연스럽게 Notion의 기본 데이터베이스와 여러 뷰의 조합으로 구성해볼 수 있었다.

여행할 때 가장 자주 확인하게 되는 정보들을 모두 데이터베이스에 속성화시킨다. "여행 정보"의 데이터베이스는 많은 자료들이 모일 것으로 예상하고 풀 페이지로 제작하였으나 세부 계획의 인터페이스는 다른 블록들과 조합해서 사용하기 위해 인라인으로 제작한다. 하위 페이지의 Depth(페이지로 들어가는 횟수)가 많아지면, 그만큼 정보는 찾기 어렵기 때문이다.

> **TIP!**
> 하위 페이지를 많이 만들면 정리는 용이할지 모르나 빠르게 정보를 찾는 데 한계가 있거나 그 기준이 모호하면 오히려 더 많은 혼선을 빚을 수 있다. 가려질 정보와 자주 활용하는 정보는 먼저 인지하는 것이 중요하다. 무조건 페이지를 정리하거나 디자인을 깔끔하게 하는 것이 중요한 것이 아니라 정보만큼은 사용성에 중심을 두어야 한다는 점을 잊지 말자.

앞에서 언급했던 마인드맵을 참고해서 제작해 보자.

- 제목: 각 여행 일정의 가장 작은 단위들
- 일차별(속성 유형: Select): 각 일차별로 구분해서 확인
- 담당자(속성 유형: Person): 예약이나 기타 분업으로 진행
- 가격(속성 유형: Number): 모든 서비스의 가격 기록 및 다음 여행할 때 참고
- 구분(속성 유형: Select): 교통, 먹거리, 놀거리, 볼거리, 숙박 등 카테고리로 정렬
- 예약 번호(속성 유형: Text): 교통편 등의 예약 번호
- 출발 시각(속성 유형: Date): 이동 및 교통편을 위한 정보
- 도착 시각(속성 유형: Date): 이동 및 교통편을 위한 정보
- 체크인(속성 유형: Date): 숙박을 위한 정보
- 체크아웃(속성 유형: Date): 숙박을 위한 정보
- 첨부 파일(속성 유형: File & Media): 예약한 정보를 담은 PDF 또는 이미지 파일들
- 메뉴(속성 유형: Text): 먹거리를 위한 주요 식단 정보
- 평가 및 추천(속성 유형: Select): 5점 척도로 평가, 다음 여행할 때 참고
- 웹사이트 또는 연락처(속성 유형: URL 또는 Phone): 긴급한 사항 및 변동 사항에 대비
- 비고(속성 유형: Text): 알고 있어야 할 정보의 간략한 에피소드 작성

이런 속성들을 유형에 맞게 생성했다면 아마도 일부 사용자는 가로형 스크롤을 사용할 만큼 굉장히 긴 데이터베이스가 불편하리라 생각되지만, 추후 여러 뷰와 필터 및 속성 설정을 통해 어느 정도 깨끗하게 정리할 수 있다. 따라서 정보를 넣을 수 있을 만큼 자세하게 기입하는 것을 추천한다.

▲ 그림 6-52 완료된 "여름 세부 계획"의 데이터베이스 및 관련 속성

좀 더 수월하게 속성들을 다루려면, 속성 유형 중 Select 또는 Multi-Select에 자주 사용하는 태그들을 입력해 두자.

먼저 "일차"부터 진행해보자. 속성 아래 빈 테이블을 클릭해 기입이 가능한 창이 나오면, 하나씩 1일차, 2일차, 3일차, 4일차… 식으로 입력하여 태그를 생성한다. 참고로, 날짜도 함께 작성하면 인지하기 더 수월해진다.

▲ 그림 6-53 "일차" 속성에서 사용할 일차와 날짜가 작성된 태그

"가격"은 Number 유형으로, 빈 테이블에 마우스를 올려 두고 123이라는 박스를 클릭한 후, 사용할 통화 단위를 선택할 수 있다. 이 여행은 한국의 제주도이니 "Won"을 선택하면 된다.

▲ 그림 6-54 **123 버튼을 클릭한 후, 단위를 선택**

"구분" 역시 Select 유형이므로, 미리 태그를 입력해 보자. "일차"와는 다르게 조금 더 빠른 인지를 위해 이모지를 이용해 보자.

> **TIP!**
>
> Notion에서 페이지를 꾸밀 때 여러 가지 꼼수를 사용하게 되는데, 그중 하나로 기분이나 연관성 있는 이모지를 사용함으로써 자칫 밋밋해 보일 수 있는 문서를 재미있게 구성할 수 있다. 기본적으로 Select 또는 Multi - Select는 색으로 태그를 생성할 수 있지만, 여기에 이모지까지 사용한다면 더 효과가 좋다.

단축키로는 cmd+ctrl space bar(맥) 또는 **윈도우 로고 키+ .** 또는 ; (윈도우 10 1809 버전 이후)를 언제든 사용할 수 있다.

이모지 생성 단축키를 사용하여 이모지 창을 띄우고, 단어 검색 또는 직접 찾아서 더블클릭으로 선택할 수 있다.

▲ 그림 6-55 이모지 창을 띄운 모습

이후 원하는 태그를 입력한 후, 하단의 **Create**를 클릭해서 생성한다.

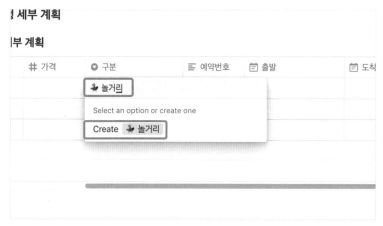

▲ 그림 6-56 이모지와 함께 태그를 생성

이렇게 순차적으로 모든 구분 태그를 생성한다.

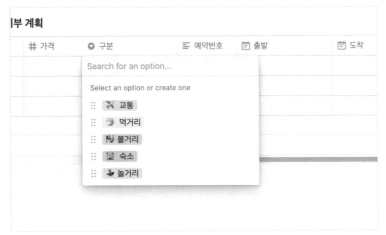

▲ 그림 6-57 이모지와 함께 태그를 생성, "구분" 속성에서 사용할 관련 태그들

마지막으로, "평가 및 추천" 역시 평가를 5점 척도로 ★ 이모지를 이모지 창에서 검색하여 생성할 수 있다. ★, ★★, ★★★, ★★★★, ★★★★★를 각각의 태그로 생성한다.

▲ 그림 6-58 이모지 창에서 ★를 선택

필자의 경우, … 태그 메뉴에서 다양한 색이 아니라, 하나의 색으로 통일하여 ★ 콘텐츠에 집중하도록 유도하였다.

▲ 그림 6-59 ★로 제작된 1~5점 척도 태그들의 모습

이제 내용을 채워 넣어 보자. 첫 번째로, 직접 예약한 내용이나 가 볼 만한 곳을 입력할 수 있는 부분은 꼼꼼히 작성하고 해당 없는 속성은 비워 둔다.

Aa 제목	📅 일차	👤 담당자	# 가격	⊙ 구분	☰ 예약번호	📅 출발	📅 도착	📅 체크인	📅 체크아웃
대한민국 에어	1일차 (9월 2일)	Seulki Kang	₩86,000	교통	J123456	9월 02, 2019 10:00 오전	9월 02, 2019 11:00 오전		
우리 제주 호텔	1일차 (9월 2일)	Ryan Kang	₩218,000	숙소				9월 02, 2019	9월 03, 2019
제주 식당	1일차 (9월 2일)	Seulki Kang	₩70,000	먹거리					
+ New									

▲ 그림 6-60 "여행 세부 계획"의 데이터베이스에 채워진 정보들

두 번째로는, 여행 동반자와 함께 사전 조사로 모아 둔 "여행 정보"의 데이터들을 "여행 세부 계획"의 데이터베이스로 옮기는 방법이다. 이 방법을 사용할 때 두 번, 세 번 작성하는 번거로운 일을 덜어 줄 수 있다.

먼저, 데이터를 모아 두었던 "여행 정보"의 데이터베이스로 들어가서, 옮기고자 하는 카드형 데이터의 오른쪽 상단에 마우스를 놓고 ⋯ 메뉴를 클릭한 후, Move to를 선택한다.

▲ 그림 6-61 이동시킬 데이터를 선택한 후, 카드 설정 메뉴에서 "Move To"를 선택

이동시키려는 "여행 세부 계획"의 데이터베이스를 검색한 후, 아래 페이지 목록에서 선택한다.

▲ 그림 6-62 "여행 세부 계획"의 데이터베이스를 검색한 후, 선택

제대로 데이터가 옮겨졌는지 "여행 세부 계획"에서 확인한다. 이때 속성은 기입이 안 되어 있기 때문에, 해당되는 속성이 있다면 마찬가지로 값들을 입력한다.

▲ 그림 6-63 해당 데이터가 "여행 세부 계획"의 데이터베이스로 이동된 모습

또한 각 행의 제목 위에 마우스를 올려놓고 Open 버튼을 클릭하면, 세부 내용을 작성할 수 있다. 속성에서 넣지 못한 내용이나 메모들은 페이지 안으로 접근하여 내용을 자유롭게 작성할 수 있다. 참고로, 제목 앞에 문서 아이콘이 있다면 안에 내용이 있는 것을 의미하므로, 안에 내용을 확인할 것인지 아니면 무시할 것인지를 인지할 수 있다.

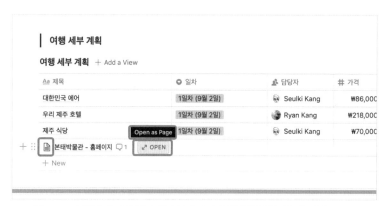

▲ 그림 6-64 콘텐츠에 내용이나 설명을 추가하기 위해 Open 버튼을 사용

막상 제작된 데이터베이스를 보니, 매번 원하는 데이터를 찾기는 굉장히 어려워 보인다.

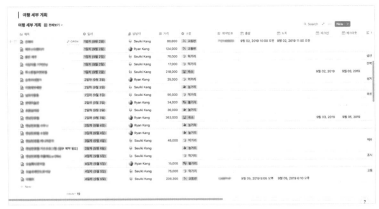

▲ 그림 6-65 모든 여행의 세부 일정을 정리한 모습

따라서 이제는 필요할 때 정보를 빠르게 사용 가능하도록 다양한 뷰와 필터 그리고 속성 설정을 진행한다.

날짜 또는 일정별로 정리해서 확인하는 뷰를 추가해 보자. 데이터베이스 왼쪽 상단 + Add a View를 클릭해 뷰의 이름을 작성한 후, Board를 선택하고, Create 버튼을 클릭한다.

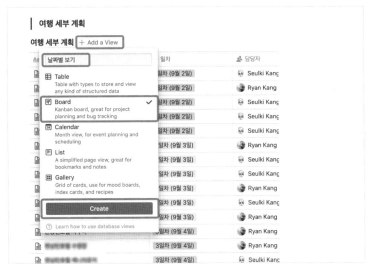

▲ 그림 6-66 일차 또는 날짜별로 보기 위한 보드 뷰를 생성

칸반 보드를 생성할 수 있으며, 데이터에 "일차" 속성이 비어 있으면, "No 일차"에 자리하게 된다. 하지만 모든 일차를 입력하게 되면, 이 카테고리는 불필요하게 되므로 숨겨 두는 것을 권장한다.

"No 일차"에 ⋯ 메뉴를 선택한 후, Hide를 클릭한다.

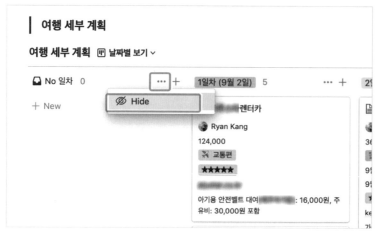
▲ 그림 6-67 사용하지 않는 "No 일차" 숨기기

참고로, "일차" 속성이 아니라 다른 Select 유형의 속성이 선택되었다면, 속성의 순서를 바꾸거나 또는 오른쪽 상단에 있는 ⋯ 데이터베이스 메뉴를 클릭한 후, Group By를 선택하면 Select 유형의 속성 목록 중 "일차"로 변경할 수 있다.

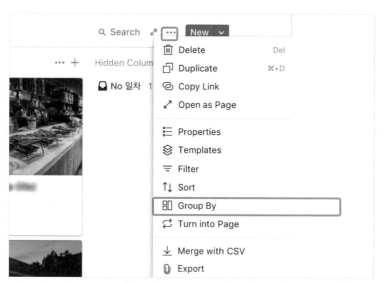
▲ 그림 6-68 기준이 되는 Select 속성을 변경하기 위해 Group By를 선택한 모습

기본적으로 모든 속성을 확인할 수 있게 설정되어 있어서 복잡해 보일 수 있기 때문에 이 부분을 정리하자. 오른쪽 상단의 … 데이터베이스의 설정 메뉴를 클릭하고, Properties를 선택하자.

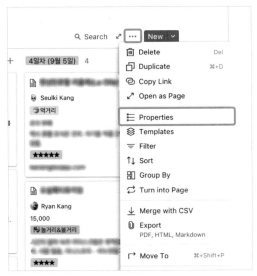

▲ 그림 6-69 데이터베이스의 설정 메뉴에서 Properties를 선택

먼저, 각 데이터(페이지)에 설명(또는 이미지)들이 있다면, … 데이터베이스 메뉴를 클릭한 후 Card Preview에서 Page Content를 선택한다. 이미지 미리 보기를 확인할 수 있어 좀 더 보기 편할 것이다.

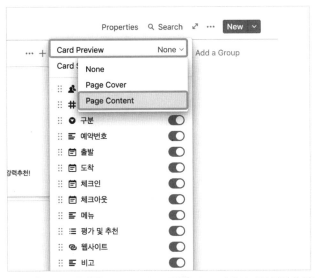

▲ 그림 6-70 Card Preview > Page Content로 미리 보기를 설정한 화면

▲ 그림 6-71 미리 보기가 적용된 모든 데이터

하지만 일차 또는 날짜별로 확인하기에는 불필요한 속성 정보들이 많다는 것을 알 수 있다. 이 뷰에서 굳이 필요하지 않은 속성 정보들은 비활성화한다. 필자의 경우, 가격, 구분 그리고 웹사이트나 전화번호의 속성만 사용하고, 나머지는 모두 숨김 처리하여 정리하였다.

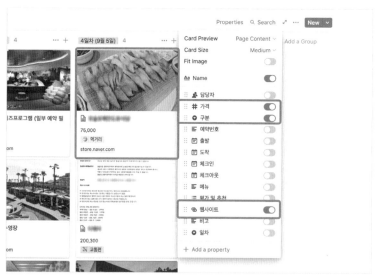

▲ 그림 6-72 카드형 데이터에서 보이게 할 속성을 활성화

이번엔 "교통편"만 따로 보고 싶다고 가정하고, 뷰를 추가해 보자.

데이터베이스의 왼쪽 상단에 현재 보이는 뷰 이름을 클릭하여 + Add a View를 선택한다. 새로운 뷰의 이름을 작성하고 Table을 선택한 후, Create 버튼을 클릭한다.

▲ 그림 6-73 "교통편 보기"를 위한 새로운 테이블 뷰를 생성

다시 모든 속성이 보이게 되고, 필터와 속성 설정을 편집해서 교통에 필요한 정보들만 구성할 수 있다.

오른쪽 상단의 ⋯ 데이터베이스의 설정 메뉴를 클릭한 후, Filter를 선택한다.

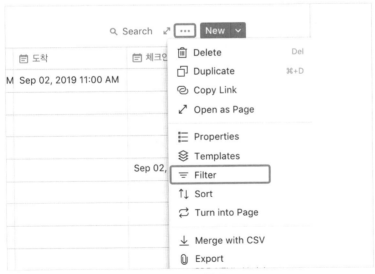

▲ 그림 6-74 데이터베이스의 설정 메뉴에서 Filter를 선택

+ Add a Filter를 선택한다.

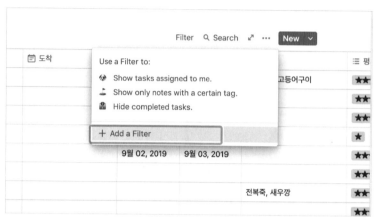

▲ 그림 6-75 + Add a Filter로 새로운 필터 생성

먼저, 속성 선택은 "교통편" 태그가 속해 있는 **구분** 속성을 선택한다. Is로 조건을 선택하고, 옵션 값은 **교통편**을 목록에서 선택하면, 교통편에 해당하는 데이터들만 확인할 수 있다.

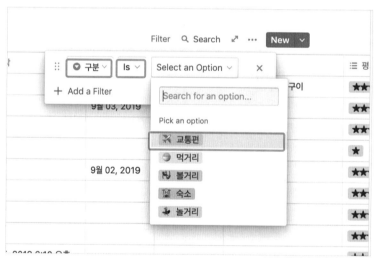

▲ 그림 6-76 "교통편"만 가져올 수 있도록 필터를 설정

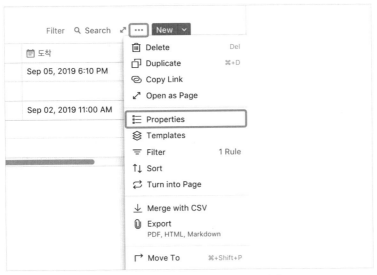

▲ 그림 6-77 "교통편 보기"만 가능한 테이블 뷰

아직도 불필요한 속성들이 보이기 때문에, 정보를 탐색하는 데 방해되거나 스크롤을 이용해야 한다. 따라서 교통편에서만 꼭 확인할 속성만 활성화하도록 설정하는 것을 추천한다.

오른쪽 상단의 … 데이터베이스의 설정 메뉴를 클릭한 후, Properties를 선택한다.

▲ 그림 6-78 데이터베이스의 설정 메뉴에서 Properties를 선택

교통과 상관성이 없는 속성은 모두 비활성화시킨다. 다시 말해, 숙소와 관련 있는 "체크인", "체크아웃" 등과 같은 속성을 비활성화시킨다.

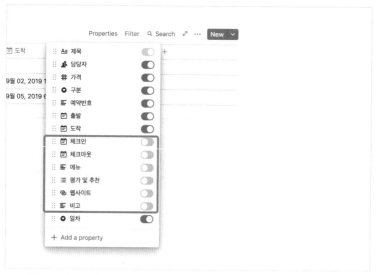

▲ 그림 6-79 "교통편 보기"와 관계없는 속성을 비활성화

▲ 그림 6-80 필요한 속성만 확인 가능하게 된 "교통편 보기"의 테이블 뷰

필자는 자주 활용할 것 같은 뷰를 모두 생성하여 관리하였다. 이때 역시 이모지를 활용하여 좀 더 빠르게 정보를 인지하도록 유도하였다.

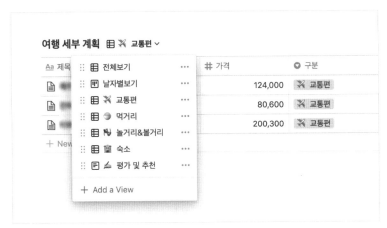

▲ 그림 6-81 필자가 여행을 계획할 때 사용하는 기본 뷰의 목록들

추가로 뷰 생성은 항상 똑같은 뷰를 사용하는 것이 아니라, 정보를 쉽게 볼 수 있는 것을 선택하고 설정한다는 점을 잊지 말자.

▲ 그림 6-82 "평가 및 추천"의 뷰는 별점과 리뷰의 섬네일 확인이 용이한 리스트 뷰를 활용

6.1.2. Bullet Journal(불렛 저널) 템플릿 제작하기

🔗 예제 링크 http://bit.ly/2MOJu70
(주소로 들어가 페이지 오른쪽 상단에 "Duplicate"로 복제해서 사용해야 편집할 수 있다.)

불렛 저널은 뉴욕 디자이너 출신인 Ryder Carroll이 자신의 노트를 사용하는 방법으로, 할 일 목록, 다이어리 그리고 플래너를 하나의 시스템으로 만든 아날로그식 기록 방식이다. 과거, 현재, 미래의 기록들을 정리하고 계획할 수 있어 많은 사람들이 애용한다. 재미있는 것은 자신의 생활 방식에 맞춰서 기본에서 다양한 방법으로 디자인하고 실험하여 사람들과 공유한다는 것이다.

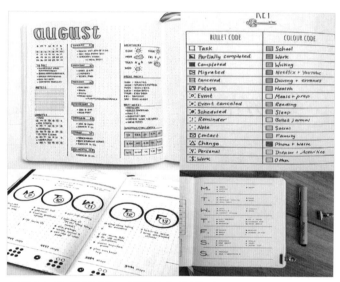

▲ 그림 6-83 개성 넘치는 다양한 불렛 저널(출처: pinterest)

더 자세한 정보는 아래 주소에서 확인할 수 있다.

🔗 https://bulletjournal.com/

흩어져 있는 정보들을 기록하고 정리하는 최적화 도구이자 방법이라는 점에서, Notion은 불렛 저널의 개념과 잘 맞닿아 있는 도구이다. 다만, 다른 점으로 아날로그냐 디지털이냐의 선택이 필요하다. 여기에서는 Notion을 중심으로 불렛 저널의 템플릿을 함께 작성해 보려고 한다. 만약, 자신의 계획이나 일상의 기록이 잘 정리가 안 된다면 Notion과 함께 불렛 저널을 작성해 보는 것을 권장한다.

불렛 저널은 크게 다섯 가지 파트가 핵심이다.

- Index: 아날로그식으로 할 경우 순서나 찾을 때 번거로움이 있기 때문에, 페이지 수를 작성하면서 인덱스에 해당 페이지가 무엇인지 표시하며 기록을 남긴다.
- Future Log: 연간 계획 정도로 생각하면 된다. 목표보다는 조금 더 구체적인 할 일들을 작성한다. 예를 들면, 생일, 공휴일, 잊지 말아야 하는 중요한 연중 행사 등을 작성한다.
- Monthly Log: 월간 목표나 할 일들을 작성한다.
- Daily Log: 매일 불렛을 이용해서 할 일과 메모들을 진행한다.
- Collection: 자신이 목표로 하는 독서, 운동, 어학 등을 매일 별도로 작성하면서 습관화시키는 프로젝트들을 의미한다.

불렛 저널을 사용하는 이유는, 바로 이 불렛 아이콘, 일명 Key(키)를 이용하여 글의 성격이나 액션을 상징적으로 나타내기 때문이다. 기본적으로 필요한 불렛들의 성격이나 액션은 다음과 같다.

- 할 일: 해야 할 일. 하지만 아직 시작하기 전의 일
- 할 일 완료: 해야 할 일을 완료했을 때
- 메모, 노트 및 아이디어: 액션이 필요한 할 일과 다르게 생각 정리만을 나타낸다.
- 이벤트: 기념일, 미팅 등 약속이나 행사를 나타낸다.
- 취소: 더 이상 진행이 안 되는 내용을 표시한다.
- 이동: 다른 달이나 일로 이동할 때 표시한다.
- 중요: 위 불렛들과 조합해서 사용할 수 있는 Signifier(시그니파이어) 중 하나이다. 가장 우선순위를 두어야 하는 글에 표시한다.

노트와 같은 아날로그 도구로 진행한다면, 나만의 불렛을 제작해 사용하거나 불렛 저널을 창시한 사람의 사용 가이드를 참고할 것이다. 하지만 Notion에서는 불렛의 형태가 다양하지 않아 똑같이 진행하기 어렵지만, 앞에서도 언급했던 바와 같이 반드시 그 원본을 따라 할 필요는 없다. 자신의 생활 방식에 맞게 가공해서 사용한다면, 더 큰 효과를 얻을 수 있을 것이다.

가장 먼저 불렛 저널 첫 페이지에서는 Goal(연간 목표), Future Log(연간 계획), Monthly(매달 기록하기), Collection(습관 만들기)이 노출되고, 기타 액세서리 같은 기능들을 추가로 제작한다. 가장 기록이 자주 이뤄질 "매달 기록하기"에는 매일 또는 매주 기록이 가능한 Daily(매일 기록하기)의 세부 내용을 작성한다.

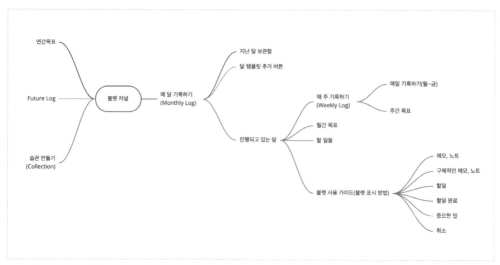

▲ 그림 6-84 불렛 저널을 위한 템플릿 와이어프레임

먼저, 새로운 페이지를 생성한 후 페이지의 제목에 "불렛 저널"이라고 작성하고, 아이콘 및 커버 이미지를 생성한다.

▲ 그림 6-85 불렛 저널 페이지의 제목, 아이콘 및 커버 이미지의 생성

세부 제목 구성 생성하기

소제목 블록을 생성하고, 이모지를 이용한 "연간 목표"의 제목을 작성한다.

제목 아래 슬래시 명령어로 "/call"을 입력한 후 Callout을 선택하여 새로운 설명문 블록을 생성한다. 생성된 설명 블록에 자신의 올해 목표를 작성한다.

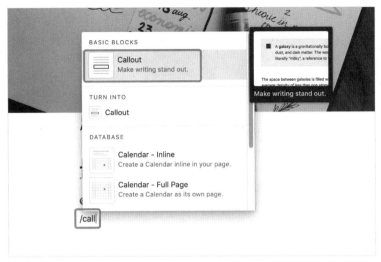

▲ 그림 6-86 "/call"을 입력하여 설명 블록을 생성

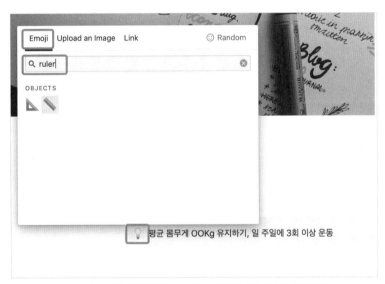

▲ 그림 6-87 생성 후 내용을 입력하고, 내용과 연관성 있는 이모지를 변경

만약 "연간 목표"가 한 개 이상일 경우 설명 블록을 복제하고, 하나당 하나씩 목표를 입력한다. 연간 목표는 많다고 좋은 것은 아니고, 올해 집중해서 이룰 수 있을 만한 목표를 잡는 것을 추천한다.

▲ 그림 6-88 작성 완료된 연간 목표

한두 개의 빈 블록을 추가하여 공간을 주고, 통일성을 위해 앞에서 사용한 동일한 제목 블록을 선택한 후, 이모지를 이용한 "매달 기록하기"와 "습관 만들기"의 제목을 작성한다.

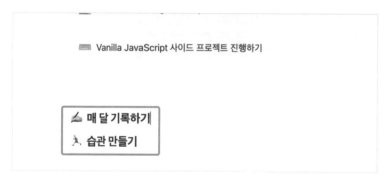

▲ 그림 6-89 "매달 기록하기", "습관 만들기"의 제목과 이모지를 생성

불필요한 공간을 줄이기 위해 "습관 만들기"의 텍스트 블록을 이동시켜 "매달 기록하기"와 단을 나눈다.

▲ 그림 6-90 "습관 만들기"의 텍스트 블록을 "매달 기록하기"로 이동하여 단 편집

슬래시 명령어를 사용하여 "/div"를 입력한 후, 분할선 블록을 각 제목 하단에 생성한다.

▲ 그림 6-91 각 제목 하단에 분할선 블록을 생성한 모습

불렛 저널에서 가장 중요한 페이지를 제작해 보자. 아날로그 불렛 저널은 연, 달, 일 모두 따로 페이지를 사용하지만, Notion의 경우 페이지에 또 다른 하위 페이지를 구성할 수 있는 하이어라키 구조로 되어 있어 좀 더 효율적으로 공간을 활용할 수 있다. 먼저 해당 달, 주, 일을 담을 수 있는 페이지 블록 하나를 "매달 기록하기"의 단 하단에 생성하자.

슬래시 명령어를 사용하여 "/page"를 입력한 후, 페이지 블록을 생성할 수 있다. 페이지의 제목은 "OOOO년 OO월"로 기입하자. 이 페이지가 추후에는 템플릿 버튼 블록으로 사용되어 매달 복제하면서 사용할 예정이고, 복제 후에는 정확한 연도와 달을 변경하면 된다.

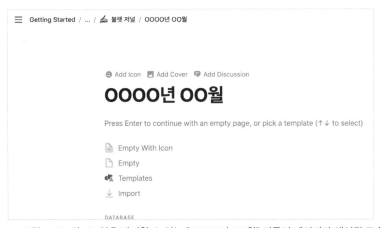

▲ 그림 6-92 달, 주, 일을 관리할 수 있는 "OOOO년 OO월" 이름의 페이지가 생성된 모습

페이지 공간이 부족하면 답답함을 느낄 수 있으니, 먼저 페이지 오른쪽 상단의 ⋯ 페이지 설정 메뉴에서 Full Width를 활성화한다.

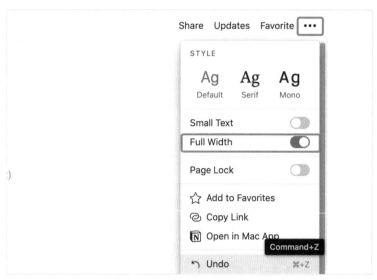

▲ 그림 6-93 페이지 설정 메뉴에서 Full Width를 활성화

"매달 기록하기" 템플릿 생성하기

먼저, 월간으로 관리할 목표와 할 일들을 작성할 수 있는 공간을 만들어 보자. "월간 목표"의 제목과 불렛 리스트 블록들, "할 일들" 제목과 체크박스 리스트 블록을 생성한다.

▲ 그림 6-94 "월간 목표"의 제목과 불렛 리스트 블록 그리고 "할 일들"의 제목과 체크박스 리스트 블록을 생성

그 아래 "불렛 사용 가이드"라는 제목과 Key(불렛 아이콘)의 쓰임새를 알려 주는 가이드를 제작한다. 한동안은 자신이 만들고도 익숙하지 않아서 잊어버릴 수 있기 때문이다.

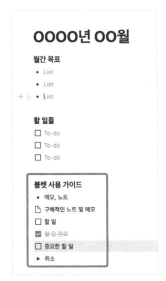

▲ 그림 6-95 Key(불렛 아이콘)의 쓰임새를 알려 주는 가이드

- 불렛 리스트 블록: 메모, 노트 및 아이디어를 작성할 때 사용한다.
- 페이지 블록: 내용이 구체적이거나 이미지 등을 포함하고 있을 때 사용한다.
- 비활성화된 체크박스 리스트 블록: 할 일, 메모 등 모든 기록에 사용한다.
- 활성화된 체크박스 리스트 블록: 완료되었거나 진행되었을 때 사용한다.
- 토글 리스트 블록: 완료가 아니라 취소된 내용은 이 안에 담아서 일괄적으로 관리한다.
- 바탕색: 중요한 내용은 블록에 색을 칠할 때 사용한다.

아래에 새로 페이지를 하나 생성한다. 페이지 제목으로 "첫째 주"를 작성한 뒤에 바로 @을 입력한 후, MM/DD/YYYY 식으로 그 주가 시작하는 날짜를 입력한다.

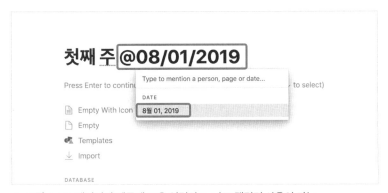

▲ 그림 6-96 페이지의 제목에 @을 입력하고, 바로 캘린더 사용이 가능

다시 날짜를 클릭해서 캘린더 설정 중에 End Date를 활성화한 후, 이번에는 주가 끝나는 날을 캘린더에서 선택한다.

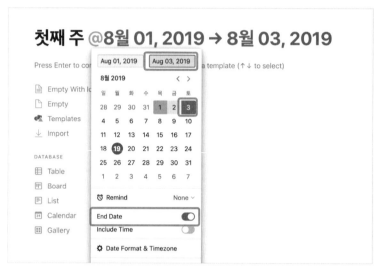

▲ 그림 6-97 End Date를 활성화한 후, 종료되는 날을 선택

페이지 제목 아래 이모지와 함께 "주간 목표"란 제목 블록을 생성하고, 그 아래 불렛 리스트 블록을 생성한다.

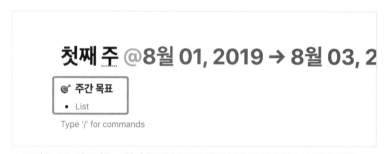

▲ 그림 6-98 이모지를 포함한 "주간 목표"의 제목 블록 및 불렛 리스트 블록 생성

그 밑에 가장 큰 대제목 블록으로 한 블록당 하나의 요일을 작성한다. 그 어떤 글자 크기보다 크기 때문에, 타이틀이 요일의 앞 자만 사용하더라도 눈에 먼저 보이게 할 수 있다.

작성이 완료되었다면, 드래그 앤드 드롭으로 요일들을 2단으로 구성한다. 예를 들면 월, 화 그리고 수, 목 이러한 방법으로 토요일까지 진행한다.

▲ 그림 6-99 "월"과 "화"를 두 개의 단으로 편집

보통 토요일을 생략할 수도 있지만 필자의 경우 토요일에도 업무가 종종 있고, 단의 균형을 맞추기 위해 토요일까지 작성하였다.

▲ 그림 6-100 2단으로 편집된 요일들

모든 각 요일의 하단부에 분할선 블록을 생성한다.

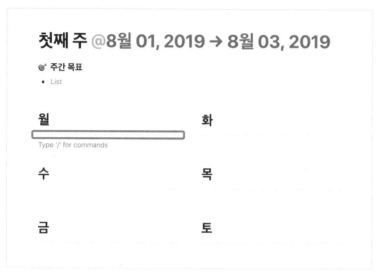

▲ 그림 6-101 각 요일의 하단에 분할선 블록을 생성한 모습

상위 페이지인 "○○○○년 ○○월"의 페이지로 돌아와서 방금 생성한 "첫째 주 @8월 01, 2019…"의 페이지를 "월간 목표" 왼쪽에 두면서 단을 생성한다.

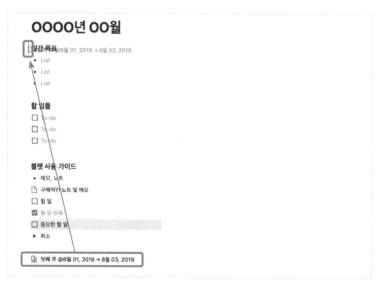

▲ 그림 6-102 "첫째 주 @8월 01…"의 페이지 블록을 "월간 목표"의 제목 블록 왼쪽으로 이동시켜 단 생성

"첫째 주 @8월 01, 2019…"의 페이지를 제외한 모든 블록은 나누어진 단에서 "월간 목표"의 아래로 모두 이동시킨다. 이러한 방법으로 월간과 주간/일간의 내용을 구분하기 수월해진다.

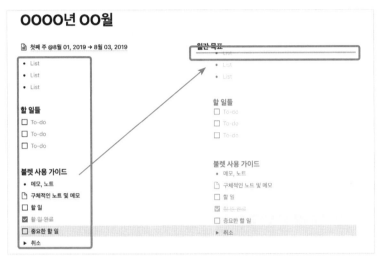

▲ 그림 6-103 "첫째 주 @8월 01, 2019…"의 페이지를 제외한 모든 블록을 "월간 목표"의 단으로 이동

단의 가이드 선을 마우스로 클릭한 상태로, 주간 및 일간 불렛 저널을 작성할 곳에 공간을 더 많이 사용할 수 있도록 이동한다.

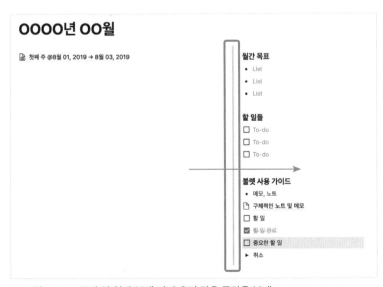

▲ 그림 6-104 주간 및 일간 불렛 저널에 더 많은 공간을 분배

"첫째 주 @8월 01, 2019…"의 페이지를 선택한 후, 오른쪽 마우스 버튼을 클릭한다. Turn Into 〉 Toggle List로 변경한다.

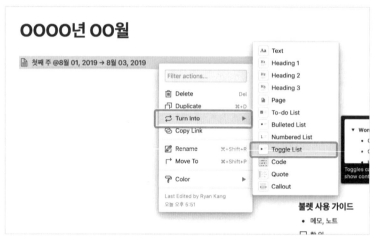

▲ 그림 6-105 "첫째 주 @8월 01, 2019…"의 페이지를 Turn Into > Toggle List의 블록으로 변경

이러한 방법으로 단을 이동하거나 복제할 경우, 단의 구성을 깨지 않고 사용할 수 있다는 장점이 있다.

필요에 따라서 페이지 내 공간을 최대한 활용하기 위해서 단에 또 다른 단을 종종 사용하기도 한다.

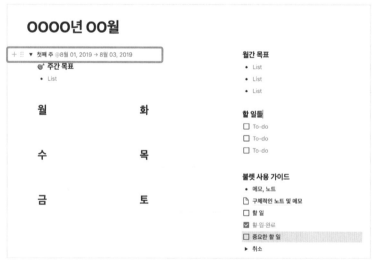

▲ 그림 6-106 토글 리스트 블록으로 변경된 페이지 블록

이 토글 리스트 블록을 한 달, 즉 최대 5주 분량으로 복제하고, 토글 리스트 블록 제목의 날짜를 클릭한 후 각 주의 기간으로 변경한다. 복제할 때 날짜가 "Today", "Saturday" 등으로 보일 수도 있다. 이는 캘린더의 기본 설정이 Relative로 되어 있기 때문이다.

▲ 그림 6-107 다섯 개의 복제된 토글 리스트의 블록들과 제목을 변경

날짜 유형을 통일시키기 원한다면, 변경할 날짜를 선택하고 Date Format & Timezone을 클릭한다. Date Format의 Relative에서 유형 하나를 선택해서 사용한다.

▲ 그림 6-108 날짜를 클릭한 후, Date Format & Timezone에서 날짜 표기법을 변경

▲ 그림 6-109 매달 기록하는 템플릿이 완성된 모습

매달 기록하는 템플릿을 매번 찾아다니며 단순 복제 후 내용을 지우는 등 소모적인 일을 하는 것보다, 템플릿 버튼 블록으로 생성 및 관리해서 필요할 때 사용 및 수정하는 것이 훨씬 편리하다.

불렛 저널의 메인 페이지로 돌아가서 템플릿 버튼 블록을 생성해 보자. "0000년 00월"의 페이지 블록 하단에 슬래시 명령어를 사용하고, "/button"을 입력하여 Template button을 선택한다.

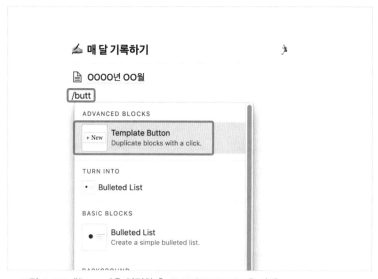

▲ 그림 6-110 "/button"을 입력한 후, Template Button을 선택

템플릿 버튼 블록의 이름을 "Button Name"에서 수정한다. 필자는 "달 추가하기"로 입력하였다.

▲ 그림 6-111 템플릿 버튼 블록의 이름을 생성

"Template" 안에 있는 기본 체크박스 리스트 블록은 삭제하고, 매달 생성해서 사용할 페이지 블록을 드래그 앤드 드롭으로 끌어다 놓는다.

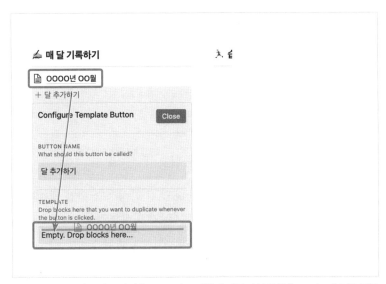

▲ 그림 6-112 만들어 두었던 "OOOO년 OO월"의 페이지 블록을 "Template"으로 이동

Close 버튼을 클릭해서 "달 추가하기"의 템플릿 버튼 블록의 편집을 완료한다.

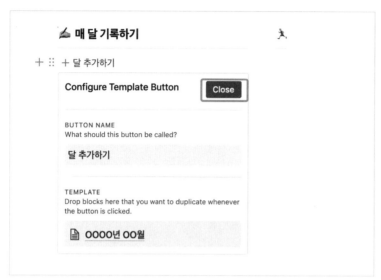

▲ 그림 6-113 Close 버튼을 클릭한 후, 템플릿 버튼 블록의 편집을 종료

생성된 "달 추가하기" 버튼을 클릭한다. 이 버튼은 항상 이 자리에 두고 새로운 달이 시작될 때 사용해서, 언제든 매달 기록에 필요한 구성이 모두 갖춰진 템플릿 페이지를 생성할 수 있다.

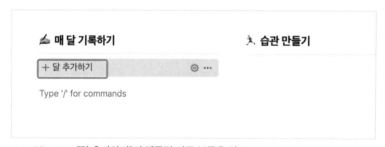

▲ 그림 6-114 "달 추가하기"의 템플릿 버튼 블록을 완료

템플릿을 생성한 후에 내용을 입력해 보자. 제목에는 "2019년 08월"을 작성하고, 월간 목표와 할 일들을 작성하고, 불렛 아이콘을 사용하면서 왼쪽에 있는 Daily Log를 작성해 간다.

불렛 아이콘의 활용법이 생각나지 않는다면, 왼쪽에 제작해 두었던 "불렛 사용 가이드"에서 참고하거나 블록을 복사해서 가져올 수도 있다.

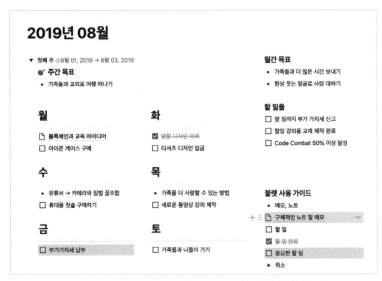

▲ 그림 6-115 "월간 목표", "할 일들", "주간 목표" 등 내용이 채워진 템플릿

새로운 달이 시작할 때는 기존의 달을 계속 누적시켜 둘 수 없기 때문에, 정리 차원으로 새로운 페이지를 생성하고 그 안에 모아 두는 것을 권장한다.

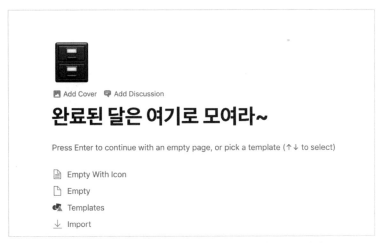

▲ 그림 6-116 작성 완료된 파일들을 보관하는 별도의 페이지 블록을 생성

필자의 경우, 바로 이동시킬 수 있도록 다음 그림과 같이 "달 추가하기" 버튼을 하단에 둔다.

▲ 그림 6-117 파일 보관용 페이지 블록이 생성된 모습

완료된 달은 간단히 드래그 앤드 드롭으로 이동시킬 수 있다. 또한 언제든 파일 보관 페이지로 들어가서 열람할 수 있다.

▲ 그림 6-118 완료된 페이지 블록은 "완료된 달은 여기로 모여라~" 페이지 블록으로 이동한 후, 보관

▲ 그림 6-119 "완료된 달은 여기로 모여라~" 페이지 블록으로 이동 완료된 페이지 목록

연간 계획을 담당할 "Future Log"는 데이터베이스의 캘린더 뷰에 슬래시 명령어를 사용하여 "/calendar"를 입력하고, Calendar-Inline을 선택한다. 위치는 "매달 기록하기"와 "습관 만들기" 단 밑 제일 하단에 생성한다.

▲ 그림 6-120 "/calendar"을 입력한 후, Calendar-Inline의 데이터베이스를 생성

먼저 캘린더 뷰를 생성한 후에, 1년 중 기본적으로 기억해야 할 중요한 날과 이벤트 등을 미리 작성해 둔다. 캘린더 뷰의 경우 사용자가 Notion을 열람하는 그날에 맞춰서 자동으로 해당 날짜와 달을 보여 주기 때문에, 캘린더에 보이는 페이지를 바로 월간 계획으로 이동할 수 있다.

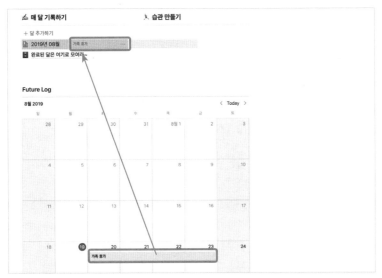

▲ 그림 6-121 "Future Log"에 있는 데이터를 이번 달로 쉽게 드래그 앤드 드롭으로 이동

이동시킨 페이지를 열어 제일 하단에 있는 이동된 "Future Log"의 위치를 세부적으로 수정한다.

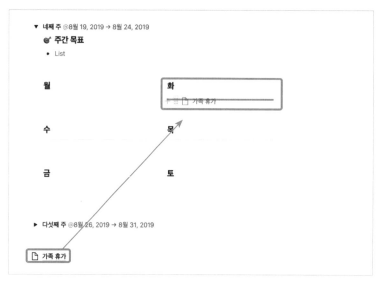

▲ 그림 6-122 "Future Log"에서 이동된 페이지를 세부 일정으로 편집

기본적으로 캘린더 뷰에서는 페이지 블록의 형태를 가지고 있기 때문에, 불렛 저널의 Key(불렛 아이콘)의 규칙을 적용한다. "가족 여행"은 해야 할 일이므로, 오른쪽 마우스를 클릭한 후 블록 메뉴에서 Turn Into > To-Do List로 변경한다.

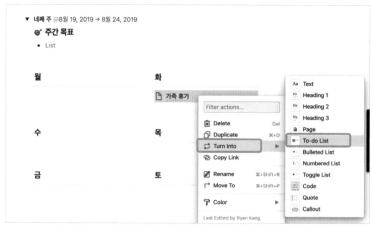

▲ 그림 6-123 불렛 아이콘의 가이드에 맞게 변경

▲ 그림 6-124 불렛 아이콘의 가이드에 맞게 변경 완료된 블록

"습관 만들기" 템플릿 생성하기

마지막으로, "습관 만들기"는 개인의 취향에 따라 구성하면 된다. 필자는 최근 관심 있는 것 중 하나가 "건강"과 "어학"이라고 가정하겠다. 현재 페이지에서 서브 페이지를 생성하는 것이 아니라, "건강"과 "어학"처럼 데이터가 상위 개념에서 범용적으로 재활용이 가능하다면 페이지 링크 블록을 이용해 언제든 원할 때 사용할 수 있도록 조합하는 것이 좋다. 이미 필자는 다양한 Life Tracker(생활 기록)를 진행하고 있기 때문에 해당 페이지를 사용하겠다. 만약 준비되지 않았다면, 추후에 개인에게 필요한 내용을 만들어서 사용하는 것을 추천한다.

> **TIP!**
>
> 필자의 경우, 정말 중요한 페이지들은 페이지 안에 하부 페이지로 관리하지 않고 제일 상위 페이지로 관리한다. 이러한 페이지들을 모아 둔 페이지를 Dashboard로 관리하며, 일목요연하게 정리해서 확인하고 있다. 빠르게 접근도 가능하지만, 내용이 점점 많아져서 Notion이 복잡한 구조를 이루거나 중요한 페이지가 다른 페이지 안에 위치할 때 빠르게 찾거나 활용하기 어려울 수 있기 때문이다.

▲ 그림 6-125 필자의 Dashboard(대시보드) 중 일부

제목 아래에 슬래시 명령어를 사용해서 "/link"를 입력하고, Link to Page를 선택한다.

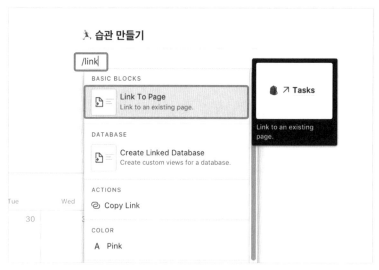

▲ 그림 6-126 "/link"를 입력한 후, Link To Page 블록을 선택

생성 후 가져오고 싶은 페이지의 제목을 검색해서 가져올 수 있다.

▲ 그림 6-127 가져올 페이지를 검색

현재 개인이 진행하고 있거나 진행할 목표로 하는 것을 모두 페이지 링크 블록으로 정리한다.

▲ 그림 6-128 습관을 만들려는 페이지를 불러오거나 생성된 모습

매번 불렛 저널을 사용할 때 "습관 만들기"도 확인하고, 진행한 것들은 함께 기록한다.

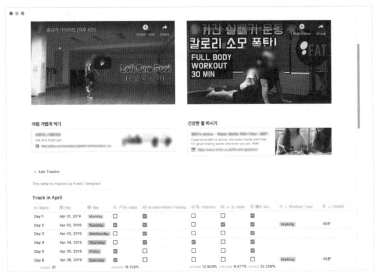

▲ 그림 6-129 페이지 링크된 "My Health" 페이지. 필자의 운동 및 건강 관리 기록

6.1.3. 이력서 템플릿 제작하기

🔗 예제 링크 http://bit.ly/2MO5MWo
(주소로 들어가 페이지 오른쪽 상단에 "Duplicate"로 복제해서 사용해야 편집할 수 있다.)

필자의 경우, 이력서를 PDF, Word, 웹사이트, 상대방에서 요청한 양식까지 다양하게 사용해 보았다.

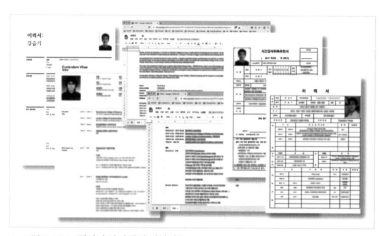

▲ 그림 6-130 필자가 작성했던 이력서들

그러나 이력서의 가장 큰 고민은 이력이 제자리걸음 하지 않고 지속적으로 내용을 업데이트해야한다는 점과 자주 이력서를 업데이트하지 않는다는 것이다. 이러한 고민은 필요할 때 이전에 제작해 두었던 이력 파일을 찾아야 하거나 찾지 못해 다시 처음부터 작성해야 하는 경우가 발생한다는 문제점이 있었다.

이를 해결하기 위해 필자는 이전까지 구글 문서를 이용해서 업데이트를 꾸준히 했지만 디자이너라는 직업 때문에 그런지 구글 문서에서는 자유로운 구성을 하기 어렵다는 또 다른 문제점을 발견하게 되었다.

노션을 이용하기 시작하면서 가장 먼저 실험적으로 변경해 보았던 것이 바로 이 이력서이고, 현재도 이 템플릿을 기반으로 조금씩 버전을 변형해 가며 사용하고 있다.

이력서에서 기본적으로 필요한 내용은 다음과 같이 구성하였다.

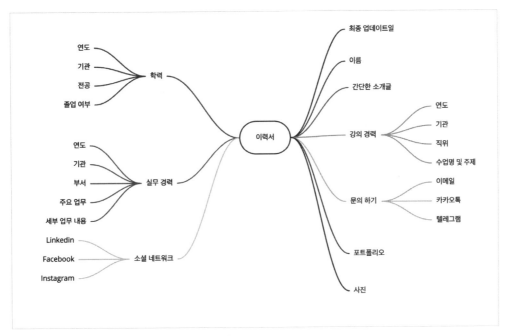

▲ 그림 6-131 이력서를 위한 템플릿 와이어프레임

새로운 페이지를 생성하고, 제목을 입력한다. 이때 자신의 이름을 넣는 것이 아니라 "이력서"라는 제목을 입력하자. 이유는 다른 페이지들과 관리할 때 이름으로 보이면, 추후에 파일을 정리할 때 무엇인지 인지되지 않아서 또다시 확인해야 하는 번거로움이 있기 때문이다. 또한 정확하게 이 문서가 이력서라는 것을 상대방에게 알리는 것이 중요하기 때문이다.

▲ 그림 6-132 이력 페이지의 제목을 입력

이미지를 넣는 방법은 여러 가지가 있지만, 페이지의 아이콘 대신에 자신의 사진을 넣어 볼 수 있다. 이렇게 하면 왼쪽으로 정렬해서 적당한 크기로 깔끔하게 정리할 수 있기 때문이다.

제목 상단의 Add Icon 버튼을 누르고 무작위로 생성된 아이콘을 클릭한다. Upload an Image 탭을 선택한 후, Choose a File 버튼을 클릭해서 자신의 사진으로 교체한다.

▲ 그림 6-133 Add Icon을 클릭한 후, Upload an Image로 사진을 업로드

▲ 그림 6-134 이력서용 사진으로 업로드된 모습

최종 업데이트 날짜 입력하기

다음으로 최종 업데이트 날짜를 입력해 보자.

"최종 업데이트" 또는 "Last Update"를 작성하고, @을 입력하고, MM/DD/YYYY 순으로 입력할 수 있다. 캘린더의 포맷이 Relative로 설정되어 있어 "Today"라고 나오지만, 날짜가 지나면서 해당 날짜를 확인할 수 있게 된다.

▲ 그림 6-135 텍스트 블록으로 최종 업데이트 날짜 작성

방금 작성한 "최종 업데이트" 글을 선택한 후, 툴팁 메뉴에서 색을 Gray(회색)로 변경한다.

> **TIP!**
> 중요하지 않은 정보 글은 색이 돋보이지 않은 색을 사용함으로써, 보는 사람의 시선이 중요한 정보에 더 머무르게 할 수 있다.

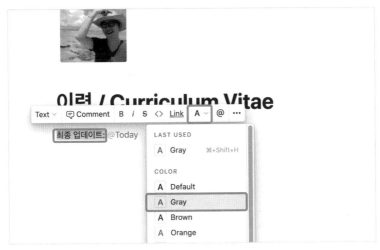

▲ 그림 6-136 툴팁 메뉴를 이용해 글자 색을 변경

이후 언제든 날짜를 클릭해서 쉽게 캘린더로 변경할 수 있다.

▲ 그림 6-137 최종 업데이트 날짜로 변경이 가능

이름 및 소개 작성하기

슬래시 명령어로 "/h1"을 입력한 후 대제목 블록을 생성하고, 자신의 이름을 입력한다.

▲ 그림 6-138 이력서에 작성된 이름

빈 블록을 생성하고, 공간을 구분 짓는 역할로 사용된다. 그다음 줄에 자신의 소개를 간단하게 작성한다.

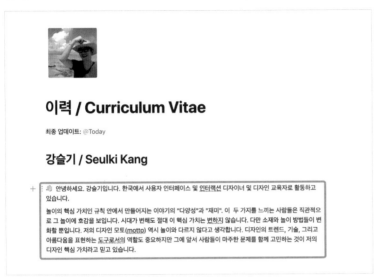

▲ 그림 6-139 소개 글이 작성된 화면

이력 하단에 다시 자신의 이메일 또는 소셜 네트워크에 대한 정보를 언급할 예정이지만, 텍스트에 메일 링크를 활용해 보자. 자신의 이름을 선택한 후에 툴팁 메뉴에서 글자를 볼드체로 변경하고, 자기 이메일 주소의 링크를 생성해 보자.

▲ 그림 6-140 툴팁 메뉴에서 볼드체로 이름에 메일 링크를 생성

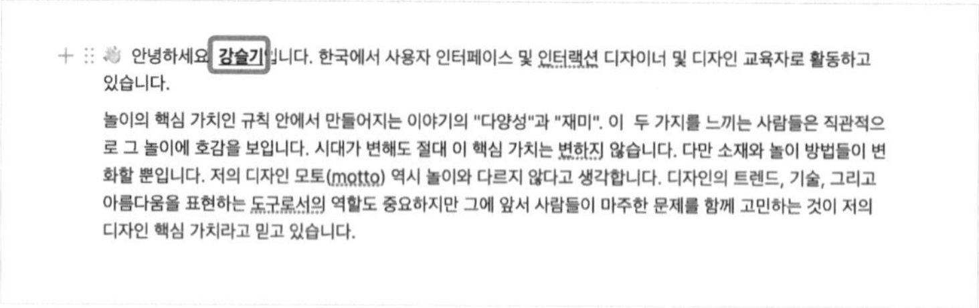

▲ 그림 6-141 메일 링크가 생성 완료

이력 작성하기

슬래시 명령어로 "/h2"를 입력한 후 중제목 블록을 생성하고, 이력 카테고리 중 하나인 "학력"을 작성한다.

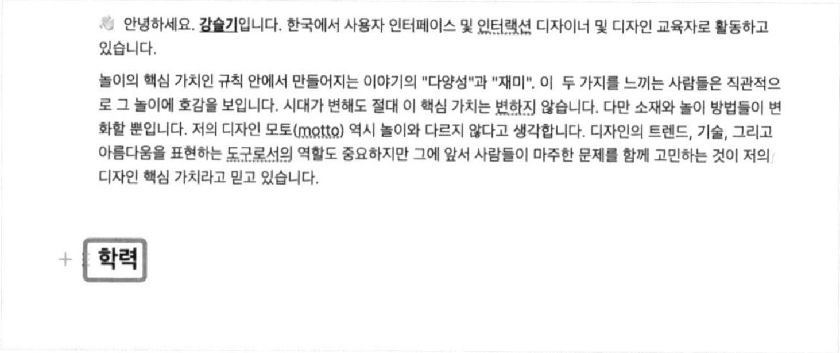

▲ 그림 6-142 Heading 2 블록을 선택한 후, "학력" 이력의 카테고리를 생성

카테고리 제목과 내용을 구분 짓기 위해 슬래시 명령어로 "/div"를 입력한 후 Divider를 선택한다.

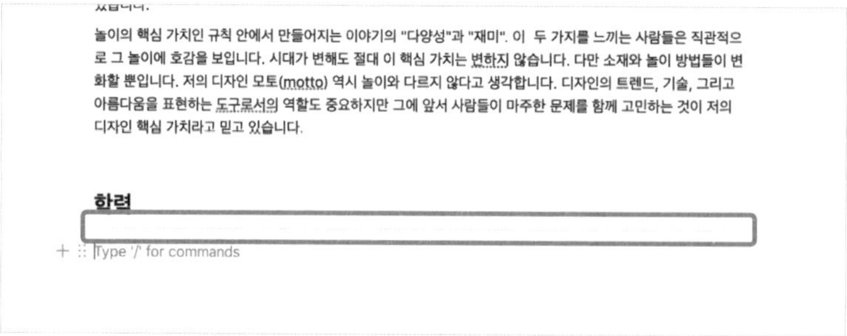

▲ 그림 6-143 Divider 블록을 생성

주목을 높이기 위해 제목 앞에 카테고리와 관련된 이모지를 옵션으로 사용할 수 있다.

▲ 그림 6-144 "학력" 이력의 카테고리 제목 앞에 이모지를 생성하기

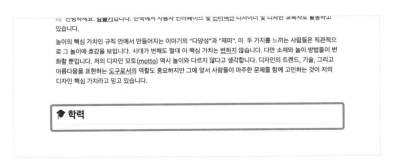

▲ 그림 6-145 완성된 "학력" 이력의 카테고리 제목

완료된 "학력"의 카테고리 제목 블록과 분할선 블록을 복사 및 붙여넣기 하고 다른 이력의 카테고리 제목들로 수정한다.

▲ 그림 6-146 이력의 카테고리들

각 카테고리의 구분 선 아래로 이력의 내용을 한 경력당 하나의 텍스트 블록에 작성한다.

개인적으로 학력의 경우, "재학 연도 / 학교 / 학과 / 졸업 여부" 순으로 정리하였고, 실무 이력의 경우 "재직 연도 / 회사명 / 부서 / 담당 업무" 순으로 정리하였다.

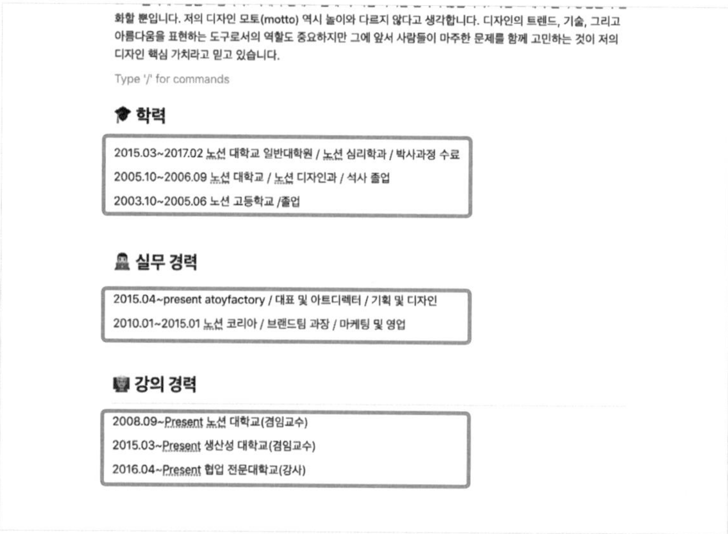

▲ 그림 6-147 텍스트 블록으로 정리된 이력들

> **TIP!**
>
> 필자의 경우 날짜는 글자 색이나 바탕색을 활용하지 않고, 종종 툴팁 메뉴에서 Mark as Code를 활용한다. 우선, 이전에는 텍스트에 부분적으로 색을 사용하지 못할 때 사용하던 방법이어서 좀 더 익숙하기도 하지만, 가장 중요한 것은 연도와 날짜(예: 2019.03)를 조합해서 같은 포맷으로 사용하더라도 텍스트에서는 숫자의 모양에 따라 간격들이 약간씩 어긋나는 현상이 있다.
> Mark as Code를 사용하면 폰트가 Mono Space 폰트로 바뀌어서 글자 사이에 일정한 간격으로 배치함으로써 동일한 연도와 날짜를 사용할 때 균형을 맞출 수 있고, 색상 역시 주목성이 높기 때문에 사용한다. 텍스트에서는 많은 디자인을 하기 어렵지만, 주목을 끌 만한 요소들을 툴팁 메뉴에서 색이나 텍스트 형태 옵션을 변경하여 다양하게 사용해 볼 수 있다.

▲ 그림 6-148 툴팁 메뉴에서 Mark as Code로 날짜에 적용

▲ 그림 6-149 모든 날짜에 인라인 코드가 적용된 모습

또한 중요한 정보로서 학교나 재직 중이거나 재직했던 업체 정보를 확인해 볼 수 있도록 관련 링크를 생성하고, 단순 텍스트 정보 이상으로 활용할 수도 있다. 앞에서 언급했던 이름에 메일 링크를 거는 방법과 동일하다.

학교나 업체 이름을 선택한 후, 툴팁 메뉴에서 글자를 볼드체로 변경한 후 해당 기관의 웹사이트 주소의 링크를 생성해 보자.

▲ 그림 6-150 툴팁 메뉴에서 볼드체로 학교명과 업체 이름에 웹사이트 링크를 생성

▲ 그림 6-151 웹사이트 링크가 모두 적용된 모습

세부 이력 작성하기

이력서에서 자신이 진행한 프로젝트에 대한 세부적인 설명을 요구하는 곳도 있고, 그렇지 않은 곳도 있다. 필자는 이 두 조건을 모두 소화하기 위해서 토글 리스트 블록을 활용했다.

기본 설정으로 토글 리스트 블록을 닫아 두고 세부 업무 정보를 열람하고자 할 때, 토글 리스트 블록을 열어 확인할 수 있도록 인터페이스를 구성해 보자.

세부 정보를 담을 경력 블록에서 오른쪽 마우스 버튼을 클릭한 후, Turn Into 〉 Toggle List로 블록을 변경한다.

▲ 그림 6-152 텍스트 블록에서 Turn Into > Toggle List 블록으로 변경

불렛 리스트 블록으로 사용하면서 세부 이력을 작성한다. 이때 내용의 디테일은 개개인의 목적에 따라 변경해서 사용한다.

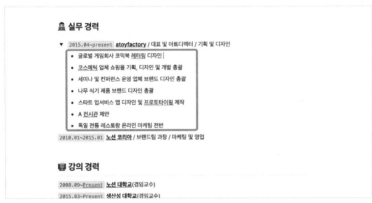

▲ 그림 6-153 토글 리스트 블록 안에 불렛 리스트 블록으로 세부 이력 내용을 작성

세부 내용의 블록들을 모두 선택한 후, 오른쪽 마우스 버튼을 클릭하고 Color 〉 Gray를 선택한다.

이 역시 필자의 입장에서 평소에 가려져 있을 내용이므로, 세부 이력 내용은 글자 색에 변화를 주어 정보의 최우선 순위가 아님을 간접적으로 나타내며, 위계적 정보를 효과적으로 제공할 수 있다.

너무 많은 토글 리스트 블록을 사용할 경우 빠른 정보 습득에 불편함을 주기 때문에, 단순히 내용이 많다고 해서 무조건 토글 리스트 블록을 정리하기 위해 사용하는 것은 바람직하지 않다.

▲ 그림 6-154 세부 이력 내용의 불렛 리스트 블록을 회색으로 변경

▲ 그림 6-155 회색으로 변경된 세부 내용의 블록들

세부 내용이 필요한 모든 곳에 이전과 동일한 방법으로 작성하고, 필요한 정보들은 토글 리스트 블록을 열고 닫으면서 세부 정보를 확인해 볼 수 있다. 기본으로는 깔끔하게 모두 닫아 두는 것이 이력을 한눈에 보기에 편하다.

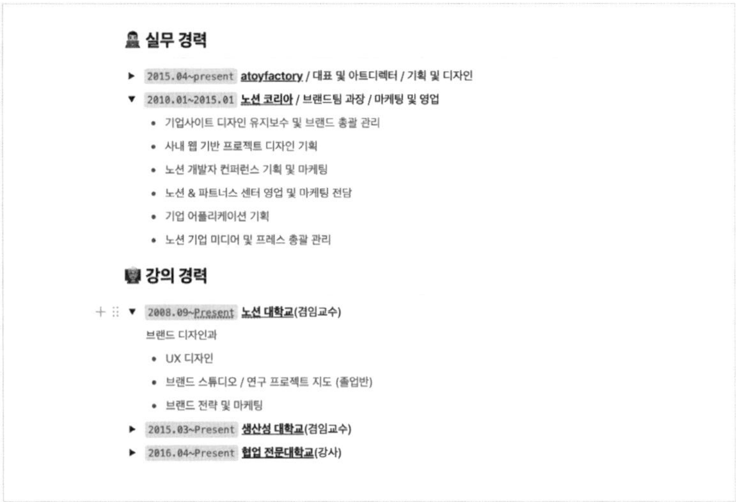

▲ 그림 6-156 세부 내용을 확인하기 위해 토글 리스트의 블록을 일부 연 모습

Notion을 사용해 보지 않은 사용자들은 토글 리스트의 블록이 열리고 닫히는 것을 인지하기 어렵다. 따라서 제목 아래 가이드를 작성해 주는 것이 효과적이다. 필자는 "좀 더 세부적인 정보를 열람하길 원한다면, ▶토글 버튼을 이용하길 부탁드립니다."라고 사용하였다. 이로써 세부 내용이 있다는 것을 알리는 동시에, 좀 더 친절한 상호작용적인 이력서를 제작할 수 있게 되었다.

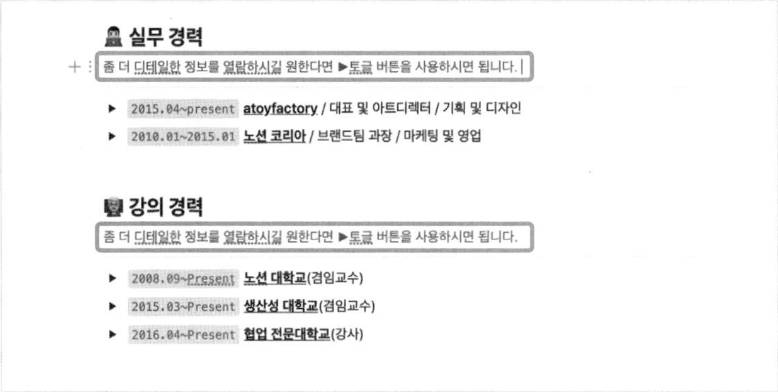

▲ 그림 6-157 토글 리스트의 블록 사용 안내 메시지

추가로 "소셜 네트워크" 카테고리를 생성하고, 자신이 사용하고 있는 각 소셜 네트워크 또는 포트폴리오의 주소를 입력하고, 웹 북마크 블록으로 일목요연하게 정리할 수 있다.

▲ 그림 6-158 웹 북마크 블록 생성

▲ 그림 6-159 정리된 소셜 네트워크의 웹 북마크들

마지막으로, 다른 카테고리와 동일한 제목 블록과 분할선을 복제하고 제목을 "문의하기"로 변경한다. 자신이 사용하고 있는 연락이 가능한 이메일 또는 메신저 아이디를 공유할 수도 있다. 각블록에 하나씩 정보들을 나열한다.

▲ 그림 6-160 텍스트 블록으로 이메일과 메신저 정보를 입력

정보의 길이가 짧아 여백이 많고 유사한 내용이라면, 단을 이용하는 것을 추천한다.

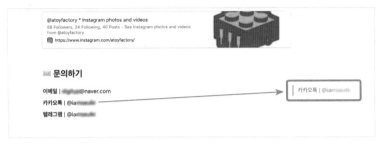

▲ 그림 6-161 이메일과 메신저 정보를 단으로 편집

▲ 그림 6-162 3단으로 정리된 정보들

각 정보에 이메일 또는 메신저 등록이 가능한 링크를 생성한다.

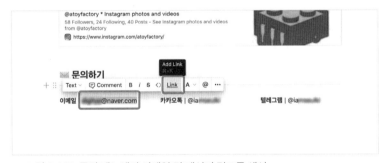

▲ 그림 6-163 툴팁 메뉴에서 이메일 및 메신저 링크를 생성

오른쪽 상단의 … 페이지 설정 메뉴를 선택한 후, Small Text를 활성화하면 작은 글씨체를 사용할 수 있다.

> **TIP!**
>
> 가끔 전체 글씨 크기를 줄이는 방법으로, 사용하지 않는 공간을 더욱더 깔끔하게 정리할 수 있으나 반대로 화면 글씨가 작아 정보가 잘 안 읽힐 수도 있다는 점을 명심하자. 이 이력서에서는 워낙 많은 정보가 쌓이게 되면 큰 글씨가 오히려 가독성을 떨어뜨릴 수 있기 때문에, 작은 글씨체로 변경해 보자.

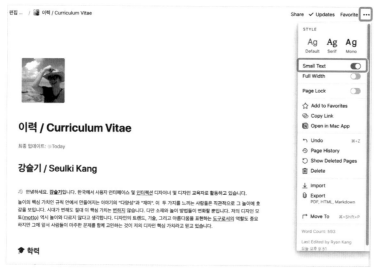

▲ 그림 6-164 페이지 설정 메뉴에서 Small Text를 활성화

이외에도 추가적으로 커버 이미지를 이용하여 자신이 어떤 일을 하는 사람인지 이미지로 시선을 끌게 만들 수도 있으며, PDF 파일을 다운로드 받아 인쇄하여 사용할 수 있도록 배려하는 것도 가능하다. 두 개의 언어로 제작하기 위해서 화면의 Full Width를 활성화하고 전체적으로 두 개의 칼럼을 사용할 수도 있다.

▲ 그림 6-165 커버 이미지를 사용한 예제

▲ 그림 6-166 필자가 현재 국문과 영문 이력을 관리하는 이력 페이지

6.2
업무 편

6.2.1. 간이 매입매출 및 재고 관리대장

🔗 예제 링크 http://bit.ly/2MODawb
(주소로 들어가 페이지 오른쪽 상단에 "Duplicate"로 복제해서 사용해야 편집할 수 있다.)

필자의 경우, 최근까지 조그마하게 제품을 제작하고 온라인 쇼핑몰을 운영했던 적이 있었다. 개인적으로 온라인 쇼핑몰을 운영하는 중 가장 많이 신경이 쓰였던 부분이 재고 관리, 세금 그리고 C/S(고객 상담)였다. 비용 절감 차원에서 엑셀로 관리하였으나 엑셀의 함수는 경험이 적었고, 이로 인해 온라인에서 돌아다니는 양식들을 다운로드 받아서 사용하다 보니 필자가 원하는 형태의 재고 관리나 매입매출 템플릿으로 변형해서 사용하기 어려웠던 적이 있었다.

이제 막 시작하는 소규모 사업자가 Notion으로 제작된 재고나 매입매출 관리를 할 수 있다면 필자가 겪었던 어려움을 덜 겪어도 될 것 같아 템플릿을 제작해 보려고 한다.

참고로, 작은 사업 형태에서는 시도해 볼 만하지만 대형 유통이나 생산에서는 Notion을 사용하기에 아직 부족한 기능이 많다는 점을 알아 두자. 많은 기능으로 관리하기 원한다면, 특화된 재고 관리, 매입매출 관리 애플리케이션을 사용하는 것을 추천한다.

먼저, 필자가 재고나 매입매출 관리에 필요하다고 생각하는 내용을 간단하게 마인드맵으로 정리해 보았다.

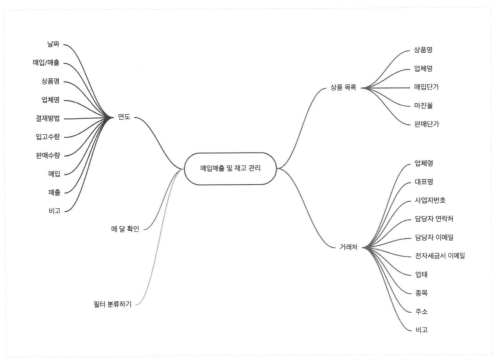

▲ 그림 6-167 매입매출 및 재고 관리를 위한 템플릿 와이어프레임

새로운 페이지를 생성한 후, 페이지 제목, 아이콘 및 커버 이미지를 입력 및 선택한다.

▲ 그림 6-168 페이지 제목, 아이콘 및 커버 이미지를 생성

긴 테이블을 사용하기 위해서 폭넓게 사용할 수 있도록, 페이지 오른쪽 상단의 … 페이지 설정 메뉴에서 Full Width를 활성화한다.

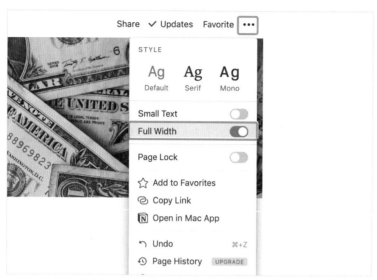

▲ 그림 6-169 페이지 설정 메뉴에서 Full Width를 활성화

거래처 데이터베이스 작성하기

먼저 거래처를 한눈에 알아볼 수 있는 데이터베이스의 테이블 뷰를 생성한다. 슬래시 명령어를 사용하여 "/table"을 입력한 후, Table-Inline을 선택한다.

▲ 그림 6-170 "/table"을 입력한 후, Table-Inline을 선택

생성한 후 거래처의 여러 정보를 입력해 둔다. 데이터베이스의 제목을 "거래처"라고 작성한 후, 필자의 경우 다음의 기준으로 속성을 생성하고, 정보를 입력하였다.

거래처									
Aa 상호	≡ 대표명	≡ 사업자번호	📞 담당자 연락처	@ 담당자 이메일	@ 전자세금계산서 이메일	⊙ 업태	⊙ 종목	≡ 주소	≡ 비고
샤오니	나중국	123-45-67890	010-1234-5678	xiaoni@xiaoni.com	xiaoni@xiaoni.com	제조업	디자인용품	서울시 종로구	항상 늦는 편임
주방문화	이국자	098-76-54321	010-9876-5432	admin@joobang.co.kr	admin@joobang.co.kr	서비스	주방용품	서울시 강남구	불량률이 적음
섬성	김섬성	135-79-02468	010-1357-2468	admin@sumsung.com	admin@sumsung.com	제조업	디자인용품	서울시 강서구	납품일을 잘 같이 지킴
+ Now									

▲ 그림 6-171 거래처 관련 속성 및 데이터를 입력

- 상호(속성 유형: Title): 거래처 업체 이름
- 대표명(속성 유형: Text): 거래처 대표 이름
- 사업자번호(속성 유형: Text): 사업자 등록 번호
- 담당자 연락처(속성 유형: Photo): 실무 담당자와 연락이 가능한 전화번호
- 담당자 이메일(속성 유형: Email): 실무 담당자와 연락이 가능한 이메일
- 전자세금계산서 이메일(속성 유형: Email): 전자세금계산서용 이메일
- 업태(속성 유형: Select): 사업자등록증에 표기된 대표 업태
- 종목(속성 유형: Select): 사업자등록증에 표기된 대표 종목
- 주소(속성 유형: Text): 사업자등록증에 표기된 주소
- 비고(속성 유형: Text): 참고 내용 작성

매입매출 및 재고 관리 데이터베이스 작성하기

이번에는 매입 단가, 마진율 및 판매 단가를 관리하는 데이터베이스와 방금 제작한 "거래처" 데이터베이스를 연계해 보자.

"거래처" 데이터베이스 위에 슬래시 명령어로 "/table"을 입력한 후, Table-Inline을 선택한다.

▲ 그림 6-172 "/table"을 입력한 후, Table-Inline을 선택

데이터베이스의 제목을 "상품 목록"이라고 작성한 후, 필자의 경우 아래의 기준으로 속성을 생성하고, 정보를 입력하였다.

▲ 그림 6-173 "상품 목록"의 제목을 입력한 후, 상품 목록과 관련한 속성 생성

• 상품명(속성 유형: Title): 판매할 상품 이름
• 업체명(속성 유형: Text): 매입할 상품을 판매하는 업체 이름
• 매입단가(속성 유형: Number): 판매를 위한 상품을 구입하거나 제조를 위한 원재료, 기타 물품을 구입하는 데 소요된 개당 금액

• 마진율(속성 유형: Number): 매출액에 대한 수익률 (판매해서 남은 금액인 마진과는 다름.)

• 판매단가(속성 유형: Text): 최종 소비자에게 판매되는 금액

테이블 구성을 마친 후, 거래처와 연계할 속성의 유형을 변경한다.

> **TIP!**
>
> 여기서 의문이 생길 수 있을 것이다. 분명히 연계하려면 Relation, Rollup 또는 Formula 등을
> 사용해야 하지만, 필자의 경우 Text 속성들을 생성했다. 개인차는 있겠지만, 필자의 경우는 먼저
> 빠르게 Text 유형으로 구성 후에 속성의 유형을 변경한다. 해당 속성을 생성하면서 추가로 입력
> 하는 과정에서 집중력이 떨어지거나 다른 속성들과 혼선이 있을 수 있기 때문에, 일단 속성 항
> 목들을 나열한 후에 하나씩 집중해서 각 속성의 부가적인 기능에 집중한다.

먼저, "상품명"에 값을 입력한다. 이때 복잡해지지 않도록 또 다른 속성을 만드는 것이 아니라, 색
상, 크기, 용량 등 판매할 제품에 디테일까지 함께 작성한다.

"업체명"의 속성 제목을 클릭한 후, 유형을 Text에서 Relation 유형으로 변경한다.

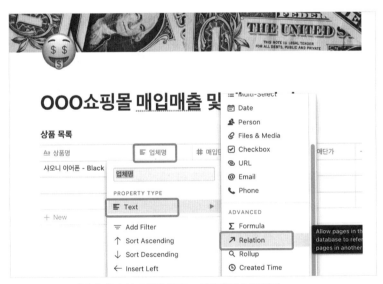

▲ 그림 6-174 "업체명" 속성 유형을 Text > Relation으로 변경

변경하자마자 특정 데이터베이스와 연계할 수 있는 팝업 창이 뜨면, Select a Database 버튼을 클릭한 후 "거래처"를 검색하고, 결괏값 중에 **거래처**의 데이터베이스를 선택한다.

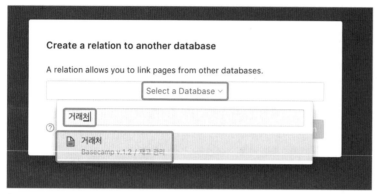

▲ 그림 6-175 연계할 "거래처"의 데이터베이스를 검색한 후, 선택

"거래처"가 선택되었는지 확인한 후, Create Relation 버튼을 클릭한다.

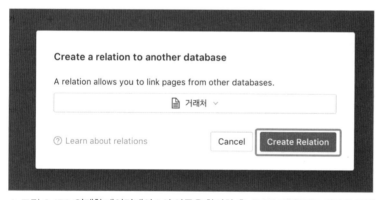

▲ 그림 6-176 연계할 데이터베이스의 이름을 확인한 후, Create Relation 버튼을 클릭

각 테이블 칸에 값을 입력한다. 연계형 속성의 경우 테이블 빈칸을 클릭할 때 "거래처" 데이터베이스의 값을 불러와서 보여 주고, 사용할 데이터의 + 버튼을 클릭한다.

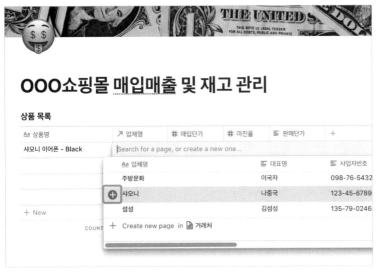

▲ 그림 6-177　+ 버튼으로 연계된 데이터베이스의 데이터를 사용

"매입단가"에는 일반 숫자가 아니라 화폐 단위를 붙이면, 일반 숫자와 차별되게 사용할 수 있다. 빈 숫자 속성 칸에 마우스 포인터를 올리면 왼쪽에 123 버튼이 보이고, 사용할 화폐 단위를 선택하면 된다. 필자는 Won을 선택하였다.

▲ 그림 6-178　"매입단가"의 속성은 123 버튼으로 Won 표기 옵션을 선택

"마진율"의 경우, %를 사용한다. 현재 기본 값으로 숫자만 표기된다. 이 역시 마우스를 빈칸에 올리면 왼쪽에 123 버튼이 보이는데, 사용할 화폐 단위를 선택하면 된다. 필자는 Percent를 선택했다. 필자의 경우, 마진율 40~50%(재고와 반품을 감안)로 설정하였다.

▲ 그림 6-179 "마진율"의 속성은 123 버튼으로 Percent 표기 옵션을 선택

"판매단가"의 속성 제목을 클릭한 후, Text에서 Formula 유형으로 변경한다.

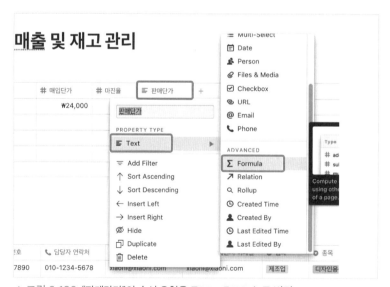

▲ 그림 6-180 "판매단가"의 속성 유형을 Text > Formula로 변경

필자의 경우, "판매단가"를 계산할 때는 아래의 수식을 사용한다.
판매단가 = 매입단가/(1 - 마진율).

이 수식을 Notion 포뮬러로 변경하면, 다음과 같이 작성할 수 있다.
prop("매입단가") / (1 - prop("마진율")).

이후로는 매입 단가와 마진율만 숫자로 입력하면, 자동으로 판매단가를 계산해 준다.

▲ 그림 6-181 "prop("매입단가")/(1 - prop("마진율"))" 수식을 "판매단가"의 속성에 적용

이후 나머지 상품들을 모두 입력한다.

▲ 그림 6-182 데이터가 모두 입력된 "상품 목록"의 데이터베이스

이제 가장 중요한 재고와 매입매출을 나타내는 테이블을 제작해 보자. "상품 목록" 데이터베이스 위에 슬래시 명령어를 사용하여 "/table"을 입력한 후, Table-Inline을 선택한다.

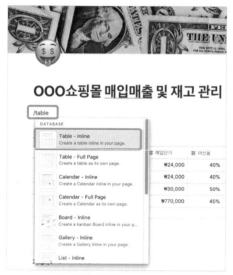

▲ 그림 6-183 "/table"을 입력한 후, Table-Inline을 선택

필자의 경우, 새로 생성한 데이터베이스의 제목을 "2019"라고 작성한 후, 아래의 기준으로 속성을 생성하였다.

▲ 그림 6-184 "2019" 제목을 입력한 후, 매입매출 및 재고 관련 속성을 생성

- 날짜(속성 유형: Date): 거래가 이루어진 날짜
- 매입/매출(속성 유형: Select): "매입" 또는 "매출"로 구분
- 상품명(속성 유형: Text): 판매할 상품 이름
- 업체명(속성 유형: Text): 매입할 상품을 판매하는 업체 이름

- 결제방법(속성 유형: Select): 카드, 현금 등 지불 방법
- 입고수량(속성 유형: Number): 구매한 수량
- 매입단가(속성 유형: Text): 판매를 위한 상품을 구입하거나 제조를 위한 원재료, 기타 물품을 구입하는 데 소요된 개당 금액
- 판매수량(속성 유형: Number): 판매한 수량
- 판매단가(속성 유형: Text): 최종 소비자에게 판매되는 개당 상품 금액
- 매입(속성 유형: Text): 판매를 위한 상품을 구입하거나 제조를 위한 원재료, 기타 물품을 구입하는 데 소요된 총금액
- 매출(속성 유형: Text): 최종 소비자에게 판매되는 총 상품 금액
- 비고(속성 유형: Title): 참고 내용 작성

참고로 "비고" 속성으로 사용한 "Title"의 속성 유형은 페이지 제목의 역할을 하기 때문에, 제거나 속성 변경이 되지 않는다. 따라서 상품들을 불러올 수 있도록 하는 연계형이나 집합형 속성으로 변경이 불가능하므로, 텍스트 속성처럼 비고로 사용하고 제일 뒤에 배치하였다.

이제 테이블에 값을 하나씩 입력하면서 속성 유형도 바꿔 보자.

"날짜" 속성을 클릭한 후, 매입매출이 발생하면 해당 날짜를 캘린더에서 간편하게 선택할 수 있다.

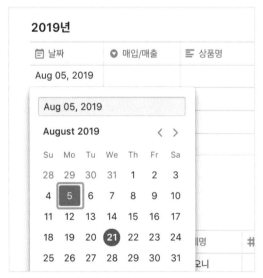

▲ 그림 6-185 "날짜" 속성에서 데이터 테이블을 클릭한 후, 날짜를 입력

"매입/매출" 속성의 경우, Select 유형으로 "매입"과 "매출" 태그를 미리 입력한 이후부터는 선택만으로도 편하게 입력이 가능하도록 할 수 있다. 자신의 사업 형태에 따라 추가로 태그를 생성할 수 있다.

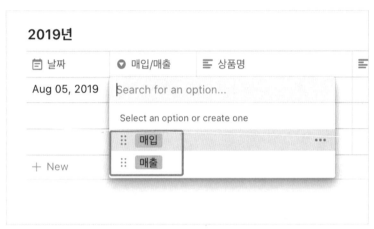

▲ 그림 6-186 완료된 "매입/매출" 속성에서 사용할 태그들

"상품명"은 속성 제목을 클릭한 후, Text에서 Relation 유형으로 변경한다.

▲ 그림 6-187 "상품명" 속성 유형을 Text > Relation으로 변경

변경하자마자 특정 데이터베이스와 연계할 수 있는 팝업 창이 뜨면 Select a Database 버튼을 클릭한 후 "상품 목록"을 검색하고, 결괏값 중에 **상품 목록**의 데이터베이스를 선택한다.

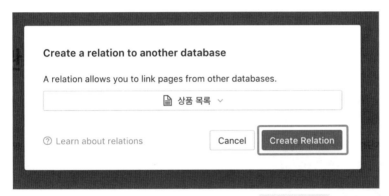

▲ 그림 6-188 연계할 "상품 목록"의 데이터베이스를 검색한 후, 선택

"상품 목록"이 선택되었는지 확인한 후, Create Relation 버튼을 클릭한다.

▲ 그림 6-189 연계할 데이터베이스의 이름을 확인한 후, Create Relation 버튼을 클릭

"상품명"의 테이블 빈칸을 클릭할 때 "상품 목록" 데이터베이스의 값을 불러와서 보이게 되고, 해당 제품명에 + 버튼을 눌러 선택한다.

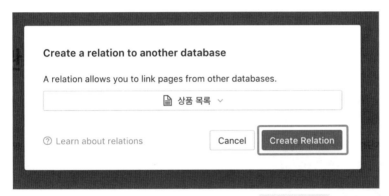

▲ 그림 6-190 + 버튼으로 연계된 데이터베이스의 데이터를 사용

"업체명"은 속성 제목을 클릭한 후, Text에서 Rollup 유형으로 변경한다.

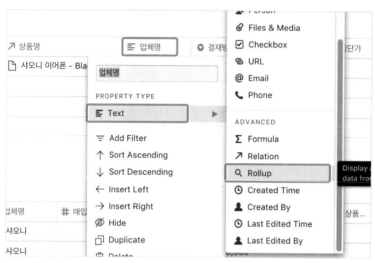

▲ 그림 6-191 "업체명"의 속성 유형을 Text > Rollup으로 변경

집합형 속성이 적용된 빈 테이블을 클릭하면, 집합형 속성 설정을 확인할 수 있다. "Relation"의 선택 사항은 "상품명" 속성으로 연계된 "상품 목록" 데이터베이스 중 하나이므로 **상품명**을 선택한다.

"Property"에서는 "상품 목록"의 모든 속성을 보여 주는데, 여기서는 **업체명** 속성을 선택한다. 마지막으로 "Calculate"는 **Show Original**을 선택한다.

> ### TIP!
> 알다시피 집합형 속성의 경우, 연계형 속성으로 연결된 데이터베이스의 속성들을 사용할 수 있게 만들어 주는 기능이다. 따라서 지금까지 "거래처"의 데이터베이스를 "상품 목록"의 데이터베이스에 연계시키고, 다시 "상품 목록"의 데이터베이스를 "2019"의 데이터베이스로 연계시킨 것이다. 따라서 앞에 있는 모든 데이터와 속성들을 유연하게 가져올 수 있게 된 것이다. 물론, 아직은 엑셀만큼 자유롭게는 사용하기 어렵지만, 처음 포뮬러나 자동화 시스템을 사용하지 않았던 사용자들에게는 쉽게 접근할 수 있다는 장점이 있다.

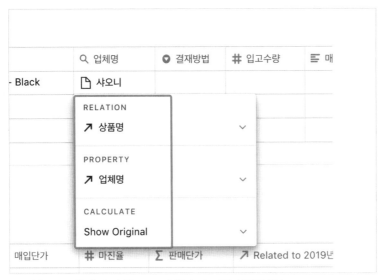

▲ 그림 6-192 "Relation", "Property", "Calculate"를 설정한 모습

"결제방법" 속성의 경우, Select의 유형으로 "카드"와 "현금" 태그를 미리 입력한 후 이후부터는 선택만으로도 편하게 입력이 가능하도록 할 수 있다. 이 두 가지 지불 방법 외에 추가로 태그를 생성할 수 있다.

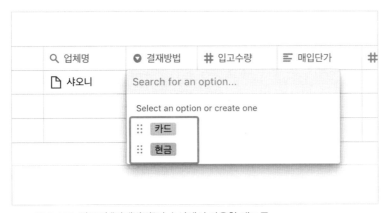

▲ 그림 6-193 완료된 "결제방법"의 속성에서 사용할 태그들

"입고수량"은 직접 구매한 수량을 입력하고, "매입단가"는 속성 제목을 클릭한 후 Text에서 Rollup 유형으로 변경한다.

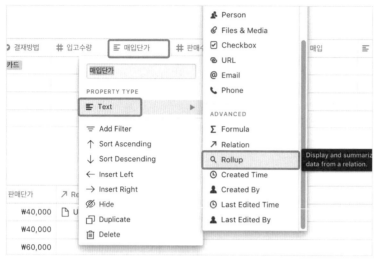

▲ 그림 6-194 "매입단가"의 속성 유형을 Text > Rollup으로 변경

Rollup 속성이 적용된 빈 테이블을 클릭하면, 설정 창을 확인할 수 있다. "Relation"의 선택 사항은 **상품명**을 선택한다.

"Property"에서는 "상품 목록"의 모든 속성을 보여 주는데, 여기서는 **매입단가**의 속성을 선택한다. 마지막으로 "Calculate"는 Show Original을 선택한다.

▲ 그림 6-195 "Relation", "Property", "Calculate"를 설정한 모습

"판매단가" 역시 속성 제목을 클릭한 후, Text 에서 Rollup 유형으로 변경한다.

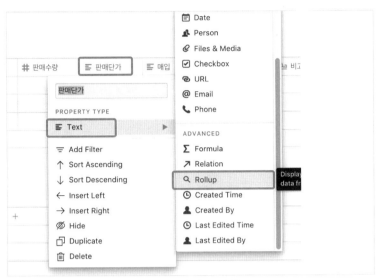

▲ 그림 6-196 "판매단가"의 속성 유형을 Text > Rollup으로 변경

집합형 속성이 적용된 빈칸을 클릭하면, 집합형 속성 설정을 확인할 수 있다. "Relation"의 선택 사항은 **상품명**을 선택한다.

"Property"에서는 "상품 목록"의 모든 속성을 보여 주는데, 여기서는 **판매단가**의 속성을 선택한다. 마지막으로 "Calculate"는 Show Original 을 선택한다.

▲ 그림 6-197 "Relation", "Property", "Calculate"를 설정한 모습

"매입"은 총 매입한 개수만큼 매입단가를 적용한 총금액을 확인할 수 있는 수식을 작성해야 한다. "매입"의 속성 제목을 클릭한 후, Text에서 Formula 유형으로 변경한다.

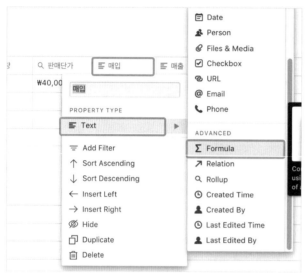

▲ 그림 6-198 "매입"의 속성 유형을 Text > Formula로 변경

"매입"을 계산할 때는 아래의 수식과 같다.

매입 = 매입수량 x 매입단가

이 수식을 포뮬러로 변경하면, 다음과 같이 작성할 수 있다.

prop("매입수량") * toNumber(prop("매입단가"))로 가져올 수 있다.

▲ 그림 6-199 "prop("입고수량") * toNumber("매입단가"))"의 수식을 "매입" 속성에 적용

여기서 일부 독자들은 눈치를 챘을 것이다. 바로 "매입단가"에 toNumber로 한 번 더 씌워줬다.

> **TIP!**
> "매입단가"와 같이 다른 데이터베이스에서 숫자로 사용하고 있는 데이터를 집합형 속성으로 가져올 때, "Calculate"에서 Show Original을 선택하면 숫자처럼 보이지만 텍스트 유형의 값이다. 따라서 연산할 때 숫자와 문자 간의 연산은 불가능하기 때문에, 문자를 숫자로 바꾸기 위해 toNumber의 포뮬러를 사용한다.

그렇다면 왜 Calculate에서 문자가 아닌 숫자 형태로 가져올 수 있는 것을 사용하지 않았을까? 한 번 변경해 보자. "Calculate"에서 Sum을 선택하여 숫자 형태로 가져오면, 화폐 단위나 소수점이 안 보이게 된다. 또한 123으로 표기 설정도 불가능하다.

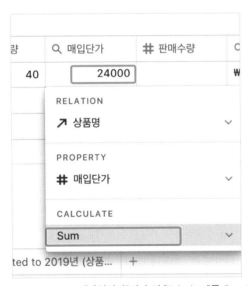

▲ 그림 6-200 "매입단가"의 속성 "Calculate"를 Sum으로 선택

물론 작업에는 큰 지장이 없지만, 화폐 단위와 일반 숫자를 구분하고 싶다거나 정리된 장표로 운영하고 싶다면, 지금 진행한 것을 활용하면 좋다. 이것은 개인의 작업 유형에 맞춰 사용하면 된다.

"매출"은 총 판매한 개수만큼 판매단가를 적용한 총금액을 확인할 수 있는 수식을 작성해야 한다. "매출"의 속성 제목을 클릭한 후, Text에서 Formula 유형으로 변경한다.

▲ 그림 6-201 "매출"의 속성 유형을 Text > Formula로 변경

"매출" 역시 계산할 때는 아래의 수식과 같다.

매출 = 판매수량 x 판매단가

이 수식을 포뮬러로 변경하면, 다음과 같이 작성할 수 있다.

prop("판매수량") * toNumber(prop("판매단가"))로 가져올 수 있다.

▲ 그림 6-202 "prop("판매수량") * toNumber(prop("판매단가"))"의 수식을 "매출" 속성에 적용

보통 자동화로 문서 작업을 할 때면, 어떤 부분에 작성자가 직접 값을 입력해야 할지 모를 때가 많다. 이러한 부분을 이모지로 직접 작성이 필요한 속성들이 무엇인지 알려 줄 수 있다.

직접 값을 입력해야 하는 속성 제목을 클릭한 후, writing(글쓰기) 이모지를 사용하면 빠르게 인지할 수 있다.

▲ 그림 6-203 "날짜" 속성에 이모지 추가

▲ 그림 6-204 직접 작성이 필요한 속성에 모두 적용된 이모지

이제 몇 개의 데이터를 생성해서 값을 다양하게 입력해 보자.

📅 날짜	◉ 매입/...	↗ 상품명	입력명	◉ 결재방법	# 입고수량	# 매입단가	# 판매수량	∑ 매입	∑ 매출	☶ 비고
Aug 05, 2019	매입	샤오니 이어폰 - Black	샤오니	카드	40	₩24,000		₩40,000	₩960,000	₩0
Aug 13, 2019	매출	섬성 핸드폰	섬성	카드		₩770,000	1	₩1,400,000	₩0	₩1,400,000
Aug 14, 2019	매출	노선 도마	주방문화	현금		₩30,000	2	₩60,000	₩0	₩120,000
Aug 16, 2019	매입	샤오니 이어폰 - White	샤오니	카드	10	₩24,000		₩40,000	₩240,000	₩0
Sep 02, 2019	매출	샤오니 이어폰 - White	샤오니	카드		₩24,000	4	₩40,000	₩0	₩160,000
Sep 05, 2019	매입	노선 도마	주방문화	카드	3	₩30,000		₩60,000	₩90,000	₩0
Sep 06, 2019	매출	샤오니 이어폰 - Black	샤오니	카드		₩24,000	2	₩40,000	₩0	₩80,000

▲ 그림 6-205 모든 데이터의 입력이 완료된 모습

좀 더 데이터들을 잘 활용하기 위해서 몇 가지 데이터베이스의 설정을 바꿀 수 있다.
첫 번째로는, 데이터의 값들을 계산해서 결과를 보려고 할 때 데이터베이스의 제일 하단에 있는
"Calculate"를 사용할 수 있다. 결괏값이 필요한 부분은 다음과 같다.

• 총 매입 매출의 건수
• 매입의 총합
• 매출의 총합

매입매출의 건수는 날짜 속성 제일 아래에 있는 "Calculate"를 클릭한 후, Count All을 선택하면
총 개수를 확인할 수 있다.

▲ 그림 6-206 "Calculate"에서 Count All로 총 개수를 확인

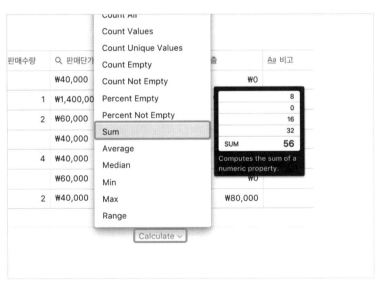

2019

📅 ✍ 날짜	⊙ ✍ 매입/...	↗ ✍ 상품명
Aug 05, 2019	매입	📄 샤오니 이어폰 - Black
Aug 13, 2019	매출	📄 섬성 핸드폰
Aug 14, 2019	매출	📄 노션 도마
Aug 16, 2019	매입	📄 샤오니 이어폰 - White
Sep 02, 2019	매출	📄 샤오니 이어폰 - White
Sep 05, 2019	매입	📄 노션 도마
Sep 06, 2019	매출	📄 샤오니 이어폰 - Black
+ New		

COUNT 7

▲ 그림 6-207 Count All의 결괏값

매입 그리고 매출의 합을 확인하려고 할 때는 "매입" 또는 "매출" 속성 제일 아래에 있는 "Calculate"를 클릭한 후, Sum을 선택하면 총합을 확인할 수 있다.

판매수량	🔍 판매단가		Aa 비고
	₩40,000	Count All	₩0
1	₩1,400,00	Count Values	
2	₩60,000	Count Unique Values	8
	₩40,000	Count Empty	0
4	₩40,000	Count Not Empty	16
	₩60,000	Percent Empty	32
2	₩40,000	Percent Not Empty	SUM 56
		Sum	₩0
		Average	₩80,000
		Median	
		Min	
		Max	
		Range	

Computes the sum of a numeric property.

Calculate ∨

▲ 그림 6-208 "매입", "매출" 속성의 "Calculate"에서 Sum으로 합산을 확인

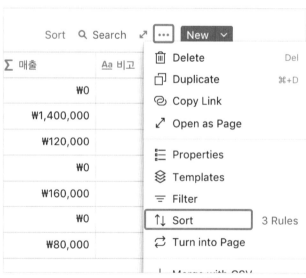

Q 판매단가	Σ 매입	Σ 매출	Aa 비고
₩40,000	123 ₩960,000	₩0	↗ OPE
₩1,400,000	₩0	₩1,400,000	
₩60,000	₩0	₩120,000	
₩40,000	₩240,000	₩0	
₩40,000	₩0	₩160,000	
₩60,000	₩90,000	₩0	
₩40,000	₩0	₩80,000	
	SUM ₩1,290,000	SUM ₩1,760,000	

▲ 그림 6-209 Sum의 결괏값

두 번째로는 정렬하는 방식이다. 필자의 경우, 세 가지 정도를 정렬해 놓고 필요에 따라 정렬 방식을 바꿔가면서 사용해 보았다.

• 날짜 오름, 내림차순
• 상품명 오름, 내림차순
• 판매 수량이 낮은, 높은 순

데이터베이스의 오른쪽 상단에 있는 … 데이터베이스 설정 메뉴를 클릭한 후, Sort를 선택한다.

▲ 그림 6-210 데이터베이스의 설정 메뉴에서 Sort를 선택

Add a Sort를 선택한다.

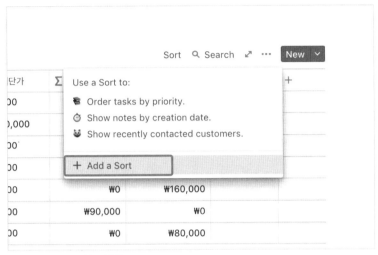

▲ 그림 6-211 + Add a Sort를 추가

속성을 선택할 때 "날짜"를 선택한 후, Ascending(오름차순)으로 선택하면 가장 오래된 날부터 순차적으로 확인할 수 있다.

다시 + Add a Sort를 선택한 후, 추가로 보는 데이터를 정리하는 조건들을 생성할 수 있다.

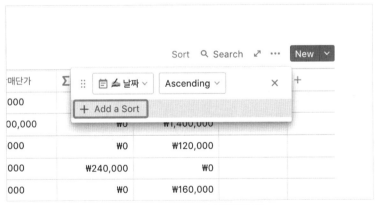

▲ 그림 6-212 날짜를 오름차순으로 설정하고, +Add a Sort로 추가

이렇게 세 가지를 모두 보는 방식을 설정한다.

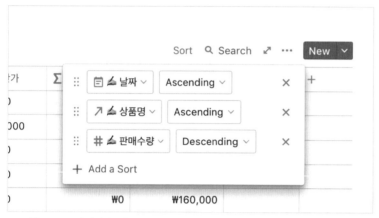

▲ 그림 6-213 완성된 총 세 개의 정렬 조건

사용자가 확인하고 싶은 기준으로 보기를 원한다면, ⠿ 정렬 메뉴를 마우스로 클릭한 상태로 위치를 바꾸면서 가장 위에 보이는 것을 기준으로 데이터들이 정리되는 것을 확인할 수 있다.

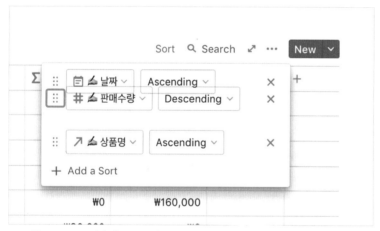

▲ 그림 6-214 ⠿ 정렬 메뉴를 클릭한 후, 이동하여 정렬의 우선순위를 사용

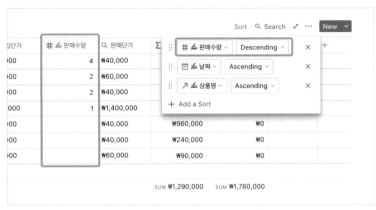

▲ 그림 6-215 "판매수량" 속성을 기준으로 내림차순으로 정렬

세 번째로는 중복되거나 노출이 불필요한 속성들은 숨기는 것을 권장한다. "매입단가", "판매단가" 속성들이 "2019" 그리고 "상품 목록" 데이터베이스에 중복되어 보인다.

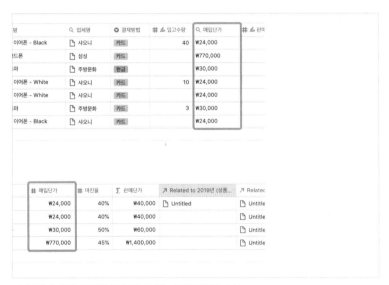

▲ 그림 6-216 동일한 정보가 보이는 "매입단가" 속성

필자의 경우, "상품 목록" 데이터베이스의 "매입단가" 속성은 원본과도 같아서 "2019" 데이터베이스에서 숨기는 것을 추천한다. "매입단가" 속성 제목을 클릭한 후, Hide를 선택하면 숨겨진다. "판매단가"도 동일한 방법으로 숨김 처리한다.

▲ 그림 6-217 보여야 할 "매입단가" 속성을 제외하고, 나머지는 속성 이름을 클릭한 후 Hide를 선택

또한 연계된 데이터베이스들을 확인해 보면, "Related to…"로 시작하는 속성이 생성된 것을 알수 있다. 안에 들어가 있는 항목은 페이지 제목이 보이고, 어디에 얼마만큼 사용되었는지 확인할수 있다. 하지만 보이지 않아도 되는 경우, 이 역시 숨김 처리하면 더 깔끔하게 문서를 정리할 수있다. 참고로, Untitled 페이지가 보이는 것은 "2019" 데이터베이스의 페이지 제목을 "비고" 속성으로 두고 현재 사용하지 않기 때문이다.

상품 목록 + Add a View						
Aa 상품명	↗ 업체명	# 매입단가	# 마진율	∑ 판매단가	↗ Related to 2019 (△ 상…	+
샤오니 이어폰 - Black	🗋 샤오니	₩24,000	40%	₩40,000	🗋 Untitled 🗋 Untitled	
샤오니 이어폰 - White	🗋 샤오니	₩24,000	40%	₩40,000	🗋 Untitled 🗋 Untitled	
노션 도마	🗋 주방문화	₩30,000	50%	₩60,000	🗋 Untitled 🗋 Untitled	
섬성 핸드폰 ↗ OPEN	🗋 섬성	₩770,000	45%	₩1,400,000	🗋 Untitled	
+ New						
COUNT 4						

▲ 그림 6-218 "Related to…" 속성은 숨김 처리하여 깔끔하게 데이터베이스를 정리

마지막으로, 데이터베이스 뷰를 추가하여 특정 달로 확인하거나 필터를 활용해 특정 상품의 재고 상태를 확인할 수 있다.
"2019" 데이터베이스 왼쪽 상단의 **+ Add a View**를 클릭한다. 설정 창에서 확인하려고 하는 달을 뷰 제목으로 입력하고, 테이블 뷰를 선택한 후 **Create** 버튼을 클릭한다.

▲ 그림 6-219 + Add a View로 새로운 테이블 뷰를 생성

오른쪽 상단의 ⋯ 데이터베이스 설정 메뉴를 클릭한 후, Filter를 선택한다.

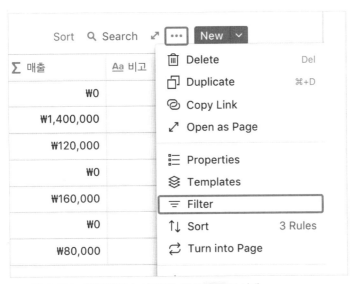

▲ 그림 6-220 데이터베이스 설정 메뉴에서 Filter를 선택

+ Add a Filter를 선택한다.

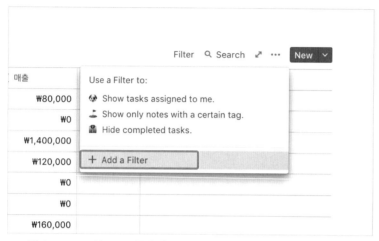

▲ 그림 6-221 + Add a Filter를 추가

특정 달에 거래가 발생한 것만 모아서 보기 위해 "날짜" 속성을 선택하고, 조건을 Is On Or After (선택한 날 또는 그 이후)로 선택한다.

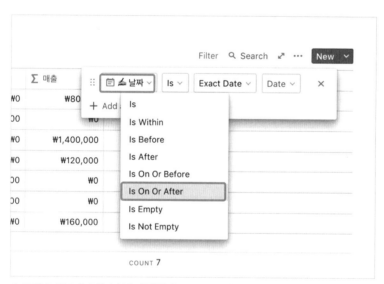

▲ 그림 6-222 "날짜" 속성을 선택한 후, Is On Or After 조건을 선택

Exact Date(특정일)로 선택하고, Date에서 8월 1일을 지정한 후 + Add a Filter를 클릭한다.

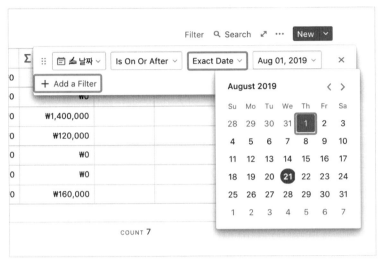

▲ 그림 6-223 Exact Date를 선택하고, 달의 시작일을 입력한 후, + Add a Filter를 추가

새로 추가한 필터에는 먼저 논리연산자 And(그리고), 속성은 "날짜" 선택, 조건은 Is On Or Before(선택한 날 또는 그 이전) 선택, Exact Date 선택 그리고 8월의 마지막 날을 선택하면 된다.

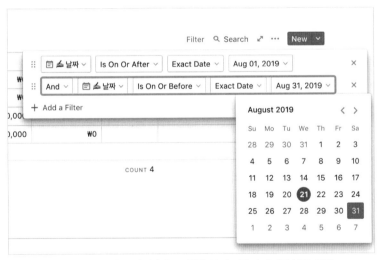

▲ 그림 6-224 And 조건을 입력한 후, 동일한 필터로 달의 마지막 날을 입력

쉽게 다시 풀어 이야기하자면, "8월 1일을 포함한 날부터 8월 31일을 포함한 이전 날까지 거래된 모든 목록"이라는 의미이다.

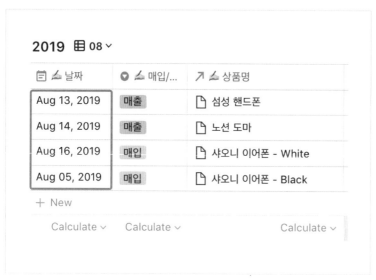

▲ 그림 6-225 8월 매입매출만 확인이 가능

여기에 또 필터를 추가해 "상품명" 속성을 추가해서, 8월에 거래된 내용 중에 특정 제품을 추릴 수 있다. 언제든 X로 필터들을 삭제할 수 있다.

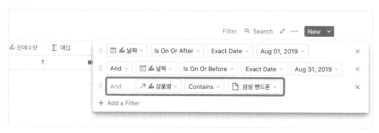

▲ 그림 6-226 특정 제품만 보려고 한다면, "상품명" 조건을 추가

재고관리의 경우, 먼저 "상품명" 속성을 이용하여 특정 상품을 필터로 추린다.

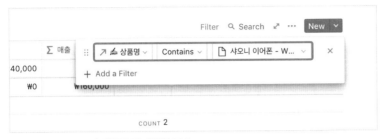

▲ 그림 6-227 특정 상품을 필터링한 모습

"입고수량"과 "판매수량"의 속성 아래에 있는 Calculate를 클릭한 후, Sum을 선택한다.

▲ 그림 6-228 "입고수량", "판매수량" 속성의 "Calculate"에서 Sum을 선택

두 개의 Sum을 확인하여 재고 상태를 확인할 수 있다.

	⬦ 결재방법	# ⌀ 입고수량	# ⌀ 판매수량	Σ 매입	Σ 매ₔ
	카드	10		₩240,000	
	카드		4	₩0	
			SUM 10	SUM 4	

▲ 그림 6-229 특정 제품의 입고와 판매 수량이 확인 가능하며, 두 개의 차는 곧 재고 수량을 의미

6.2.2. 견적서 템플릿 제작하기

🔗 예제 링크 http://bit.ly/2MOWn0G
(주소로 들어가 페이지 오른쪽 상단에 "Duplicate"로 복제해서 사용해야 편집할 수 있다.)

지금 사업을 하지 않더라도, 자신이 일한 만큼 비용 또는 임금을 어떻게 받아야 하는지 고민해 본 적이 있는지 묻고 싶다. 사업자가 아니어도 견적서는 자신의 현재 위치에서 노동의 대가를 어떻게 책정할 수 있을지 판단하는 데 좋은 도구라고 생각한다.

견적서가 모든 사람에게 당장 필요하지 않더라도, 언젠가는 유용하게 사용할 수 있을 것이다. 당장 소규모로 비즈니스를 할 예정이거나 하고 있다면 Notion으로 당장 만들어 보자.

본격적으로 진행하기 전에 알아 두어야 할 것이 있다. 견적을 내는 방법은 여러 가지 관점에서 달라질 수 있다는 점이다. 업무에 따라 '식', '건' 그리고 '시간'으로 진행하려는 사람 등 다양하다. 따라서 기준을 정하고 템플릿을 제작하겠다.

필자의 개인적인 생각으로는 임금의 기준을 학위, 경력의 시간 등으로 산정하는 것은 그다지 바람직하다고 생각하지 않지만, 때로는 이 기준을 정확하게 요구하는 고객이나 팀들이 존재한다. 이러한 상황을 기준으로 작성하겠다.

견적서에 필요한 내용을 마인드 맵으로 다음과 같이 정리하였다.

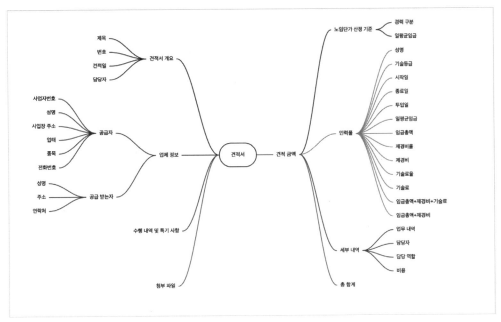

▲ 그림 6-230 견적서를 위한 템플릿 와이어프레임

견적서 개요 작성하기

견적서를 위한 새로운 페이지를 생성하고, 제목을 "견적서"라고 작성한다. 간략하게 견적서 문서 정보를 먼저 입력해 보자. 슬래시 명령어를 사용하여 "/h"를 작성한 후, 대제목 블록을 선택한다.

▲ 그림 6-231 "/h"를 입력한 후, Heading 1을 선택

생성한 대제목 블록에 프로젝트명을 작성하고, 그 아래 슬래시 명령어를 사용하여 "/div"를 작성한 후 분할선 블록을 선택한다.

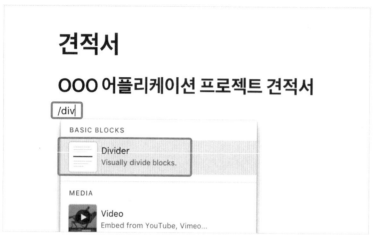

▲ 그림 6-232 "/div"를 입력한 후, Divider를 선택

슬래시 명령어를 사용하여 "/h"를 작성한 후, 소제목 블록을 선택한다.

▲ 그림 6-233 "/h"를 입력한 후, Heading 3을 선택

생성한 소제목 블록에 "번호"를 작성하고, 블록 메뉴에서 Duplicate를 사용하여 세 개를 더 복제한 후 "견적일", "담당자", "다음과 같이 견적합니다"를 작성한다.

▲ 그림 6-234 복제한 후 변경한 소제목들

"번호", "견적일" 그리고 "담당자"를 3단으로 정렬한다.

▲ 그림 6-235 소제목들이 3단으로 편집된 모습

"번호" 아래에 슬래시 명령어를 사용하여 "/div"를 작성한 후, 분할선 블록을 선택한다.

▲ 그림 6-236 "/div"를 입력한 후, Divider를 선택

분할선 블록을 복제하여 나머지 "견적일"과 "담당자"에도 추가한다.

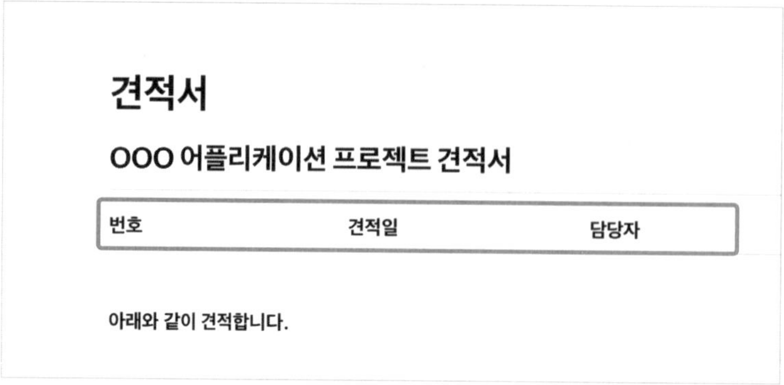

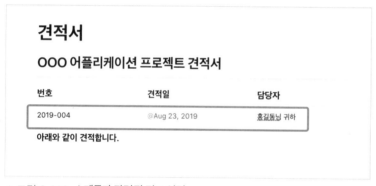

▲ 그림 6-237 분할선을 복제한 후. 모든 소제목에 적용

분할선 블록 아래 해당 정보를 입력해 준다.

▲ 그림 6-238 소제목과 관련된 정보 입력

공급자 및 공급받는자 정보 작성하기

이제 "공급자"(견적서를 발행하는 측)의 정보와 "공급받는자"(견적서를 요청하는 측)의 정보를 입력해 보자. 슬래시 명령어를 사용하여 "/h"를 작성한 후, 중제목 블록을 선택한다.

▲ 그림 6-239 "/h"를 입력한 후, Heading 2를 선택

생성한 중제목 블록에 "공급자"와 "공급받는자"를 작성하고, 2단으로 정리한다.

▲ 그림 6-240 "공급자"와 "공급받는자" 중제목들을 2단으로 편집

두 제목을 모두 선택해서 오른쪽 마우스 버튼을 클릭한 후, 블록 메뉴에서 정보가 잘 보이도록 Color 〉 Background Color를 선택한다.

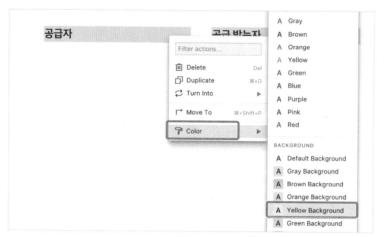

▲ 그림 6-241 중제목들을 선택한 후, Color > Yellow Background로 색을 지정

해당 제목에 필요한 정보를 입력한다. 우선, 모든 정보를 입력하기 전에 하나의 정보 스타일을 만들어 보자.

등록번호 또는 사업자번호를 작성하고, 해당 정보를 강조하고 싶은 부분을 선택한 후 툴팁 메뉴에서 Mark as Code를 선택한다.

▲ 그림 6-242 텍스트 블록에서 강조하기 위한 "등록번호"를 툴팁 메뉴에서 Mark as Code로 선택

▲ 그림 6-243 인라인 코드로 강조된 "등록번호"

모든 정보를 동일한 스타일로 다음과 같이 작성한다. "공급자"에 보이는 내용으로는 "사업자번호", "성명", "사업장 주소", "업태", "종목" 그리고 "전화번호"가 일반적으로 사용된다.

▲ 그림 6-244 "공급자"와 "공급받는자"에 필요한 모든 정보가 입력된 모습

객관적인 데이터로 견적 금액 산출하기

견적서에서 가장 중요한 금액 산출 방법을 데이터베이스로 자동화 문서처럼 작성해 보자.
우선, 총금액이 가장 잘 보이도록 스타일을 만든다.

슬래시 명령어를 사용하여 "/h"를 작성한 후, 중제목 블록을 선택한다.

▲ 그림 6-245 "/h"를 입력한 후, Heading 2를 선택

생성한 중제목에 "합계 금액"이라고 작성하고, 주목을 끌기 위해 블록을 선택한 후 블록 메뉴에서 Color 〉 Background Color를 선택한다.

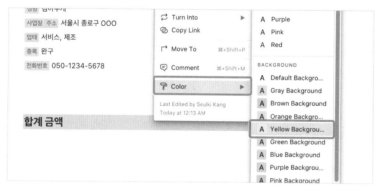

▲ 그림 6-246 "합계 금액"을 선택한 후, 블록 메뉴에서 Color 〉 Yellow Background로 변경

슬래시 명령어를 사용하여 "/h1"(참고로 h1, h2, h3로도 바로 검색할 수 있다.)로 대제목 블록을 생성하고, 임시로 금액을 작성해 둔다.

합계 금액
/h1
BASIC BLOCKS
Heading 1
Big section heading.
TURN INTO
Heading 1

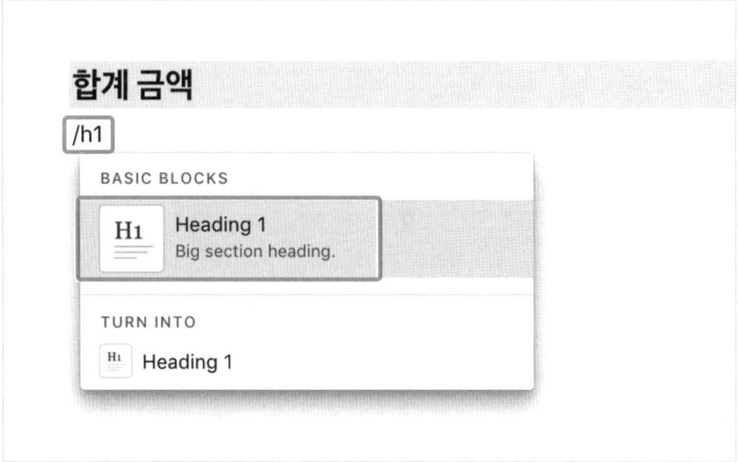

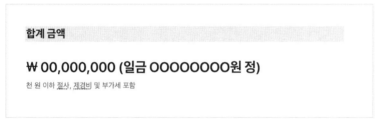

▲ 그림 6-247 "/h1"을 입력한 후, Heading 1을 선택

합계 금액
₩ 00,000,000 (일금 OOOOOOOO원 정)
천 원 이하 절사, 제경비 및 부가세 포함

▲ 그림 6-248 임시로 작성된 금액 표시

임금 기준 테이블 작성하기

기준이 되는 노임단가를 산출하는 테이블을 작성하자.

슬래시 명령어를 사용하여 "/toggle"을 입력한 후, 토글 리스트 블록을 생성한다. 데이터베이스의 제목은 "노임단가 산정 기준(2018)"으로 작성한다. 토글 리스트 블록을 열어 그 안에 다시 슬래시 명령어를 사용하여 "/table"을 입력한 후, Table-Inline 블록을 생성한다. 토글 리스트 블록 내부에 데이터베이스를 사용하는 이유는, 항상 이 정보가 보이지 않아도 되지만 필요할 때 열람을 빠르게 하기 위함이다.

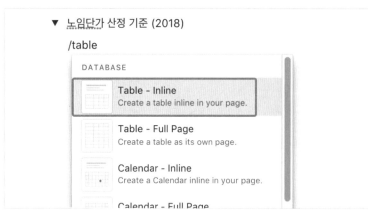

▲ 그림 6-249 "노임단가 산정 기준(2018)" 토글 리스트 블록 안에"/table"을 입력한 후, Table-Inline을 선택

데이터베이스 제목은 토글 리스트 블록 제목과 동일하게 "노임단가 산정 기준(2018)"으로 작성한다. 그렇다면 이 노임단가 산정 기준은 어떻게 알 수 있을까? 한국소프트웨어산업협회(https://www.sw.or.kr)에서 매년 12월 말에 해당 연도의 SW 기술자 평균임금을 공표하는데, 이 기준을 적용하겠다. 이게 정답은 아니지만, 리서치를 통해 얻은 관련 산업의 평균 임금을 공유하는 것이라 꽤 많은 관계자가 사용하고 있다. 다음 표에서 사용할 내용은 "구분" 그리고 "일평균임금"이다. 개인적으로 "월" 단위보다는 "일" 단위의 업무 진행이 더 많기 때문이다.

【SW기술자 평균임금 - 등급별】

(단위: 명, 원, %)

구 분	인 원	일평균임금(M/D)			월평균임금 (M/M)	시간평균임금 (M/H)
		2017년	2018년	(증가율)		
기술사	295	452,611	462,072	(2.1)	9,611,098	57,759
특급기술자	15,526	391,068	406,342	(3.9)	8,451,914	50,793
고급기술자	8,742	305,353	305,433	(0.0)	6,353,006	38,179
중급기술자	9,104	239,506	239,748	(0.1)	4,986,758	29,969
초급기술자	11,363	191,320	215,681	(12.7)	4,486,165	26,960
고급기능사	99	191,177	194,340	(1.7)	4,042,272	24,293
중급기능사	200	158,490	158,597	(0.1)	3,298,818	19,825
초급기능사	233	114,914	120,948	(5.3)	2,515,718	15,119
자료입력원	204	113,959	117,145	(2.8)	2,436,616	14,643
계/평균	45,766	289,473	302,665	(4.6)	6,295,432	37,833

<평균임금 SW사업대가 활용시 유의사항>

※ 본 조사결과는 SW사업에서 반드시 활용해야 하는 강제사항은 아님

※ 등급별 평균임금은 2019년에는 공표하지 않고, IT직무별 평균임금을 공표할 예정임

* SW기술자 평균임금은 소프트웨어산업진흥법 제22조(소프트웨어사업의 대가지급) 4항
  '소프트웨어기술자의 노임단가'를 지칭함

* SW기술자 평균임금은 기본급, 제수당, 상여금, 퇴직급여충당금, 법인부담금을 모두 포함한 결과임

* 월평균임금은 일평균*근무일수(20.8일), 시간평균임금은 일평균÷8시간으로 각각 산정함

* 월평균 근무일수는 휴일, 법정공휴일 등을 제외한 업체의 응답된 근무일의 평균이며, 이는 개인의
  휴가 사용여부와는 무관함

* SW기술자 평균임금은 2017년 대비 4.6% 증가함

* DB구축비 대가기준 가이드에서 활용되는 자료입력원 평균임금 내 기본급은 2018년 93,287원임

▲ 그림 6-250 한국소프트웨어산업협회에서 매년 공표하는 "SW 기술자 평균임금-등급별" 표

"구분" 속성은 SW 기술자 평균임금 자료에 있는 내용을 그대로 옮겨 적는다.

▲ 그림 6-251 SW 기술자 평균임금 자료의 "구분" 내용과 동일하게 작성

"일평균임금" 속성 유형을 추가한 후, 빈 테이블에 마우스를 올려놓고 123 버튼을 클릭한다. 사용할 통화 단위를 Won으로 선택하고, SW 기술자 평균임금 자료에 있는 내용을 그대로 옮겨 적는다.

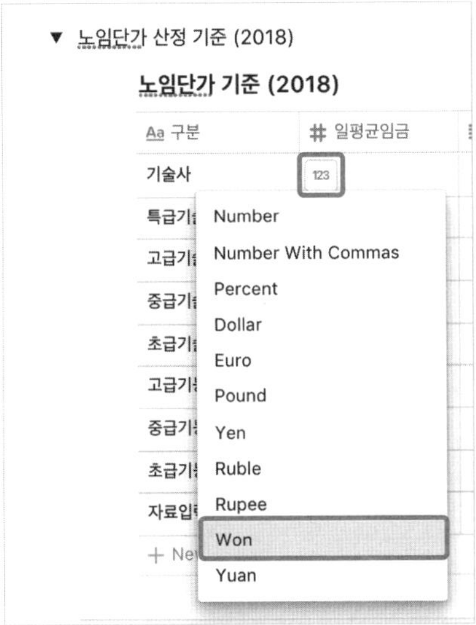

▲ 그림 6-252 123 버튼을 클릭한 후, Won을 선택

노임단가 기준 (2018)		
Aa 구분	# 일평균임금	+
기술사	₩462,072	
특급기술자	₩406,342	
고급기술자	₩305,433	
중급기술자	₩239,748	
초급기술자	₩215,681	
고급기능사	₩194,340	
중급기능사	₩158,597	
초급기능사	₩120,948	
자료입력원	₩117,145	
+ New		

▲ 그림 6-253 SW 기술자 평균임금 자료의 "일평균임금" 내용과 동일하게 작성

인력풀 테이블 작성하기

임금의 기준을 정했으니, 이제는 임금 데이터베이스를 직원 또는 협력하는 인력에게 연계하자.

"노임단가 산정 기준(2018)" 데이터베이스 위에 슬래시 명령어를 사용하여 "/toggle"을 입력한 후, 토글 리스트 블록을 생성한다. 블록 제목은 "인력풀"로 작성한다. 토글 리스트 블록을 열고 그 안에 다시 슬래시 명령어를 사용하여 "/table"을 입력한 후, Table-Inline 블록을 생성한다.

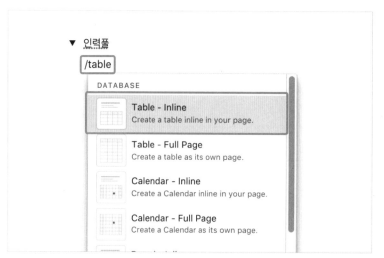

▲ 그림 6-254 "인력풀" 토글 리스트 블록 안에 "/table"을 입력한 후, Table-Inline을 선택

데이터베이스의 제목은 토글 리스트 블록 제목과 동일하게 사용한다.

정확한 인건비 산출을 위해서 데이터베이스의 속성을 다음과 같이 생성해 보자.

- 성명(속성 유형: Title)
- 기술등급(속성 유형: Text)
- 시작일(속성 유형: Date)
- 종료일(속성 유형: Date)
- 투입일(속성 유형: Text)
- 일평균임금(속성 유형: Text)
- 임금총액(속성 유형: Text)
- 제경비율(속성 유형: Number)
- 제경비(속성 유형: Text)
- 기술료율(속성 유형: Number)
- 기술료(속성 유형: Text)
- 임금총액 + 제경비 + 기술료(속성 유형: Text)
- 임금총액 + 제경비(속성 유형: Text)

▲ 그림 6-255 "인력풀"과 관련된 속성들이 모두 추가 생성된 모습

"성명" 속성은 함께 업무를 진행할 직원이나 외부 인력의 이름을 입력한다. 자주 함께 일하는 외부 인력은 미리 작성해 두는 것이 좋다.

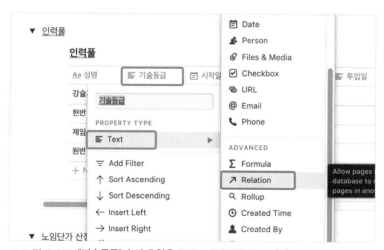

▲ 그림 6-256 직원 또는 외부 인력의 이름을 작성

"기술등급" 속성 제목을 클릭한 후, 속성 유형을 Text에서 Relation으로 변경한다.

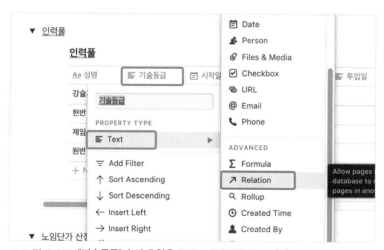

▲ 그림 6-257 "기술등급" 속성 유형을 Text > Relation으로 변경

팝업 창이 뜨고 Select a Database 버튼을 클릭한 후, "노임단가 기준"을 검색하고 결괏값 중에 노임단가 기준 데이터베이스를 선택한다.

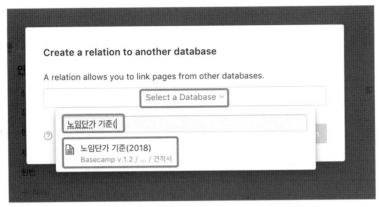

▲ 그림 6-258 연계할 "노임단가 기준" 데이터베이스를 검색한 후 선택

데이터베이스의 이름을 확인하고, Create Relation 버튼을 클릭한다.

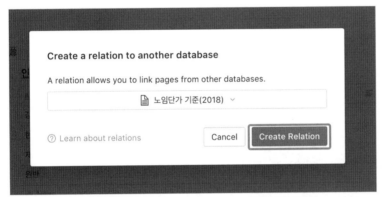

▲ 그림 6-259 연계할 데이터베이스 이름을 확인한 후, Create Relation 버튼을 클릭

"기술등급" 속성 제목 아래 빈 테이블을 클릭한 후, 각 인력에 맞는 경력 구분을 + 버튼으로 선택
한다.

주의할 점으로, 임의로 설정하는 것이 아니라 SW 기술자 평균임금 자료를 참고해서 자격을 반드
시 확인해야 한다.

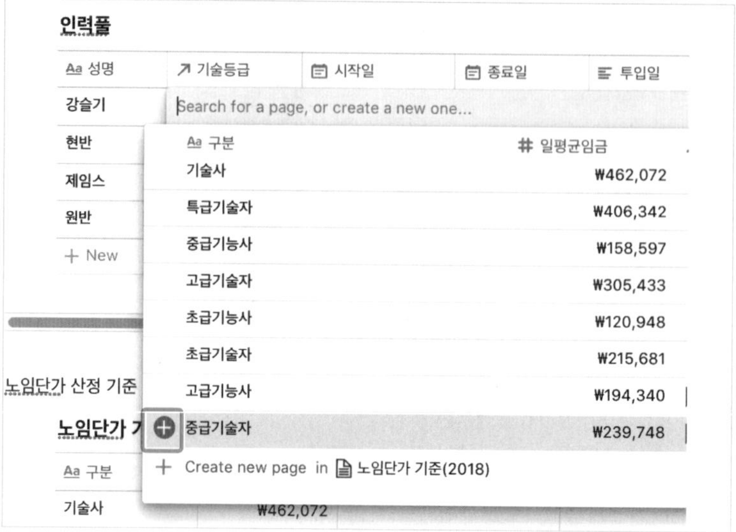

▲ 그림 6-260 + 버튼으로 연계된 데이터베이스에서 사용할 데이터를 선택

▲ 그림 6-261 각 직원 또는 외부 인력의 해당 기술등급이 매칭된 모습

"시작일"과 "종료일"은 해당 직원이나 외부 인력이 일을 시작하고 종료하는 기간을 캘린더로 선택할 수 있다.

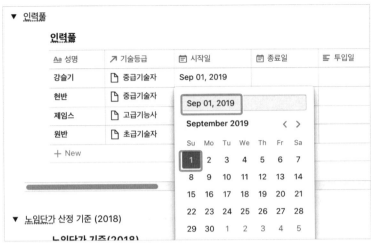

▲ 그림 6-262 업무 "시작일"과 "종료일"을 캘린더로 입력

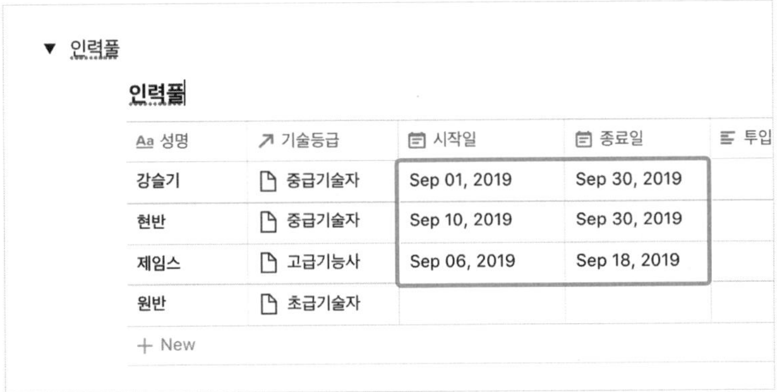

▲ 그림 6-263 "시작일"과 "종료일"이 모두 입력된 모습

"투입일" 속성 제목을 클릭한 후, 속성 유형을 Text 〉 Formula로 변경한다.

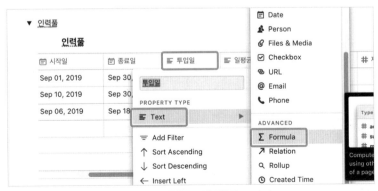

▲ 그림 6-264 "투입일" 속성 유형을 Text > Formula로 변경

"투입일" 속성 제목 아래 빈 테이블을 클릭한 후, 총 며칠간 투입되는지 다음과 같은 수식으로 작성할 수 있다.

dateBetween(prop("종료일"), prop("시작일"), "days")

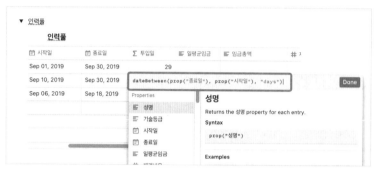

▲ 그림 6-265 " dateBetween(prop("종료일"), prop("시작일"), "days")" 수식을 "투입일" 속성에 적용

"일평균임금" 속성 제목을 클릭한 후, 속성 유형을 Text 〉 Rollup 으로 변경한다.

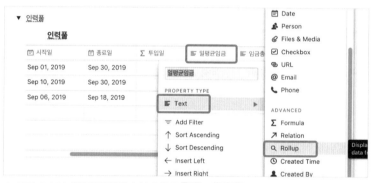

▲ 그림 6-266 "일평균임금" 속성 유형을 Text > Rollup으로 변경

"일평균임금" 속성 제목 아래 빈 테이블을 클릭한 후 "Relation"은 **기술등급** 속성을 선택, "Property"는 **일평균임금**을 선택한다. "Calculate"는 계산이 가능하도록 **Sum**을 선택한다.

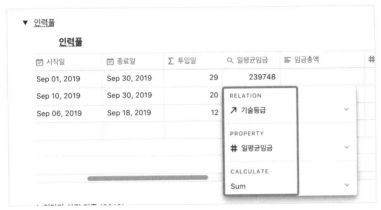

▲ 그림 6-267 "Relation", "Property", "Calculate"를 설정한 모습

"임금총액" 속성 제목을 클릭한 후, 속성 유형을 **Text**에서 **Formula**로 변경한다.

▲ 그림 6-268 "임금총액" 속성 유형을 Text > Formula로 변경

"임금총액" 속성 제목 아래 빈 테이블을 클릭한 후, 투입 대비 임금총액을 다음과 같은 수식으로 작성할 수 있다.

prop("투입일") * prop("일평균임금")

▲ 그림 6-269 "prop("투입일") * prop("일평균임금")" 수식을 "임금총액" 속성에 적용

연산된 값에 마우스를 올리고 123 버튼을 클릭한 후, 사용할 통화 단위 Won을 선택한다.

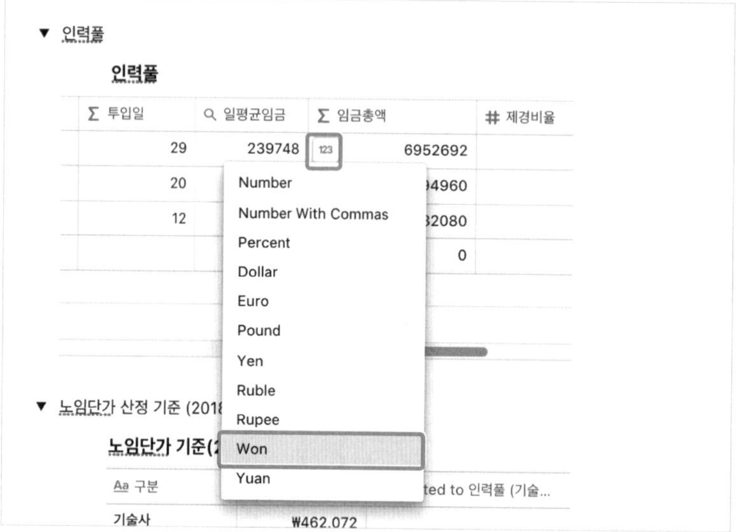

▲ 그림 6-270 "임금총액" 속성에서 123 버튼을 클릭한 후, Won을 선택

"제경비율"의 제경비는 직접비에 포함되지 않는 사무실비, 급여, 사무용품비, 비품비, 운영활동비 등을 말한다. 산업통상자원부 예산, 법령 자료에 의하면 평균 110~120%를 기준으로 한다. 따라서 % 입력이 가능하도록 123 버튼을 클릭한 후, Percent로 변경하고 "110"을 입력한다.

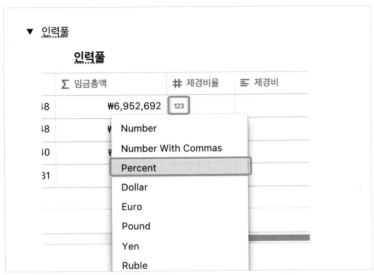

▲ 그림 6-271 "제경비율" 속성에서 123 버튼을 클릭한 후, Percent를 선택

▼ 인력풀

인력풀

Σ 임금총액	# 제경비율	☰ 제경비
₩6,952,692	110%	
₩4,794,960	110%	
₩2,332,080	110%	
₩0	110%	

▲ 그림 6-272 "제경비율"에 "110%" 데이터 값이 입력된 모습

"제경비" 속성 제목을 클릭한 후, 속성 유형을 Text〉Formula로 변경한다.

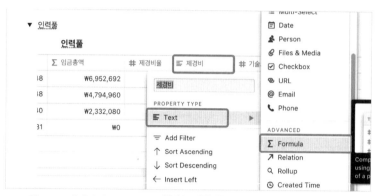

▲ 그림 6-273 "제경비" 속성 유형을 Text > Formula로 변경

제경비 수식은 다음과 같이 작성할 수 있다.

round(prop("임금총액") * prop("제경비율"))

▲ 그림 6-274 "round(prop("임금총액") * prop("제경비율")" 수식을 "제경비" 속성에 적용

연산된 값에 마우스를 올리고 123 버튼을 클릭한 후, 사용할 통화 단위 Won을 선택한다.

▲ 그림 6-275 "제경비" 속성에서 123 버튼을 클릭한 후, Won을 선택

"기술료율"은 주체가 개발 또는 보유한 기술의 사용 및 기술 축적을 위한 대가를 말한다. 조사연구비, 기술개발비 등 서비스보다는 원천 기술에 대한 비용을 말하기 때문에 아주 특이한 케이스가 아니면 필자는 이 비용을 산정하지 않지만, 견적 양식에는 넣어 두는 편이다. 산업통상자원부 예산, 법령 자료에 의하면 임금에 제경비를 합한 금액의 평균 20~40%를 기준으로 한다. 따라서 % 입력이 가능하도록 123 버튼을 클릭한 후, Percent로 변경하고 "20"을 입력한다.

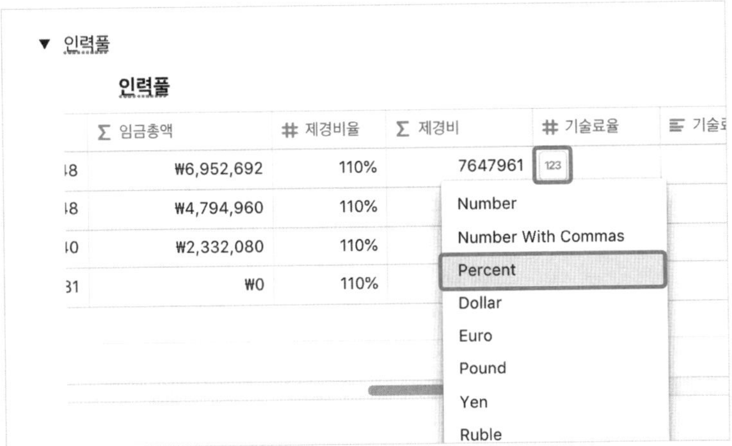

▲ 그림 6-276 "기술료율" 속성에서 123 버튼을 클릭한 후, Percent를 선택

▲ 그림 6-277 "기술료율"에 "20%" 데이터 값이 입력된 모습

"기술료" 속성의 제목을 클릭한 후, 속성 유형을 Text에서 Formula로 변경한다.

▲ 그림 6-278 "기술료" 속성 유형을 Text > Formula로 변경

기술료 수식은 다음과 같이 작성할 수 있다.

round((prop("임금총액") + prop("제경비")) * prop("기술료율"))

▲ 그림 6-279 "round((prop("임금총액") + prop("제경비")) * prop("기술료율"))" 수식을 "기술료" 속성에 적용

연산된 값에 마우스를 올리고 123 버튼을 클릭한 후, 사용할 통화 단위 Won을 선택한다.

▲ 그림 6-280 "기술료" 속성에서 123 버튼을 클릭한 후, Won을 선택

마지막으로, 이 모든 비용을 인건비의 총합으로 산정한다. 일반적으로 견적을 조율하기 마련이다. 이때 조율해야 하는 부분이 바로 "제경비"와 "기술료"이다. 필자의 경우는, 특별한 원천 기술이 있는 것이 아니라서 "기술료"를 견적에 넣어 본 적은 없으나 함께 원격으로 일할 개발자에게 이 부분이 필요할 수 있어 미리 계정을 생성해 놓는다. 따라서 인건비의 총합은 두 가지 경우가 나오는데, "임금총액+제경비"와 "임금총액+제경비+기술료"이다.

먼저, "임금총액+제경비"를 작성해 보자. "임금총액+제경비+기술료" 속성 제목을 클릭한 후, 속성 유형을 Text 〉 Formula로 변경한다.

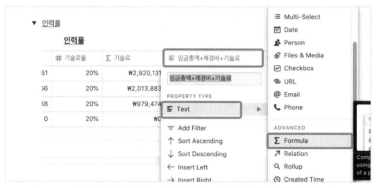

▲ 그림 6-281 "임금총액+제경비+기술료" 속성 유형을 Text > Formula로 변경

빈 테이블을 클릭한 후, 수식을 다음과 같이 작성한다.

prop("임금총액") + prop("제경비") + prop("기술료")

▲ 그림 6-282 "prop("임금총액") + prop("제경비") + prop("기술료")" 수식을 "임금총액+제경비+기술료" 속성에 적용

연산된 값에 마우스를 올리고 123 버튼을 클릭한 후, 사용할 통화 단위 Won을 선택한다.

▲ 그림 6-283 "임금총액+제경비+기술료" 속성에서 123 버튼을 클릭한 후, Won을 선택

"임금총액+제경비" 속성 제목을 클릭한 후, 속성 유형을 Text 〉 Formula로 변경한다.

▲ 그림 6-284 "임금총액+제경비" 속성 유형을 Text > Formula로 변경

빈 테이블을 클릭한 후, 수식을 다음과 같이 작성한다.

prop("임금총액") + prop("제경비")

▲ 그림 6-285 "prop("임금총액") + prop("제경비")" 수식을 "임금총액+제경비" 속성에 적용

연산된 값에 마우스를 올리고 123 버튼을 클릭한 후, 사용할 통화 단위 Won을 선택한다.

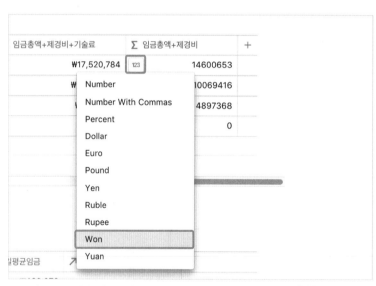

▲ 그림 6-286 "임금총액+기술료" 속성에서 123 버튼을 클릭한 후, Won을 선택

참고로, "시작일"과 "종료일"이 비어 있는 것은 업무에 투입되지 않는 인력을 뜻한다. 그런데 삭제하면 다음에 사용하기 어려우니, 필터를 사용하여 숨겨 놓을 수 있다.

오른쪽 상단의 … 데이터베이스 설정 메뉴에서 Filter를 선택한다.

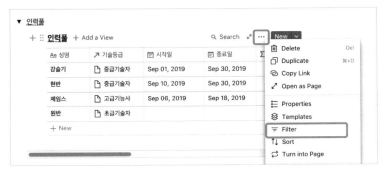

▲ 그림 6-287 데이터베이스 설정 메뉴에서 Filter를 선택

+ Add a Filter를 선택한 후, 속성은 "시작일"을 선택하고 조건을 Is Not Empty로 선택하면 시작일에 설정이 안 된 데이터는 숨겨진다.

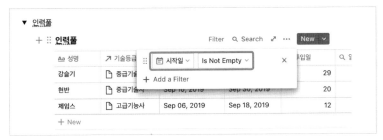

▲ 그림 6-288 + Add a Filter를 선택한 후, 속성은 "시작일", 조건은 Is Not Empty로 선택

업무 내용 및 담당자 테이블 작성하기

견적을 받을 사람이 가장 먼저 보게 될 업무 내용과 담당자를 확인할 수 있는 데이터베이스를 작성해 보자.

"인력풀" 데이터베이스 위에 슬래시 명령어를 사용하여 "/table"을 입력한 후, Table-Inline 블록을 생성한다.

▲ 그림 6-289 "/table"을 입력한 후, Table-Inline을 선택

데이터베이스의 제목을 "세부 내역"이라고 작성하고, 속성을 다음과 같이 생성해 보자.

- 업무 내역(속성 유형: Title)
- 담당자(속성 유형: Text)
- 담당자 역할(속성 유형: Select)
- 비용(속성 유형: Text)

▲ 그림 6-290 "세부 내역" 데이터베이스에 입력된 속성들

"업무 내역" 속성에는 프로젝트에서 필요한 업무 내역을 작성한다.

▲ 그림 6-291 입력된 세부적인 업무 내역

"담당자" 속성 제목을 클릭한 후, 속성 유형을 Text에서 Relation으로 변경한다.

▲ 그림 6-292 "담당자" 속성 유형을 Text > Relation으로 변경

팝업 창이 뜨면 Select a Database 버튼을 클릭한 후, "인력풀"을 검색하고 결괏값 중에 인력풀
데이터베이스를 선택한다.

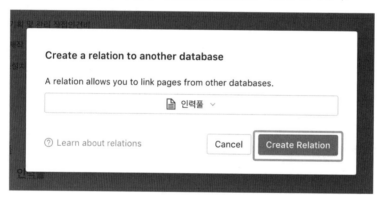

▲ 그림 6-293 연계할 "인력풀" 데이터베이스를 검색한 후, 선택

데이터베이스 이름을 확인하고, Create Relation 버튼을 클릭한다.

▲ 그림 6-294 연계할 데이터베이스 이름을 확인한 후, Create Relation 버튼을 클릭

"담당자" 속성 제목 아래 빈 테이블을 클릭한 후, 각 업무 내역에 맞는 담당자를 + 버튼으로 선택
한다.

▲ 그림 6-295 + 버튼으로 연계된 데이터베이스에서 사용할 데이터 선택

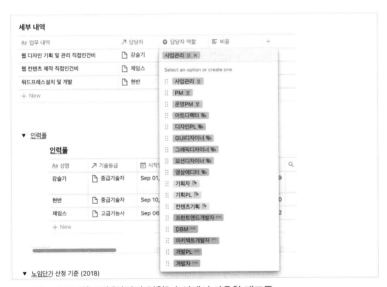

▲ 그림 6-296 해당 업무를 진행할 직원 또는 외부 인력이 선택된 모습

"담당자 역할" 속성은 미리 업무 유형들을 정리해 둔 것에서 바로 선택이 가능하도록 준비해 두면 편리하다. 유형의 업무가 목록에 없다면, 새로 입력해서 추가하면 된다.

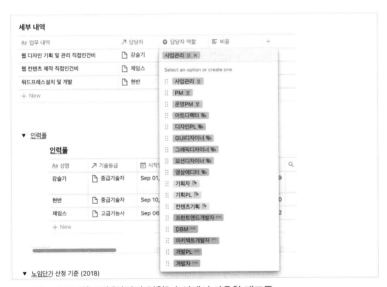

▲ 그림 6-297 완료된 "담당자 역할" 속성에서 사용할 태그들

▲ 그림 6-298 선택 완료된 담당자 역할 태그

"비용" 속성 제목을 클릭한 후, 속성 유형을 Text 〉 Rollup으로 변경한다.

▲ 그림 6-299 "비용" 속성 유형을 Text > Rollup으로 변경

"비용" 속성 제목 아래 빈 테이블을 클릭한 후, "Relation"은 **담당자** 속성을 선택, "Property"는 임**금총액 + 제경비**를 선택한다. "Calculate"는 Show Original을 선택한다.

▲ 그림 6-300 "Relation", "Property", "Calculate"를 설정한 모습

모든 비용을 합한 비용이 프로젝트의 최종 금액이 된다. 이 최종 금액은 임시로 작성해 둔 "합계 금액"에 최종 금액을 작성한다.

▲ 그림 6-301 "비용" 속성 값을 모두 합산한 금액을 최종 금액에 작성한 모습

추가로 이전에 제작해 두었던 "인력풀"과 "노임단가 산정 기준(2018)" 데이터베이스는 토글을 달아 숨긴다. 언제든 열람할 수 있지만, 견적을 받아 보는 사람에 따라 불필요할 수도 있기 때문이다. 더 자세한 정보를 보려고 한다면, 열람이 가능하도록 안내하면 된다. 또한 토글 리스트 블록을 선택한 후에 오른쪽 마우스 버튼을 클릭한 후, 블록 메뉴에서 Color 〉 Gray로 도드라져 보이지 않도록 설정하면 업무 내용 및 최종 금액을 먼저 확인하도록 유도할 수 있다.

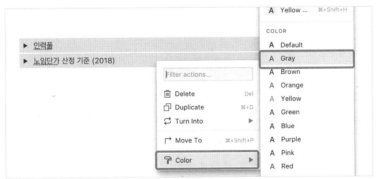

▲ 그림 6-302 "인력풀", "노임단가 산정(2018)" 토글 리스트를 선택한 후, 블록 메뉴에서 Color > Gray로 변경

추가적인 수행 내역 및 첨부 파일 작성하기

견적 내용 아래에는 견적서를 받을 공급받는자에게 참고가 될 내용을 작성한다. 예를 들어, 견적을 낼 때 견적에 포함되지 않은 내용이나 수행 내역 등을 공지한다. 여기에 견적을 작성할 때 참고한 내용의 첨부 파일, SW 기술자 평균임금 공표 파일 등을 함께 업로드해 둔다.

▲ 그림 6-303 추가로 견적에서 설명이 더 필요한 "수행 내역" 및 "첨부 파일" 작성

6.2.3. 고객 및 프로젝트 관리

🔗 예제 링크 http://bit.ly/2MO2OfH

(주소로 들어가 페이지 오른쪽 상단에 "Duplicate"로 복제해서 사용해야 편집할 수 있다.)

우리 주변에 고객 및 프로젝트 관리 템플릿 가이드들과 애플리케이션들이 적지 않다. 구매하기도 하고, 직접 만들기도 해서 사용한다. 하지만 너무 무겁거나 직관적이지 않은 인터페이스 때문에 매번 눈살을 찌푸린 적이 한두 번이 아니다. 아마 이 책을 읽는 독자 중에서도 자신의 회사에서 사용하고 있는 Intranet(인트라넷)이나 프로젝트 관리 도구가 오히려 업무에 방해를 준다고 생각하는 사람도 있으리라 생각한다. 도구를 여러 개 사용해야 하거나 통합되지 않은 기능들은 매번 협업자들과 혼선을 빚어내기도 한다.

이런 고민을 조금 개선하기 위해 Notion으로 통합 고객 및 프로젝트 관리 템플릿을 가벼운 버전으로 제작해 보자.

기준은 좀 더 폭넓게 사용할 수 있도록 고객 관리 데이터베이스를 연계하여 1인 기업, 프리랜서 또는 소규모 팀이 함께 공유하면서 업무가 가능한 수준의 관리 도구를 제작해 보자.

고객 및 프로젝트를 관리하기 위한 기능을 상세 마인드 맵으로 먼저 진행해 보았다.

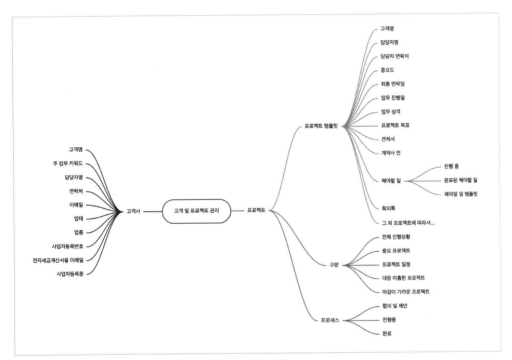

▲ 그림 6-304 고객 및 프로젝트 관리를 위한 템플릿 와이어프레임

페이지 제목과 아이콘을 생성한다. 필자는 "고객 및 프로젝트 관리"라는 제목을 사용하였다.

▲ 그림 6-305 "고객 및 프로젝트 관리" 페이지 제목과 연관된 페이지 아이콘을 사용

필자의 경우, 프로젝트를 진행할 때 일괄적으로 관리되도록 같은 페이지에 고객들을 정리해 두어 혼선을 최대한 방지한다. 단순히 정보뿐만이 아니라 고객사로부터 받아야 할 관련 파일(예: 사업자등록증 등)을 함께 보관해 두었다가 다른 프로젝트를 진행할 때 재활용한다.

고객 정보 데이터베이스 작성하기

고객들을 관리할 수 있는 테이블을 생성하고 정리해 보자.

슬래시 명령어를 사용하여 "/table"을 작성하고, Table-Inline을 생성한다.

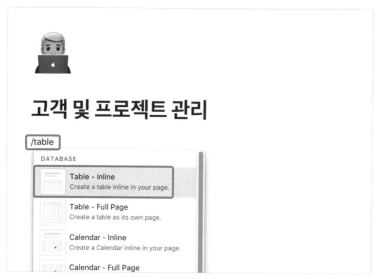

▲ 그림 6-306 "/table"을 입력한 후, Table-Inline을 선택

데이터베이스의 제목은 "고객사"로 작성하고, 속성들은 필자의 경우 다음과 같이 정리하였다.

▲ 그림 6-307 "고객사" 데이터베이스 제목을 입력한 후, 연관된 속성들 추가

- 고객명(속성 유형: Title)
- 주 업무 키워드(속성 유형: Multi-Select)

- 담당자명(속성 유형: Person)
- 연락처(속성 유형: Phone)
- 이메일(속성 유형: Email)
- 업태(속성 유형: Select)
- 업종(속성 유형: Select)
- 사업자등록번호(속성 유형: Text)
- 전자세금계산서용 이메일(속성 유형: Email)
- 사업자등록증(속성 유형: File & Media)

> **TIP!**
> 속성을 구성하는 내용의 기준은 가장 많이 사용되거나 분실 위험이나 재활용이 자주 이뤄질 만
> 한 내용이다.

고객이 추가될 때마다 이곳에 차곡차곡 정리한 뒤, 프로젝트를 진행할 때마다 고객 정보를 매번 입력하는 것이 아니라 이 데이터베이스를 프로젝트에 연계형 속성으로 적용하는 방식으로 관리한다.

복제 사용 가능한 프로젝트 템플릿 제작하기

"고객사" 데이터베이스 위에 마찬가지로 슬래시 명령어를 사용하여 "/board"를 입력하고, Board-Inline을 생성한다.

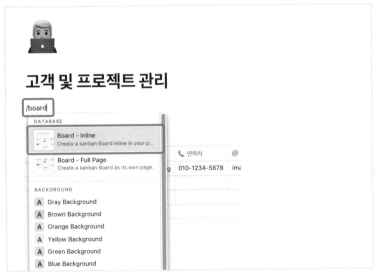

▲ 그림 6-308 "/board"를 입력한 후, Board-Inline을 선택

보드를 새로 생성하면 "프로젝트"로 데이터베이스 이름을 변경하고, 어디에도 속하지 않은 카드형 데이터 세 개 중 두 개를 삭제하고, 남은 하나의 "Card 1" 데이터를 선택한다.

▲ 그림 6-309 "프로젝트" 제목 변경 및 카드형 데이터 하나를 남기고 모두 삭제한 후, 클릭

팝업 창으로 페이지가 보이면 데이터 제목을 "프로젝트 양식"이라고 작성하고, 팝업 창 왼쪽 상단의 Open as Page를 클릭한 후 페이지로 연다.

> **TIP!**
>
> 팝업 창은 확인용으로는 추천하지만, 작업 모드에서는 실수로 자주 닫힐 수도 있다. 장시간 작업할 예정이라면, 페이지처럼 열어 작업하는 것을 추천한다.
>
>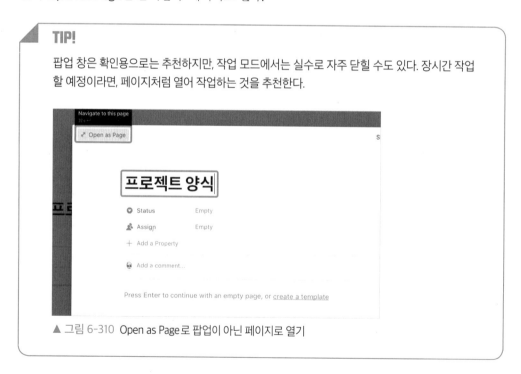
>
> ▲ 그림 6-310 Open as Page로 팝업이 아닌 페이지로 열기

프로젝트 템플릿 페이지 만들기

해당 프로젝트와 관련된 고객정보 중 일부를 사용하고, 여기에 프로젝트에서 염두에 둬야 할 속성들을 추가로 생성한다.

기본적으로 보이는 속성인 "Status" 제목을 클릭한 후, "진행상황"이라고 변경한다. 이 부분은 현재 보드의 기준이 되는 역할을 하므로, 그대로 두고 사용하면 된다.

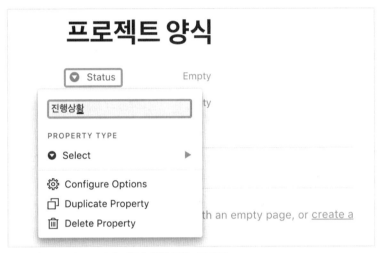

▲ 그림 6-311 "Status" 속성을 "진행상황"으로 변경

"Assign"은 속성 이름을 클릭한 후, 삭제하자.

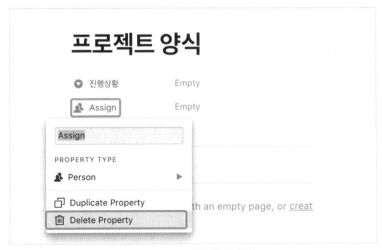

▲ 그림 6-312 "Assign" 속성을 클릭한 후, Delete Property로 삭제

필자의 경우, 다음과 같이 속성들을 생성하였다.

▲ 그림 6-313 프로젝트와 연관된 모든 속성 추가

- 진행상황(속성 유형: Select)
- 고객명(속성 유형: Text)
- 담당자명(속성 유형: Text)
- 담당자 이메일(속성 유형: Text)
- 담당자 연락처(속성 유형: Text)
- 중요도(속성 유형: Checkbox)
- 최종 연락일(속성 유형: Date)
- 업무 진행일(속성 유형: Date)
- 업무 성격(속성 유형: Multi-Select)

속성의 구성을 모두 마쳤다면, 일부 속성 유형들을 변경하면서 값들을 입력해 보자. "고객명" 속성을 이미 제작해 두었던 고객 정보와 연계한다. "고객명" 제목을 클릭한 후, Text 〉 Relation으로 변경한다.

▲ 그림 6-314 "고객명" 속성 유형을 Text > Relation으로 변경

팝업 창이 뜨면 Select a Database 버튼을 클릭한 후, "고객사"를 검색하고 결괏값 중에 **고객사 데이터베이스**를 선택한다.

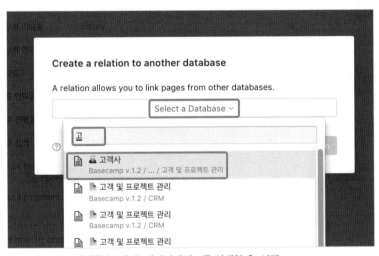

▲ 그림 6-315 연계할 "고객사" 데이터베이스를 검색한 후, 선택

"고객사" 데이터베이스가 문제없이 선택되었다면, Create Relation 버튼을 클릭한다.

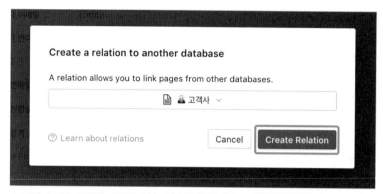

▲ 그림 6-316 연계할 데이터베이스의 이름을 확인한 후, Create Relation 버튼을 클릭

"Empty"를 클릭해서, 미리 작성해 두었던 고객사 중 하나를 + 버튼으로 선택한다.

▲ 그림 6-317 + 버튼으로 연계된 데이터베이스에서 사용할 데이터를 선택

"담당자명" 속성 제목을 클릭한 후, Text 〉 Rollup 속성으로 변경한다. 현재 불러온 고객의 속성을 가져올 수 있기 때문이다.

▲ 그림 6-318 "담당자명" 속성 유형을 Text > Rollup으로 변경

Empty를 클릭해서 설정 창이 나오면, "Relation"은 이미 불러온 **고객명**을 선택한다. "Property"는 **담당자명**을 동일하게 선택하고, 마지막으로 "Calculate"는 Show Original을 선택하면 자동으로 앞서 선택한 고객사의 담당자가 보일 것이다.

▲ 그림 6-319 "Relation", "Property", "Calculate"를 설정한 모습

"담당자 이메일"과 "담당자 연락처"도 동일하게 집합형 속성으로 데이터 값들을 연계한다.

▲ 그림 6-320 고객과 관련된 정보를 "고객사" 데이터베이스에 연계한 모습

"중요도"는 마감이 얼마 남지 않았거나 일의 경중으로 구분되는 것이라면, 중요도를 체크해 두고 업무를 관리하는 것을 추천한다. "최종 연락일"과 "업무 진행일"은 프로젝트가 지지부진해지는 것을 방지하고, 지속해서 고객과의 소통 내지는 일정 조율에 도움을 준다. "업무 성격"은 현재 자신이 진행하고 있는 일이 어떤 유형의 일인지를 추후에 확인할 수 있다.

▲ 그림 6-321 "중요도", "최종 연락일", "업무 진행일" 및 "업무 성격" 속성 값이 입력된 모습

프로젝트 템플릿 – 프로젝트 목표 작성하기

콘텐츠의 단락을 나눌 때나 단락을 시작할 때, 제목 블록 중 하나를 선택하는 것이 좋다. 또한 체계적이고 통일성 있게 사용하는 것을 추천한다.

▲ 그림 6-322 "/h"를 입력한 후, Heading 3을 선택

이모지와 "프로젝트 목표" 제목을 입력하고, 그 아래 2~3개 정도 빈 불렛 리스트 블록을 생성한다.

▲ 그림 6-323 "프로젝트 목표" 제목 아래 빈 블렛 리스트를 작성

프로젝트 템플릿 −견적서 및 계약서

"프로젝트 목표" 아래에 이모지와 "프로젝트 견적 및 계약서"의 제목을 생성하고, 다음 블록에 슬래시 명령어를 사용하여 "/page"를 입력한 후 Page 블록을 생성한다.

▲ 그림 6-324 "/page"를 입력한 후, Page를 선택

다음 블록에 슬래시 명령어를 사용하여 "/page"를 입력한 후, "견적서"와 "계약서 안"이라는 페이지를 생성한다. 필자의 경우, 견적서와 계약서들만 따로 모아 두는 것이 아니라 프로젝트별로 관리하는 편이다.

▲ 그림 6-325 "견적서" 및 "계약서 안"의 페이지를 생성

프로젝트 템플릿 —해야 할 일 작성하기

필자는 진행되고 있는 프로젝트는 매주 해야 할 일들을 체크박스 리스트 블록으로 정리해서 주요 업무를 놓치지 않도록 주의하는 편이다.

"해야 할 일"이라는 제목을 작성한 후에, "완료된 To-Do List 보관함"이라는 페이지 블록을 하나 생성한다. 이 블록의 역할은 한 주가 마무리되면, 이곳으로 이동시켜 기록으로 남겨 둔다.

TIP!

일반적으로 슬래시 명령어를 사용할 경우, 페이지 생성 과정이 더디다는 것을 알 수 있다. 또한 페이지를 생성한 후에 페이지 안으로 들어가서 페이지 제목을 작성하고 빠져나와야 하는데, 만약 페이지 구조를 짜는 과정이라면 제목만 작성하고 다시 해당 페이지를 빠져나와야 하는 번거로움이 있다. 따라서 필자는 페이지를 구성할 때 단축키를 주로 사용한다. cmd+option+9 (맥), ctrl+shift+9(윈도우, 리눅스)로 페이지 블록을 변경 또는 생성할 수 있다. 그리고 선택한 페이지의 제목을 변경하려면, cmd(맥)/ctrl(윈도우, 리눅스)+shift+r로 바로 변경할 수 있다.

▲ 그림 6-326 "해야 할 일" 제목을 작성한 후, "완료된 To-Do List 보관함" 페이지를 생성

페이지에 들어가지 않고도 아이콘을 생성 및 변경할 수 있다. 페이지의 아이콘을 클릭하면, 이모지 창을 확인하고 바로 생성할 수 있다.

▲ 그림 6-327 페이지 아이콘을 클릭한 후, 이모지 변경

▲ 그림 6-328 Emoji 탭을 클릭한 후, 캐비닛 이모지를 선택

이제 매주 사용할 "해야 할 일"의 템플릿을 제작한다. 새로운 페이지를 생성하고, "To-Do"라고 제목을 변경하자.

▲ 그림 6-329 페이지를 생성한 후, "To-Do" 제목을 변경

"To-Do" 페이지로 들어가서, 대제목 블록을 사용하여 각 요일(월~금)을 제목처럼 작성한다.

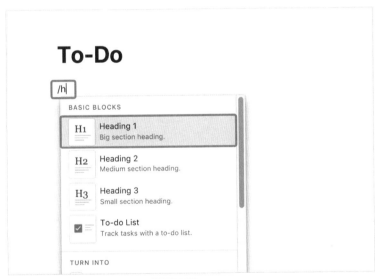

▲ 그림 6-330 "/h"를 입력한 후, Heading 1을 선택

왼쪽 블록 메뉴를 클릭한 후, Duplicate 또는 단축키 cmd(맥)/ctrl(윈도우, 리눅스)+d로 연속적으로 복제할 수 있다. 복제한 후, 각 요일을 작성한다.

▲ 그림 6-331 블록 메뉴에서 Duplicate를 선택한 후, 복제

모든 요일을 모두 단으로 한 행에 정렬시킨다.

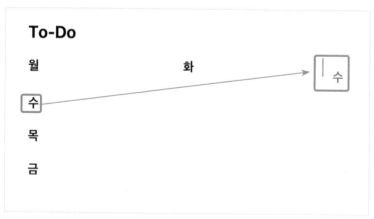

▲ 그림 6-332 한 행에 모든 요일을 단으로 편집

모든 요일 아래 슬래시 명령어를 사용하여 "/div"를 삽입하고 분할선 블록을 생성한다.

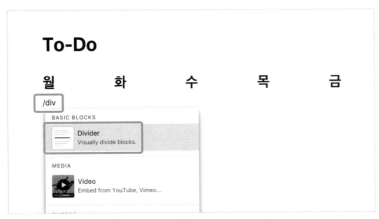

▲ 그림 6-333 모든 요일에 "/div"를 입력한 후, Divider를 선택

그런 뒤 분할선 블록 아래에 체크박스 리스트 블록을 생성한다. 이 과정은 생성 즉시 바로 사용이 가능하도록 최대한 자잘한 불필요한 업무를 줄이는 역할을 한다. 이 역시 빠르게 작업하고자 한다면, 단축키 cmd+option+4(맥), ctrl+shift+4(윈도우, 리눅스) 또는 마크다운 언어 "[ ]"를 사용하면 된다.

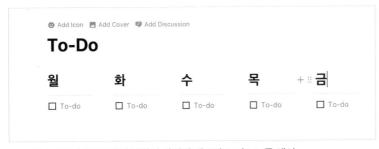

▲ 그림 6-334 모든 요일의 분할선 아래에 체크박스 리스트를 생성

눈치를 챈 독자도 있겠지만, 바로 앞에서 언급했던 단을 흐트러뜨리지 않고 사용하는 방법이다. 이제 매주 사용이 가능하도록 템플릿 버튼 블록을 생성하자. "To-Do" 페이지에서 나와 상위 페이지로 이동한다. 슬래시 명령어를 사용하여 "/button"을 입력하고, Template Button을 선택한다.

▲ 그림 6-335 "/button"을 입력한 후, Template Button을 선택

설정 창에서 "Button Name"은 "새로운 주차 To-Do List"로 입력한다.

▲ 그림 6-336 "Button Name"은 "새로운 주차 To-Do List"를 입력

"Template" 안에 있는 기본 체크박스 리스트 블록을 삭제하고, 방금 제작한 "To-Do" 페이지를 드래그 앤드 드롭으로 이동시킨다.

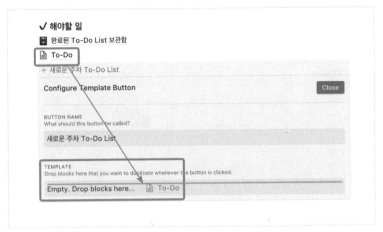

▲ 그림 6-337 "To-Do" 페이지를 "Template"로 드래그 앤드 드롭으로 이동

"To-Do" 페이지 블록을 선택한 후, 오른쪽 마우스 버튼을 클릭하여 Turn Into 〉 Text 블록으로 변경한다.

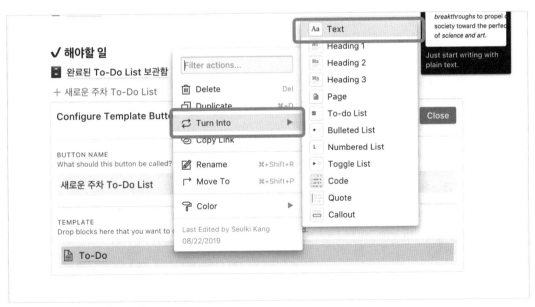

▲ 그림 6-338 Turn Into > Text 블록으로 변경하는 과정

Close 버튼을 클릭한 후, 템플릿 버튼 블록의 편집을 완료한다.

"To-Do"는 "O주차"로 변경한다. "Template"에서는 단을 생성할 수 없기 때문에 이와 같은 절차가 필요하다. Close 버튼을 클릭한 후, 템플릿 버튼 블록의 편집을 완료한다.

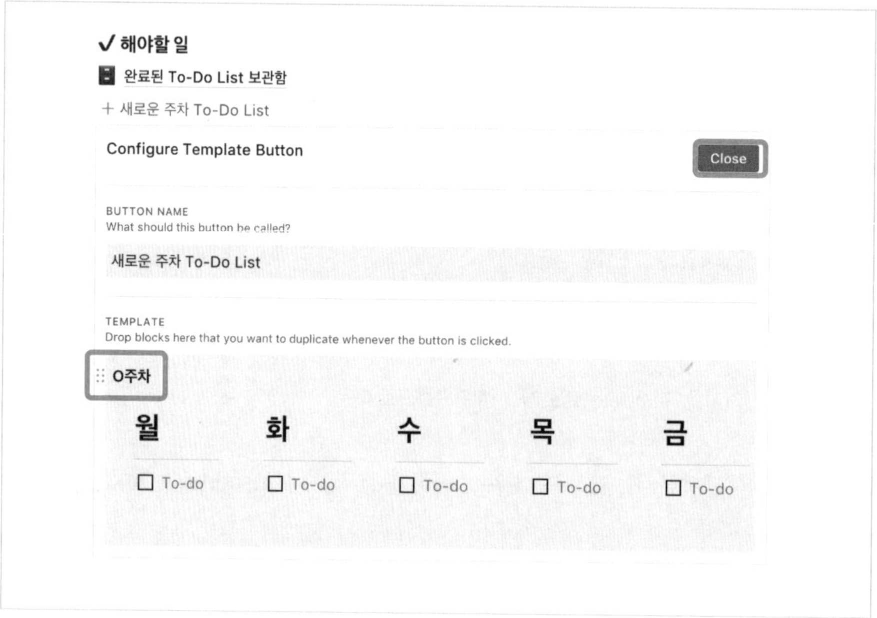

▲ 그림 6-339 Page 블록에서 생성한 단을 유지하고 있는 모습. Close 버튼을 클릭한 후 편집 완료

"O주차" 좌측에 있는 ⠿ 블록 메뉴를 이동시킬 때 들여쓰기 형태로 되어 있는 각 요일의 해야 할 일 항목들이 모두 함께 이동된다. 따라서 "완료된 To-Do List 보관함"으로 손쉽게 이동할 수 있고, 주 단위로 움직이기 때문에 관리 역시 편리하다.

▲ 그림 6-340 "O주차" ⠿ 블록 메뉴로 각 요일의 해야 할 일 내용들을 일괄적으로 이동 가능

Close 버튼을 클릭한 후, 템플릿 버튼 블록의 편집을 완료한다.

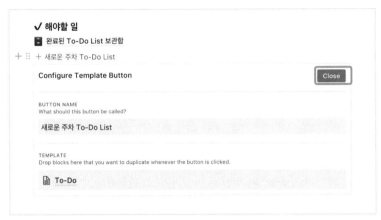

▲ 그림 6-341 Close 버튼을 클릭한 후, 템플릿 버튼 편집을 완료

프로젝트 템플릿 – 회의록 작성하기

이제 회의록 양식을 작성해 보자. "해야 할 일" 아래에 슬래시 명령어를 사용하여 "/list"를 작성한 후, List-Inline을 선택한다.

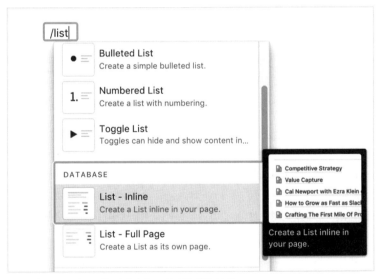

▲ 그림 6-342 "/list"를 입력한 후, List-Inline을 선택

데이터베이스 제목에 "회의록"을 작성하고, 세 개의 페이지 중 회의록 양식을 제작할 페이지 하나를 남기고 모두 삭제한다.

▲ 그림 6-343 "회의록"으로 데이터베이스의 이름 변경 후 하나의 페이지만 남기고 모두 삭제

하나 남은 페이지를 클릭한 후, 페이지 제목을 "회의 안건 작성하기"로 변경한다. "Created Time" 속성 이름을 클릭한 후, "회의 문서 생성일"로 이름을 변경한다.

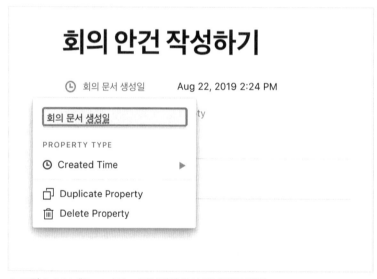

▲ 그림 6-344 "Created Time"을 "회의 문서 생성일"로 변경

회의에 필요한 속성들을 + Add a Property로 추가한다. 필자의 경우는 다음과 같이 구성하였다.

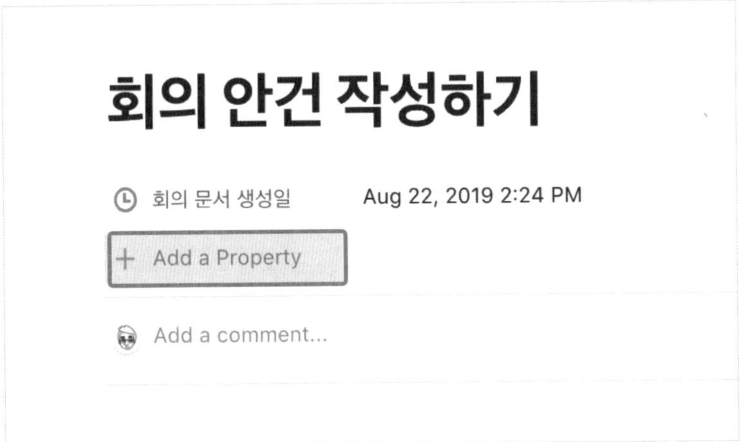

▲ 그림 6-345 + Add a Property로 속성을 추가

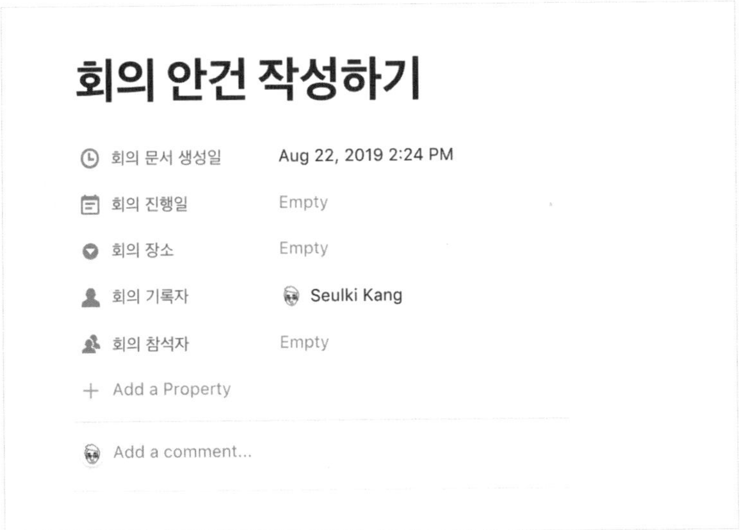

▲ 그림 6-346 회의와 관련된 속성이 추가된 모습

- 회의 문서 생성일(속성 유형: Created Time)
- 회의 진행일(속성 유형: Date)
- 회의 장소(속성 유형: Select)
- 회의 기록자(속성 유형: Created By)
- 회의 참석자(속성 유형: Person)

템플릿을 이 상태로 유지하고 매번 복제해서 사용해야 하지만, 바로 데이터 값을 입력해 보자.

▲ 그림 6-347 모든 속성의 값을 입력한 모습

회의에 필요한 템플릿을 구성해 보자. 진부한 이야기일 수 있으나 회의의 방향이나 준비가 되지 않았다면, 안 하는 것이 낫다는 이야기가 있다. 따라서 효율적인 회의 진행을 위해서는 긴 시간이 아니라 순서에 의해서 필요한 정보를 취득하고, 전달하는 데 그 목적을 두어야 한다.

본격적으로 내용을 채우기에 앞서, 페이지의 Depth(하위 페이지로 들어가는 횟수)가 많아지면 사용자들이 쉽게 길을 잃을 수 있다. 또한 자신이 원하는 페이지로 이동하는 데 상당히 어려움을 겪는 경우가 있는데, 이러한 문제를 방지하기 위해서 선행되어야 하는 작업이 있다. 바로 언제든지 페이지의 이름을 확인하고, 이동할 수 있는 페이지 경로 블록을 사용하는 것이다. 슬래시 명령어로 "/bread"를 입력한 후 Breadcrumb을 선택한다.

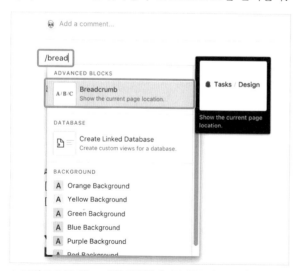

▲ 그림 6-348 "/bread"를 입력한 후, Breadcrumb을 선택

모든 페이지의 왼쪽 상단에도 페이지 경로를 볼 수 있지만, 페이지가 많아지면 대부분의 페이지가 가려진다. 하지만 페이지 경로 블록을 사용할 때, 해당 프로젝트에서 편하게 이동할 수 있을 정도로 보여 주는 것을 알 수 있다.

▲ 그림 6-349 생성된 페이지의 경로 블록

페이지 이동 경로 블록 아래 슬래시 명령어로 "/h"를 입력하고 Heading 3 선택 후, 회의에서 논의되어야 할 내용들을 나열해 보자. 필자의 경우에는, 회의에서 다뤄야 할 내용을 다음과 같이 구성해 보았다.

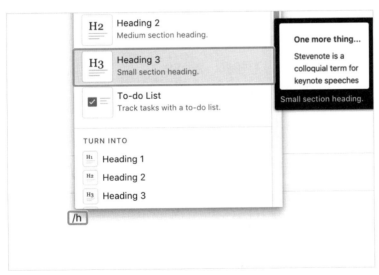

▲ 그림 6-350 "/h"를 입력한 후, Heading 3을 선택

- 회의 안건들: 회의에서 크게 다뤄질 안건들을 요약
- 전달해야 하는 내용: 팀원이나 고객에게 전달해야 할 내용
- 체크해야 할 내용: 작업 중 확인해야 하거나 궁금했던 내용
- 결정해야 할 내용: 작업 진행을 위해 당장 결정이 필요한 내용
- 요청 및 요구할 내용: 추후 작업을 위해 데이터가 필요한 내용

작성 후에 크게 두 단락으로 구성해 보자. "회의 안건들"은 일종의 회의 진행에서 다른 길로 새지 않도록 큰 안건들이 잘 보여야 하므로, 다른 제목들과 함께 두지 않으려 했다.

▲ 그림 6-351 "회의 안건들" 제목을 제외한 나머지 제목들과 단으로 구분

각 제목 아래에 슬래시 명령어를 사용하여 "/div"를 작성하거나 마크다운 언어인 "---"을 입력하여 분할선 블록을 추가한다.

▲ 그림 6-352 "/div"를 입력한 후, Divider를 선택

그 아래 각 내용에 맞는 체크박스 리스트 블록을 생성한다. "회의 안건들"이나 "요청 및 요구할 내용"은 전달에 더 가까우니 필자의 경우 불렛 리스트 블록을 사용하였고, 나머지는 실제 행동의

결과나 답을 요구하는 내용이라 체크박스 리스트 블록을 사용하였다.

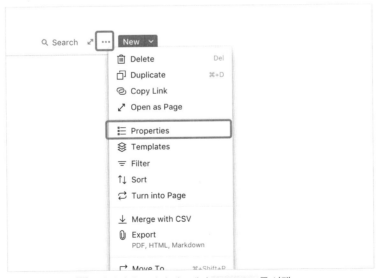

▲ 그림 6-353 제목 성격에 맞도록 빈 블렛 리스트와 체크박스 리스트를 생성

상위 페이지인 "프로젝트 양식" 페이지로 다시 이동한다. 방금 생성했던 "회의록" 데이터베이스를 보면 밋밋하고, 중요한 속성 정보들이 숨겨져 있는 것을 알 수 있다. 필요한 정보들을 목록에서도 일부 보일 수 있도록 변경해야 한다. 오른쪽 상단에 ⋯ 데이터베이스 설정 메뉴를 클릭한 후, Properties를 선택한다.

▲ 그림 6-354 ⋯ 데이터베이스 설정 메뉴에서 Properties를 선택

목록에서 바로 확인하고자 속성을 활성화한다.

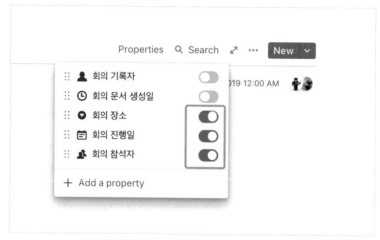

▲ 그림 6-355 "회의록" 데이터베이스에서 확인하고자 하는 속성을 활성화

▲ 그림 6-356 리스트 뷰에서 확인 가능한 속성들

추가로 설명이 필요한 기능들은 매번 설명하기 어렵다면, Callout 블록으로 친절하게 설명해 두면 처음 페이지를 방문한 사용자들의 혼선을 줄일 수 있다. 예를 들면, 회의에 참석하는 사람들에게 공지나 안내를 할 수도 있다. 슬래시 명령어로 "/call"을 입력한 후, Callout 블록을 선택한다.

▲ 그림 6-357 "call"을 입력한 후, Callout을 선택

설명 블록을 사용하면, 여러 줄을 사용하기 어렵다. enter로 동시에 설명 블록에서 벗어나 새로운 텍스트 블록을 생성하기 때문이다. 이걸 해결하기 위해서는, shift+enter를 사용하면 여러 줄의 텍스트를 작성할 수 있다.

▲ 그림 6-358 shift+enter로 설명 블록에서 여러 줄의 텍스트 사용

"회의록" 데이터베이스에서 추가로 캘린더 뷰를 생성하자. 목록으로 관리는 편하지만, 해당 달에 몇 개 또는 얼마나 중요한 회의들이 있는지 한눈에 알아보기 어렵다.
왼쪽 상단의 + Add a View 버튼을 클릭한다.

▲ 그림 6-359 + Add a View를 클릭

뷰의 이름을 "달력으로 보기"로 입력하고, Calendar를 선택한 후 Create 버튼을 클릭한다.

▲ 그림 6-360 "달력으로 보기" 제목의 캘린더 뷰 생성

▲ 그림 6-361 리스트 뷰에서 캘린더 뷰로 변경된 데이터베이스

"고객 및 프로젝트 관리" 메인 페이지로 돌아가서 "프로젝트" 데이터베이스의 "진행상황" 속성의 태그 이름을 자신이 속한 그룹이나 회사 업무의 프로세스에 맞춰서 변경한다. 여기에서는 간단하게 "협의 및 제안", "진행중", "완료"로 작성하였다.

▲ 그림 6-362 "진행상황" 속성의 태그 이름을 자신의 회사 업무 프로세스로 변경

이제 "프로젝트 양식" 데이터를 좀 더 완성된 템플릿처럼 사용 가능하도록 고급스럽게 설정해 보자. 먼저, "프로젝트 양식" 데이터를 클릭한다.

▲ 그림 6-363 "프로젝트 양식" 데이터를 선택

앞에서 진행했던 데이터 값을 모두 삭제하면, "Empty" 상태로 변경된다. 이렇게 하는 이유는 새로 복제해서 프로젝트를 진행할 때, 바로 입력이 가능한 상태로 돌려놓기 위해서다.

고객 정보의 경우 다른 데이터베이스를 연계한 상태라, 연계형 속성에서 고객의 이름을 클릭한 후 고객 정보를 X 버튼으로 삭제하면, 연계된 집합형 속성 값 역시 모두 일괄적으로 삭제된다.

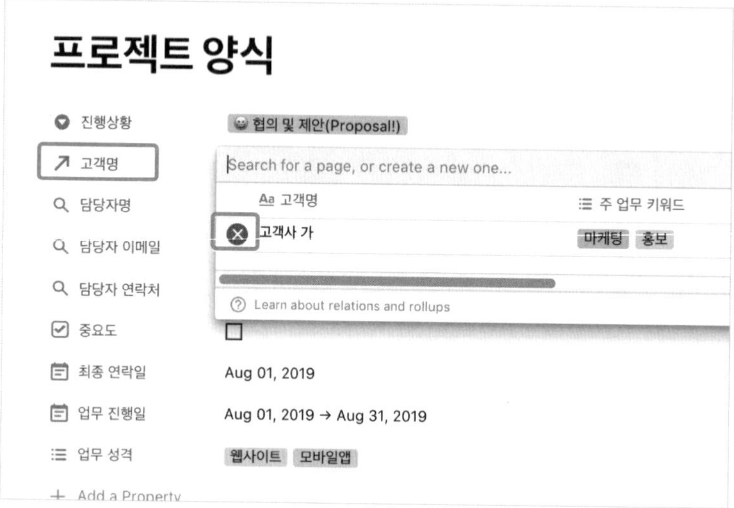

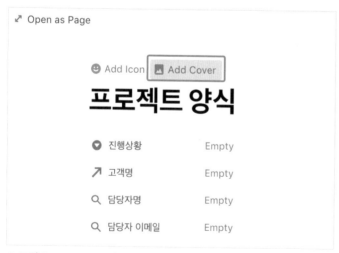

▲ 그림 6-364 연계형 속성 값을 삭제하면, 관련된 집합형 속성 값도 동시에 삭제

이 템플릿 페이지를 복제해서 사용할 예정이라 커버 이미지는 간단하게 색으로 입히고 프로젝트 진행 시 해당 프로젝트와 관계가 있는 커버 이미지로 변경해서 사용한다. 이를 통해, 보드 뷰에서 빠르게 인지하고 대응할 수 있다는 장점이 있다.

▲ 그림 6-365 Add Cover로 커버 이미지 생성

▲ 그림 6-366 단순한 색의 커버 이미지를 사용

모든 설정을 완료했다면 다시 상위 페이지로 이동한 후, "프로젝트" 데이터베이스 오른쪽 상단의 ⋯ 데이터베이스 설정 메뉴를 클릭하고 Properties를 선택한다.

▲ 그림 6-367 ⋯ 데이터베이스 설정 메뉴에서 Properties를 선택

"Card Preview"를 None 〉 Page Cover로 변경하면, 카드형 데이터에서 페이지의 제목만 확인이 가능한 것이 아니라 대표되는 콘텐츠나 커버 이미지를 확인할 수 있어 프로젝트 인지가 용이하다.

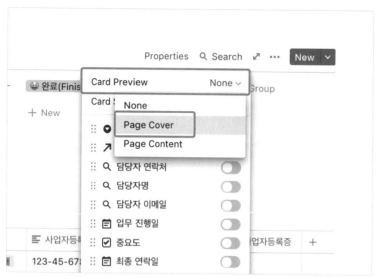

▲ 그림 6-368 "Card Preview"를 콘텐츠 또는 커버 이미지로 선택한 후, 카드형 데이터에서 미리 보기가 가능

또한 카드형 데이터에 일일이 들어가서 확인하지 않아도 될 정보들은 속성들을 활성화해서 미리 보기처럼 확인할 수 있다.

▲ 그림 6-369 원하는 속성을 활성화/비활성화로 숨기거나 보이도록 설정이 가능

이렇게 제작된 "프로젝트 양식" 데이터는 평소에는 숨겨진 상태로 깔끔하게 관리하는 것을 추천한다.

현재 "프로젝트 양식" 데이터는 어떤 상태의 그룹에 속해 있지 않기 때문에, "No 진행상황(속성 이름)"에 위치한 것을 알 수 있다. 필자의 경우, 프로젝트 자체가 협의하는 과정부터 진행되므로 이 그룹은 필요하지 않고, 프로젝트 템플릿을 숨기기에 안성맞춤이다. 참고로 삭제는 되지 않는다. 최소 하나의 그룹이 존재해야 하는데, 이 그룹이 그 역할을 한다. 이 "No 진행상황" 메뉴인 ⋯ 메뉴를 클릭한 후, Hide를 선택한다.

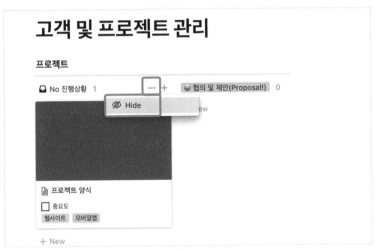

▲ 그림 6-370 ⋯ 카드 설정 메뉴에서 Hide를 선택

"Hidden Columns"에 숨겨진 상태로 유지하고, 신규 프로젝트가 진행될 때 언제든 "No 진행상황" 그룹을 열면 "프로젝트 양식" 데이터를 확인할 수 있다. 여기서 오른쪽 마우스 버튼을 클릭한 후 메뉴 중에 Duplicate로 복제한다.

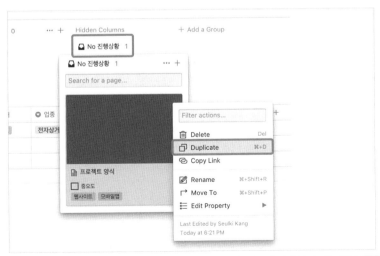

▲ 그림 6-371 데이터에서 오른쪽 마우스 버튼을 클릭한 후, 데이터 설정 메뉴에서 Duplicate로 복사

복제된 "프로젝트 양식" 데이터를 원하는 프로세스에 드래그 앤드 드롭으로 이동시킬 수 있다.

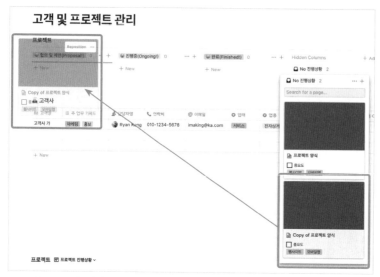

▲ 그림 6-372 복제된 "프로젝트 양식" 데이터를 적합한 "진행상황" 속성에 드래그 앤드 드롭으로 이동

복제된 카드형 데이터로 들어가서 신규 프로젝트 정보를 입력하고, 진행할 수 있다. 필자는 커버 이미지 교체, 프로젝트 이름 변경, 고객 정보 입력 등을 완료하였다.

▲ 그림 6-373 커버 이미지, 프로젝트 이름, 고객 정보 등 기본 정보 입력이 완료된 데이터

다시 상위 페이지로 돌아와 보면, 자신이 원하는 정보들을 바로 미리 보기처럼 열람할 수 있다.

▲ 그림 6-374 카드형 데이터에서 활성화된 속성들의 미리 보기가 가능

프로젝트 템플릿 - 프로젝트 관리하기

마지막으로, 프로젝트를 효과적으로 관리하는 방법을 알아보자. 먼저 가상의 고객들과 프로젝트를 미리 생성하고, 다음과 같이 정리하였다.

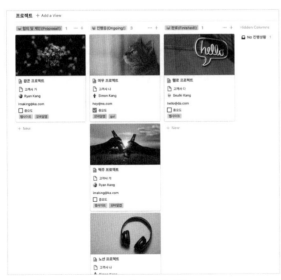

▲ 그림 6-375 가상의 프로젝트 데이터들

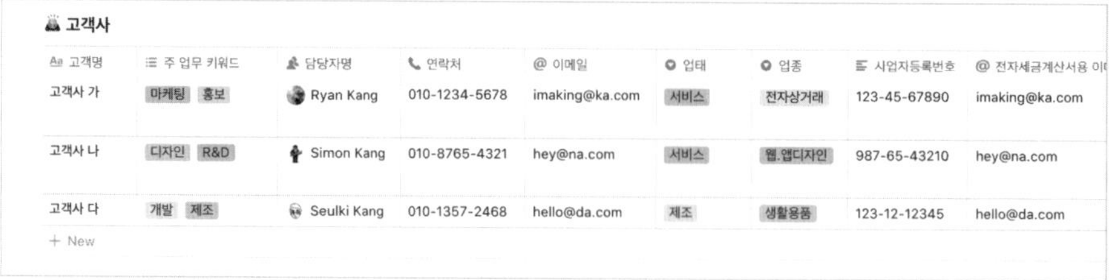

▲ 그림 6-376 가상의 고객사 데이터들

"고객사" 데이터베이스를 확인해 보면, "Related to…"의 속성이 자동으로 생성된 것을 알 수 있다. 서로 어떤 데이터들을 어디에, 어떻게 서로 공유하고 있는지를 확인할 수 있는 속성이다. 예를 들어, 어떤 고객이 어떤 프로젝트를 의뢰했는지 확인할 수 있다. 하지만 필자의 경우, 지금도 많은 정보를 확인하는 데 피로감을 느끼기에 필요한 정보만 보길 원한다. 따라서 당장 확인이 필요 없는 속성 또는 자주 확인이 필요하지 않은 속성은 보통 숨겨 두고 업무를 보는 편이다. 필요할 때는 속성을 언제든 다시 활성화시킬 수 있기 때문이다.

▲ 그림 6-377 고객사 데이터베이스에서 보이는 "Related to…" 속성은 해당 고객이 어떤 프로젝트와 연관되어 있는지 확인이 가능

"Related to…" 속성 제목을 클릭한 후, Hide를 선택하면 비활성화가 되면서 숨겨진다.

▲ 그림 6-378 "Related to…" 속성 이름을 클릭한 후, Hide를 선택한 후, 숨기기

프로젝트를 진행하다 보면 상황에 맞춰서 어떤 프로젝트에 집중할지 또는 고객 대응을 할지 항상 고민이었지만, Notion을 사용한 뒤로는 이러한 고민이 조금은 덜어진 상태이다. 먼저 뷰를 상황에 맞게 설정하는 것이 관건이다. 정답이 따로 있는 것이 아니라, 자신이 진행하는 업무 프로세스를 기준으로 해서 다양한 조합을 만드는 것이 중요하다.

필자는 예제로 총 여섯 개의 뷰를 생성할 것이다. 목록은 다음과 같다.

- 전체 진행상황: 업무 프로세스 중심으로 보는 방법
- 중요 프로젝트: 중요도가 높은 프로젝트만 보는 방법
- 프로젝트 일정: 캘린더로 전체 프로젝트 진행상황을 한눈에 보는 방법
- 대응 미흡한 프로젝트: 고객과 커뮤니케이션 부재로 진행에 어려움을 겪지 않도록 미연에 방지하기 위한 방법
- 마감이 가까운 프로젝트: 마감이 얼마 남지 않은 프로젝트만 보는 방법
- 진행중인 프로젝트: 현재 실질적인 업무가 진행되는 프로젝트만 보는 방법

"중요 프로젝트" 뷰 생성하기

"프로젝트" 데이터베이스의 제목 오른쪽에 + Add a View를 클릭한다. 뷰의 이름을 "중요 프로젝트"라고 입력한 후, 테이블 뷰를 선택하고 Create 버튼을 클릭한다.

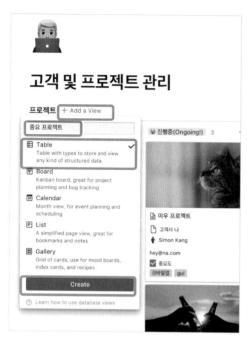

▲ 그림 6-379 "중요 프로젝트" 이름의 테이블 뷰를 생성

조건과 속성을 설정하여 더 세세하게 데이터베이스를 사용할 수 있다. 오른쪽 상단의 ⋯ 데이터 베이스 설정 메뉴를 클릭한 후, Properties를 선택한다.

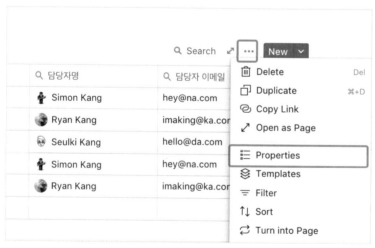

▲ 그림 6-380 데이터베이스의 설정 메뉴에서 Properties를 선택

"중요 프로젝트"에서 확인하려고 하는 속성만 활성화한다. 고객의 정보보다는 중요도와 업무 일

정 등을 단순하게 확인하자.

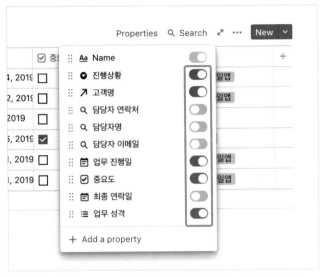

▲ 그림 6-381 "중요 프로젝트"에서 확인하려고 하는 속성만 활성화

정보가 아주 단순하게 정리된 것을 알 수 있을 것이다. 하지만 이 뷰에서 정작 중요한 프로젝트가 어떤 것인지를 빠르게 확인하는 것이다. … 데이터베이스 설정 메뉴에서 이번엔 Filter를 선택한다.

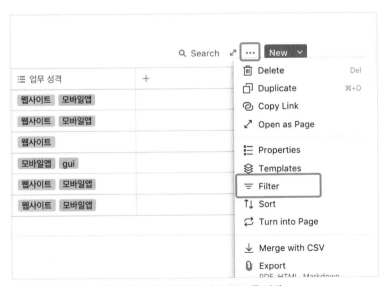

▲ 그림 6-382 … 데이터베이스의 설정 메뉴에서 Filter를 선택

+ Add a Filter를 선택한다.

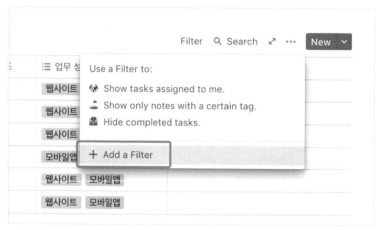

▲ 그림 6-383 + Add a Filter로 필터를 추가

속성은 **중요도**를 선택한다.

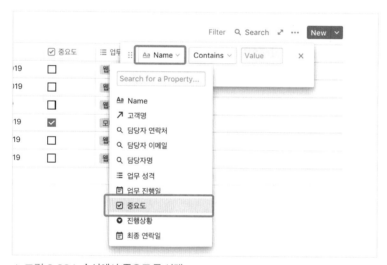

▲ 그림 6-384 속성에서 **중요도**를 선택

조건을 Is로 선택하고 체크박스가 활성화되어 있는지를 확인한다.

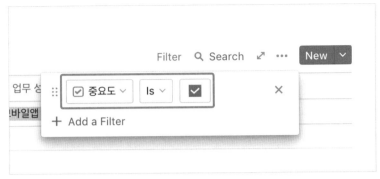

▲ 그림 6-385 조건을 Is로 선택 및 체크박스를 활성화

결괏값으로 중요도 박스가 활성화된 프로젝트만 선별해서 확인할 수 있다.

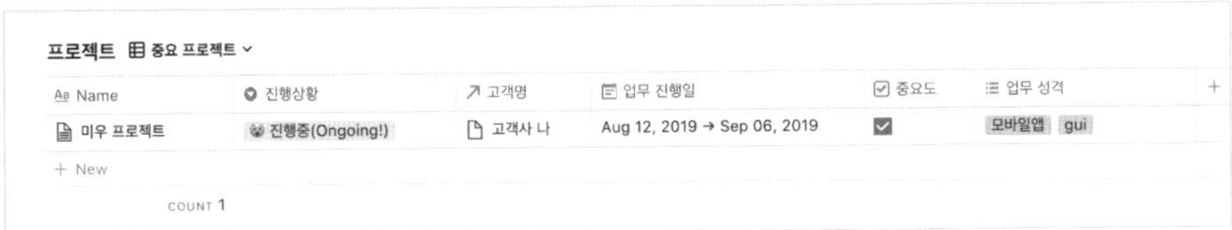

▲ 그림 6-386 "중요도" 속성이 활성화된 데이터만 확인이 가능

"프로젝트 일정" 뷰 생성하기

뷰 목록을 클릭한 후, + Add a View를 선택한다.

▲ 그림 6-387 뷰 목록을 클릭한 후, + Add a View로 추가

"프로젝트 일정"이라는 뷰 이름을 생성하고 Calendar를 선택한 후, Create 버튼을 클릭한다.

▲ 그림 6-388 "프로젝트 일정" 속성 이름을 입력한 후, 캘린더 뷰를 생성

Select 유형 속성 중 순서에 따라 캘린더에 데이터가 표시된다. 현재 필자의 Select 순서상 "업무 일정"이 아닌 "마지막 연락한 일정"으로 표시된 것이다.

▲ 그림 6-389 "업무 일정"이 아닌 "마지막 연락한 일정"으로 표시된 데이터

··· 데이터베이스 설정 메뉴에서 Calendar By를 선택한다.

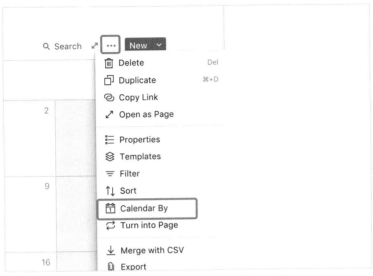

▲ 그림 6-390 데이터베이스 설정 메뉴에서 Calendar By를 선택

최종 연락일 〉 업무 진행일로 변경한다.

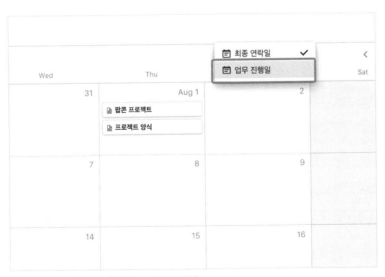

▲ 그림 6-391 "업무 진행일" 속성으로 변경

하지만 너무 많고 복잡해 보인다. 업무량이 많다면 그럴 수도 있지만, 현재 예제 정도는 그다지 많은 편은 아니다. 이 역시 필터로 몇 가지 조건을 거는 것만으로도 정리를 쉽게 할 수 있다.

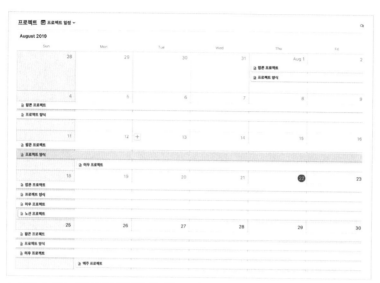

▲ 그림 6-392 모든 업무 일정을 확인할 수 있으나 정리가 필요

… 데이터베이스 설정 메뉴에서 Filter를 선택한다.

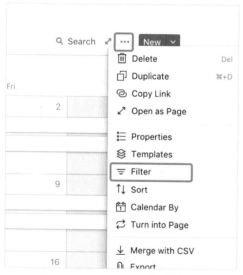

▲ 그림 6-393 … 데이터베이스 메뉴에서 Filter를 선택

+ Add a Filter 버튼을 클릭한 후, 속성은 **진행상황**을 선택하고 조건은 Is, 옵션은 현재 진행 중인 프로젝트만 보자.

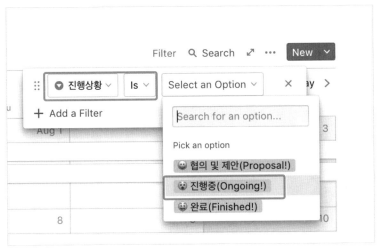

▲ 그림 6-394 진행 중인 프로젝트만 보는 필터 조합

이렇게 필터를 설정하면, 훨씬 더 정리되어 보이도록 디자인할 수 있다.

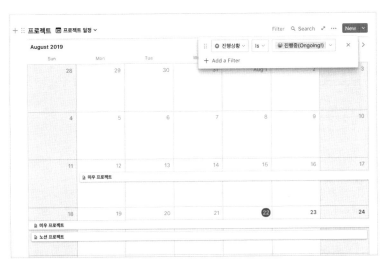

▲ 그림 6-395 현재 진행 중인 프로젝트만 확인이 가능한 캘린더 뷰

"대응 미흡한 프로젝트" 뷰 생성하기

뷰 목록을 클릭한 후, + Add a View를 선택한다.

▲ 그림 6-396 뷰 목록을 클릭한 후, + Add a View를 추가

"대응 미흡한 프로젝트"라는 뷰 이름을 생성하고 Table을 선택한 후, Create 버튼을 클릭한다.

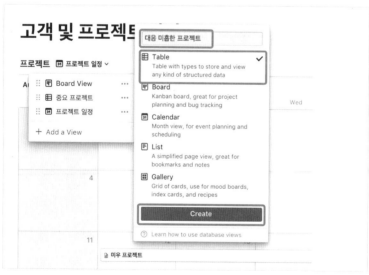

▲ 그림 6-397 "대응 미흡한 프로젝트" 이름의 테이블 뷰를 생성

··· 데이터베이스 설정 메뉴에서 Properties를 선택한다.

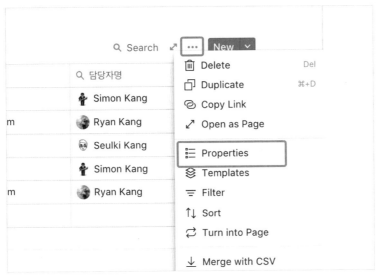

▲ 그림 6-398 ··· 데이터베이스 설정 메뉴에서 Properties를 선택

고객 정보가 중심이 되도록 속성들을 활성화한다. 고객과 상관없는 정보들은 비활성화로 관리해
둔다.

▲ 그림 6-399 "대응 미흡한 프로젝트"와 관련 없는 속성은 모두 비활성화로 변경

··· 데이터베이스 설정 메뉴에서 Filter를 선택하고, 필터를 기준으로 필요한 데이터들만 보이도록 설정한다.

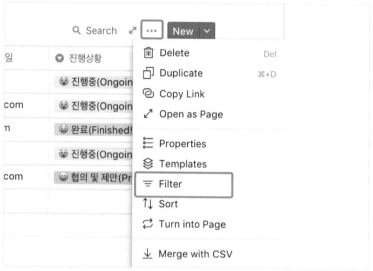

▲ 그림 6-397 ··· 데이터베이스 설정 메뉴에서 Filter를 선택

속성은 **최종 연락일**로 선택, 조건은 Is Before, 값은 One Week Ago 또는 One Week From Now로 선택한다. 이는 최종 연락일이 일주일이 지난 고객들을 걸러서 보여 준다는 의미이다.

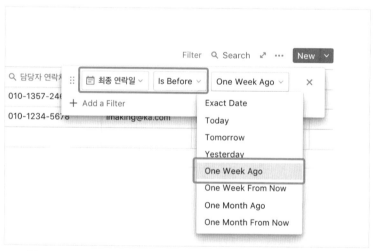

▲ 그림 6-398 "최종 연락일" 속성에서 일주일이 지난 고객들만 확인 가능한 필터 조합

▲ 그림 6-399 최종 연락일로부터 일주일이 지난 고객들의 데이터만 확인 가능

"마감이 가까운 프로젝트" 뷰 생성하기

뷰 목록을 클릭한 후, + Add a View를 선택한다.

▲ 그림 6-400 뷰 목록을 클릭한 후, + Add a View로 추가

"마감이 가까운 프로젝트"라는 뷰 이름을 생성하고, Table을 선택한 후, Create 버튼을 클릭한다.

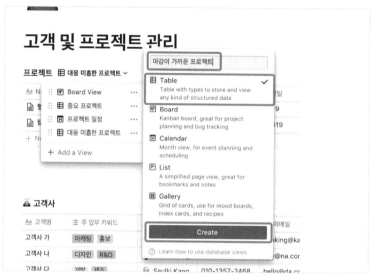

▲ 그림 6-401 "마감이 가까운 프로젝트" 이름의 테이블 뷰를 생성

··· 데이터베이스 설정 메뉴에서 Properties를 선택한다.

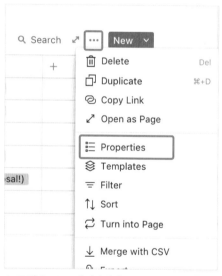

▲ 그림 6-402 데이터베이스 설정 메뉴에서 Properties를 선택

프로젝트 일정이 중심이 되도록 속성들을 활성화한다. 프로젝트 일정과 상관없는 정보들은 비활성화로 관리해 둔다.

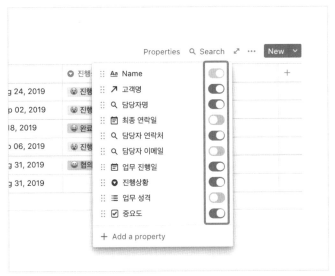

▲ 그림 6-403 "마감이 가까운 프로젝트"와 관련 없는 속성은 모두 비활성화로 변경

··· 데이터베이스 설정 메뉴에서 Filter를 선택하고, 필터를 기준으로 필요한 데이터들만 보이도록 설정한다.

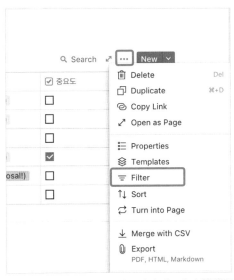

▲ 그림 6-404 데이터베이스 설정 메뉴에서 Filter를 선택

속성은 **업무 진행일**로 선택, 조건은 Is Within, 옵션 값은 The Next Week로 선택한다. 이는 업무 진행일(종료일)이 다음 주 일주일 내에 포함된 프로젝트를 걸러서 보여 준다는 의미이다.

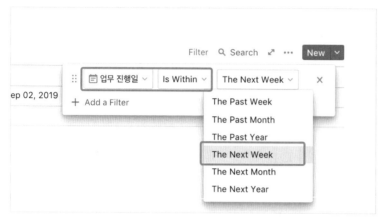

▲ 그림 6-405 "업무 진행일" 속성에서 일주일 내 종료해야 하는 프로젝트가 확인 가능한 필터 조합

▲ 그림 6-406 일주일 내로 종료해야 하는 프로젝트 데이터만 확인 가능

마지막으로, 제일 처음으로 진행했던 보드 뷰의 이름도 변경한다. 뷰 목록을 클릭한 후, "Board View" 오른쪽에 있는 ⋯ 뷰 메뉴를 클릭하고 "전체 진행상황"이라고 이름을 변경한다.

▲ 그림 6-407 "Board View"의 ⋯ 설정 메뉴에서 "전체 진행상황"으로 이름을 변경

어느 상황에서도 프로젝트를 유연하게 관리할 수 있도록 자신만의 다양한 데이터베이스를 제작하고, 사용하는 것을 권장한다.

▲ 그림 6-408 완료된 다양한 프로젝트 뷰

PART **7**

부록

7.1
Notion 단축키 및 마크다운 언어 한눈에 보기

자주 사용하는 단축키

cmd(맥)/ctrl(윈도우, 리눅스)+n

새로운 페이지 생성하기

cmd(맥)/ctrl(윈도우, 리눅스)+shift +n 또는 cmd(맥)/ctrl(윈도우, 리눅스)+click

새로운 Notion 창 띄우기

cmd(맥)/ctrl(윈도우, 리눅스)+p

빠른 페이지 이동이 가능한 Quick Find(퀵파인드) 활성

cmd(맥)/ctrl(윈도우, 리눅스)+[

이전 페이지로 이동

cmd(맥)/ctrl(윈도우, 리눅스)+]

다음 페이지로 이동

cmd(맥)/ctrl(윈도우, 리눅스)+shift+l

다크/라이트 모드로 변경

마크다운 스타일

글 작성하는 중에…
텍스트 양쪽에 ** 사용 (예: **볼드체)**

볼드체 사용

텍스트 양쪽에 * 사용 (예: **이탤릭체**)

이탤릭체 사용

텍스트 양쪽에 \` (숫자 키 1 왼쪽에 있는 \`키) (예: \`인라인코드\`)

인라인 코드 사용

텍스트 양쪽에 ~ (예: ~취소선~)

취소선 사용

새로운 블록을 생성하고 바로
*, - 또는 + 입력 후 사이 띄우기

불렛 리스트 블록 생성

[ ](중간에 사이 띄우기 사용하지 않는다.)

체크박스 리스트 블록 생성

1. 입력 후 사이 띄우기

숫자 리스트 블록 생성

 # 입력 후 사이 띄우기

대제목 생성

입력 후 사이 띄우기

중제목 생성

입력 후 사이 띄우기

소제목 생성

〉 입력 후 사이 띄우기

토글 리스트 블록 생성

" 입력 후 사이 띄우기

인용 블록 생성

콘텐츠 생성 및 스타일 단축키

enter

새로운 텍스트 블록 생성

shift+enter

블록 안에서 줄 바꾸기

cmd(맥)/ctrl(윈도우, 리눅스)+shift+m

댓글 생성

텍스트 선택 후 cmd(맥)/ctrl(윈도우, 리눅스)+b

볼드체 사용

텍스트 선택 후 cmd(맥)/ctrl(윈도우, 리눅스)+i

이탤릭체 사용

텍스트 선택 후 cmd(맥)/ctrl(윈도우, 리눅스)+shift+s

취소 선 사용

텍스트 선택 후 cmd(맥)/ctrl(윈도우, 리눅스)+k

링크 추가

텍스트 선택 후 cmd(맥)/ctrl(윈도우, 리눅스)+e

인라인 코드 사용

tab

들여쓰기(indent)하기. 이 경우 이전 블록에 귀속 또는 삽입

shift +tab

들여쓰기 해제

/turn

사용하고 있는 블록을 다른 블록의 유형으로 변경

/color

편집 중인 블록의 색을 변경 (예: "/bule", "/red background" 또는 "/default")

cmd+option+0(맥) 또는 ctrl+shift+0(윈도우, 리눅스)

Text 블록 생성 및 변경

cmd+option+1(맥) 또는 ctrl+shift+1(윈도우, 리눅스)

대제목 블록 생성 및 변경

cmd+option+2(맥) 또는 ctrl+shift+2(윈도우, 리눅스)

중제목 블록 생성 및 변경

cmd+option+3(맥) 또는 ctrl+shift+3(윈도우, 리눅스)

소제목 블록 생성 및 변경

cmd+option+4(맥) 또는 ctrl+shift+4(윈도우, 리눅스)

체크박스 블록 생성 및 변경

cmd+option+5(맥) 또는 ctrl+shift+5(윈도우, 리눅스)

불렛 리스트 블록 생성 및 변경

cmd+option+6(맥) 또는 ctrl+shift+6(윈도우, 리눅스)

숫자 리스트 블록 생성 및 변경

cmd+option+7(맥) 또는 ctrl+shift+7(윈도우, 리눅스)

토글 리스트 블록 생성 및 변경

cmd+option+8(맥) 또는 ctrl+shift+8(윈도우, 리눅스)

코드 블록 생성 및 변경

cmd+option+9(맥) 또는 ctrl+shift+9(윈도우, 리눅스)

페이지 블록 생성 및 변경

option(맥) 또는 alt(윈도우, 리눅스)를 잡고 이동

블록 및 페이지 복제

편집과 이동

esc

편집 중일 경우, 해당 블록 선택, 블록을 선택한 경우 선택 해제

cmd(맥) /ctrl(윈도우, 리눅스)+a

전체 블록 또는 텍스트 선택

이미지 선택 후 space bar

전체화면으로 이미지 보기

방향키

다른 블록 선택하기

shift+위/아래 방향키

위, 아래로 이동하는 만큼 블록 선택

cmd+shift+click(맥) 또는 alt+shift+click(윈도우, 리눅스)

원하는 블록 선택 및 선택 해제하기

shift+click

블록과 블록 사이의 모든 블록 선택하기

backspace 또는 delete

블록 삭제하기

cmd(맥) /ctrl(윈도우, 리눅스)+d

선택한 블록 복제하기

enter

선택한 블록 편집하기

cmd(맥) /ctrl(윈도우, 리눅스)+/
선택한 모든 블록 일괄적으로 변경 또는 편집하기 (예: 블록 유형, 속성 변경 등)

cmd(맥) /ctrl(윈도우, 리눅스)+위, 아래 방향키
블록 이동

cmd + option+t(맥) 또는 /ctrl+alt+t(윈도우, 리눅스)
토글 리스트 블록 열고 닫기

cmd(맥)/ctrl(윈도우, 리눅스)+shift+h
하이라이트 생성

cmd(맥)/ctrl(윈도우, 리눅스) + enter
페이지 열기, 체크박스 리스트 블록 활성화/비활성화, 토글 리스트 블록 활성화/비활성화 또는
이미지 전체화면 모드를 활성화/비활성화 변경

@+게스트 또는 멤버 아이디
특정 사람에게 알리기

@+페이지 이름
페이지 링크와 달리 편집 중에 특정 페이지 삽입이 가능

@+날짜
특정 날 입력

@remind+날짜
특정 날짜에 알림 기능 활성

@+esc
텍스트로서 @ 사용

슬래시 명령어

기본
/text: 텍스트 블록 생성

/page: 페이지 블록 생성

/bullet: 불렛 리스트 블록 생성

/num: 숫자 리스트 블록 생성

/todo: 체크박스 리스트 블록 생성

/toggle: 토글 리스트 블록 생성

/div: Divier 블록 생성

/quote: 인용 블록 생성

/h1: 대제목 블록 생성

/h2: 중제목 블록 생성

/h3: 소제목 블록 생성

/link: 페이지 링크

데이터베이스
/table-inline: 인라인 테이블 데이터베이스 생성

/board-inline: 인라인 보드 데이터베이스 생성

/gallery-inline: 인라인 갤러리 데이터베이스 생성

/calendar-inline: 인라인 캘린더 데이터베이스 생성

/list-inline: 인라인 리스트 데이터베이스 생성

/table-full page: 풀 페이지 테이블 데이터베이스 생성

/board-full page: 풀 페이지 보드 데이터베이스 생성

/gallery-full page: 풀 페이지 갤러리 데이터베이스 생성

/calendar-full page: 풀 페이지 캘린더 데이터베이스 생성

/list-full page: 풀 페이지 리스트 데이터베이스 생성

/linked: 데이터베이스 가져오기

미디어
/image: 이미지 블록 생성

/pdf: PDF 블록 생성

/book: 웹 북마크 블록 생성

/video: 비디오 블록 생성

/audio: 오디오 블록 생성
/code: 코드 블록 생성
/file: 파일 블록 생성
/embed: 임베드 블록 생성

고급
/comment: 댓글 생성하기
/button 또는 /template: 템플릿 버튼 블록 생성하기
/bread: 페이지 경로 블록 생성하기
/math: 수학 방정식 블록 생성하기

기타
cmd(맥)/ctrl(윈도우, 리눅스)+
사이드바 활성/비활성

cmd(맥)/ctrl(윈도우, 리눅스)+,
설정 창 띄우기

cmd+ctrl+space bar(맥) / 윈도우 로고+. 또는 ;
이모지(emoji) 사용하기

cmd(맥)/ctrl(윈도우, 리눅스)+s
바로 저장하기

cmd(맥)/ctrl(윈도우, 리눅스)+shift+r
선택한 페이지 이름(제목) 변경

7.2
Notion 마케팅 팀장
카밀 리케츠(Camille Ricketts)와의 미니 인터뷰

Notion은 어떻게 시작되었고, 개발한 이유는 무엇인가?

아마 당신은 하루 대부분을 당신의 사무실이나 컴퓨터 앞에서 보낼 것이다. 지금 당신의 컴퓨터에 15개의 탭이 열려 있을 것이다. 하나는 이메일, 하나는 슬랙용, 다른 하나는 구글 문서용, 그리고….

하지만 당신은 이런 "작업 도구"가 어디에서 유래했는지 생각해 본 적이 있는가? 아니면 왜 이렇게 많은 걸까? 이러한 질문에 답하기 위해서, 우리가 왜 Notion을 만들었는지 설명하기 위해서, 우리는 시간을 거슬러 올라가야 한다.

산업 혁명 시기에 사람들이 공장에 넘쳐나면서, 과중한 관리 부담을 덜기 위해 많은 도구가 발명되었다. 읽기 힘든 손글씨를 타자가 대체했다. 파일 수납장은 어떤 점원이 기억할 수 있는 것보다 더 많은 정보를 저장했다. 이런 도구들은 오늘날 우리가 알고 있는 것처럼 사무실을 위한 길을 닦았다.

컴퓨터가 직장으로 들어온 1950년대로 가 보자. 초기의 컴퓨터는 종이와 천공 카드로 작동하며, 생기가 없는 방 크기의 거대한 괴물이었다. 당시 컴퓨터는 오로지 숫자 처리용으로만 사용되었다. 그 후 1970년대에 마법 같은 일이 일어났다. 한 세대의 개척자들은 컴퓨터가 수많은 기계를 능가할 것으로 내다보았다. 그들은 컴퓨터가 상상력을 증폭시키고(Alan Kay), 지능을 키우고(Doug Engelbart), 종이 위의 텍스트를 넘어서(Ted Nelson) 생각의 폭을 넓힐 수 있는 미래를 꿈꿨다. 우리가 전에 본 것과는 다른 도구 말이다.

그러나 그렇게 되지는 않았다. 역사에 따르면, 스티브 잡스가 제록스 PARC로부터 개인 컴퓨팅의 이면에 있는 아이디어를 차용했을 때 미묘하지만 결정적인 차이점들이 사라졌다.

그리고 오늘날 우리가 있는 현재를 보자.

구글 문서는 타자기를 멀티 플레이어로 만들었다. 드롭박스는 파일 수납장을 클라우드로 가져왔다. 그러나 개념적으로 그것들은 산업 혁명 때와 같은 혁신을 넘어설 만큼 거의 진화하지 못했다. 우리는 이메일, 복사/붙여넣기 및 셀 수 없는 열린 탭과 함께 모든 것을 한꺼번에 처리한다.

여기서 Notion이 등장한다. 우리는 현재의 도구에서 벗어나 초기 개척자들의 몇 가지 아이디어를 되살리고 싶다.

첫 번째 단계로서, 우리는 당신이 만든 워크플로우의 많은 부분을 일체형 작업 공간에 통합하고 있다. 작업 목록을 원하는가? 제품 로드맵? 디자인 저장소? 이 모든 것이 이제 모두 한곳에 있다. 수십 개의 레고 스타일 빌딩 블록에서 자신만의 작업 공간을 개인화할 수도 있다. 상상력으로만 국한된 당신의 문제를 Notion을 통해 당신만의 방식으로 해결해 보자.

Notion은 어떤 독창적인 기능이 있는가? 다른 생산성 도구 및 노트 앱과 다른 점은 무엇인가?

Notion이 다른 도구와 차별되는 것은 점은 몇 가지로 이야기해 볼 수 있다.

- 최근 대부분의 생산성 앱들은 일반적인 도구 모음(예: Microsoft Office)을 사용하여 한 가지 유형의 기능을 다룬다. Airtable이 스프레드시트를 처리하는 방식 또는 Asana가 작업 관리를 수행하는 방식과 같다. Notion에서 우리는 이러한 모든 도구가 하나의 아름다운 인터페이스에서 서로 함께 어우러져야 한다고 생각한다.
- 우리는 팀 커뮤니케이션 및 지식 공유에 더욱 집중한다. 우리는 사람들(온라인의 동료, 친구 또는 일반인 모두)과 메모 및 데이터베이스를 공유할 수 있는 직관적인 도구를 가지고 있다. 또한 Notion 페이지에서 팀원들과 토론을 시작하거나 대화할 수 있다. 이렇듯 Notion은 팀 협업 및 자유로운 커뮤니케이션(모든 사람이 건강한 팀 관리 및 성장에 필수적이라고 말할 것이다.)에 이상적이다.
- 메모 이외에도 대부분의 다른 앱이 지원하지 않는 많은 워크플로우를 여는 프로젝트 관리 기능(칸반 보드) 및 관계형 데이터베이스를 제공한다. 우리가 많은 사람이 Notion에 끌렸다고 생각하는 이유 중 하나는 Notion에서는 정보를 구성할 수 있는 다양한 방법이 있으며, 자신의 업무(개인 생활)와 관련된 모든 것을 한곳에서 관리할 수 있기 때문이다.

Notion의 철학이나 콘셉트 또는 마니페스토는 무엇인가?

우리의 임무는 인류를 발전시키기 위한 도구를 만드는 것이다. 우리는 사람들의 두뇌가 작동하는 방식으로 Notion도 작동할 수 있도록 매우 유연하고 편집하기 쉬운 작업 공간을 구축하는 데 중점을 둔다. 많은 소프트웨어가 제한적이며 사람들이 사용하는 방법에 있어 한계가 있기 마련이다. Notion은 그러한 관념을 깨뜨려서 사람들이 원하는 자신만의 작업 목록, 데이터베이스, 프로젝트 관리 시스템 등 개인에 최적화된 소프트웨어를 구축하여 자신의 삶과 업무에 더 잘 맞도록 한다.

사용자들은 보안 및 개인 정보 보호의 중요성에 대해 생각하는 경향이 있다. Notion에서 사용자 데이터는 어떻게 안전하게 다뤄지고 있나?

우리는 보안을 매우 중요하게 생각한다. 우리는 사용자가 Notion을 사용하여 중요한 개인 정보를 저장한다는 것을 잘 알고 있기 때문이다.

- 우리는 모든 곳에서 SSL을 사용한다.
- 안전한 VPC(virtual private cloud) 뒤에서 AWS를 100% 운영한다.
- 수시로 보안 감사를 실시한다.
- 우리는 항상 사람들이 계정을 만들기 전에 이메일을 확인하므로, 우리의 '도메인 액세스' 기능은 안전하다.

Notion의 향후 계획, 비전 또는 목표는 무엇인가?

- 우리는 사람들이 오늘날 스택을 구성할 수 있는 조각난 앱에서 모든 작업을 Notion으로 쉽게 마이그레이션 할 수 있는 기능을 지속해서 도입하고 있다. 사람들이 다른 곳에서 작업을 가져와 Notion에서 원활하게 작업하기를 원한다.
- 현재 사람들은 Notion 인터페이스 안에 50개 이상의 앱을 내장할 수 있다. 예를 들어, Figma 또는 Invision, 구글 지도, 유튜브 등의 모형을 포함할 수 있다. 우리는 사람들이 진정으로 Notion을 업무의 중심으로 삼아 참조하는 역할을 하고, 다른 분야의 업무와 연결될 수 있도록 이 통합 제품 웹을 계속 성장시키고 싶다.
- 최종적으로 우리는 누구나 자신의 삶을 움직이는 소프트웨어와 더 깊은 관계를 맺을 수 있다고 느끼게 하고 싶다. 훌륭한 도구를 만드는 것은 숙련된 개발자나 코더의 영역만이 되어서는 안 된다. 우리는 모든 사람이 동시에 더 생산적이고, 더 행복하게 일할 수 있는 툴 킷을 만들게 될 미래를 상상한다.

Notion과 함께 다양한 프로젝트를 진행하고 있는 흥미로운 회사나 도구들이 있나?

- Notion 내에서 원활하게 작동하는 다른 애플리케이션들을 확인할 수 있도록 통합 목록을 공식 웹사이트에 모아 두고 있다.
- 우리는 곧 우리와 함께 일하는 고객을 확인하고 Notion이 어떻게 그들에게 힘을 실어 주고 있는지에 대한 사례를 연구할 것이다. 그게 당신이 원하는 것이라면, 우리는 당신이 그들을 도와줄 수 있도록 해주겠다. 그런 도구나 서비스가 있다면, 우리에게 알려 주길 바란다!

찾아보기

이것이 당신에게 꼭 필요한 Notion

콘텐츠 제작이 즐거워지는 생산성 도구의 끝판왕

초판 1쇄 발행 | 2019년 10월 31일

지은이 | 강슬기
펴낸이 | 김범준
기획 · 책임편집 | 이동원
교정교열 | 이혜원
편집 · 표지디자인 | 카리스북

발행처 | 비제이퍼블릭
출판신고 | 2009년 05월 01일 제300-2009-38호
주 소 | 서울시 중구 청계천로 100 시그니처타워 서관 10층 1011호
주문 · 문의 | 02-739-0739   **팩스** | 02-6442-0739
홈페이지 | http://bjpublic.co.kr   **이메일** | bjpublic@bjpublic.co.kr

가 격 | 32,000원
ISBN | 979-11-90014-51-9
한국어판 © 2019 비제이퍼블릭

소스코드 다운로드 https://github.com/bjpublic/notion

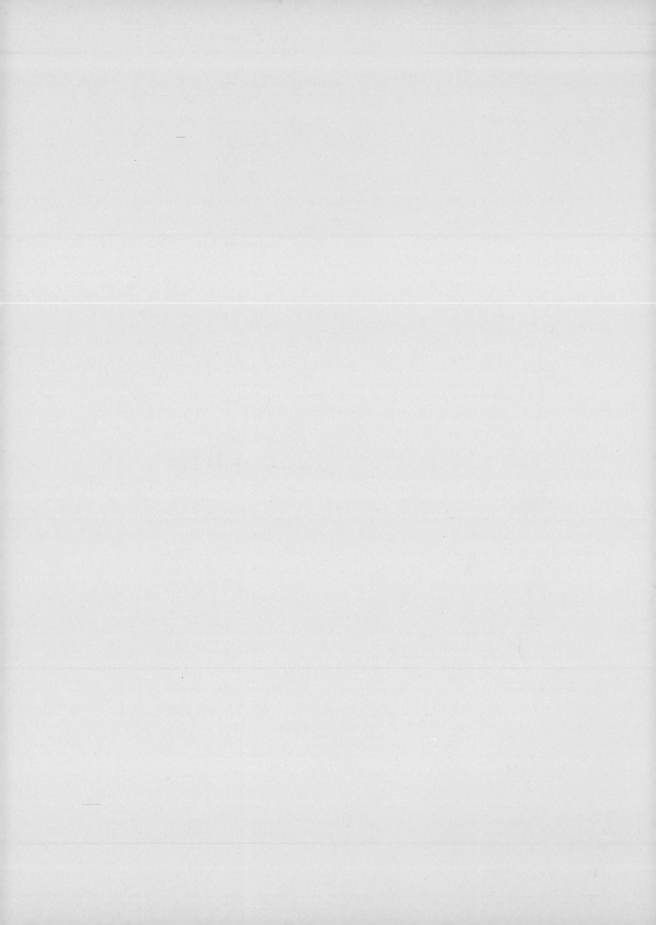